国学经典文库

图文珍藏版

前古未有之书　许君之所独创

说文解字

[东汉]许慎◎编著　马松源◎整理

线装书局

线

綫 綫 线

小篆　楷书（繁体）　楷书

【原文】

无。

【按语】

"线"是形声字。小篆从糸，戋声。隶变以后楷书写成"綫"。汉字简化之后写成"线"。

"线"的原义是用棉麻丝毛等材料拈成的细缕。如孟郊《游子吟》："慈母手中线，游子身上衣。"

"线"延伸泛指细长似线的东西。例如"海岸线"。也引伸指曲折延伸似线的道路、航路。例如"京广线""单行线"。还可指工作岗位所处的位置，或者进行生产的一套工序。例如"流水线""生产线"。

"线"也引伸指埋伏下来作为内应的人。例如"线人"。

"线"还可延伸引喻所接近的某种状况的边缘。例如"录取线"。

练

練 練 练

小篆　楷书（繁体）　楷书

说文解字

《说文解字》原文释义

图文珍藏版

【原文】

練，湅繒也。从糸，柬声。

【译文】

練，把丝织品沤煮得柔软洁白。从糸，柬声。

【按语】

"练"是形声字。小篆从糸，柬声。隶变以后楷书写成"練"。汉字简化之后写成"练"。

"练"的原义是把生丝或者织品煮得柔软洁白，也指把生丝煮熟。例如《淮南子·说林训》："墨子见练丝而泣之，为其可以黄，可以黑。"延伸指已煮过的白色丝绢。例如"白练"。

由煮丝延伸指反复操作、学习。例如"练兵""练习"。也引伸指简要、精要。例如"简练""凝练"。还延伸指经验多、阅历广。例如"练达"。

组

组 **組** **組** **组**
金文　　小篆　　楷书（繁体）　　楷书

【原文】

組，绶属。其小者以为冕缨。从糸，且声。

【译文】

組，绶带一头。那窄小的用来作帽带子。从糸，且声。

【按语】

"组"是形声字。金文和小篆皆从糸，且声。隶变以后楷书写成"組"。汉字简化之后写成"组"。

"组"的原义是宽丝带。又指佩玉、佩印或者系冠用的丝带。

"组"用作动词，指系结、编织。例如《诗经·鄘风·干旄》："素丝组之，良马五之。"进而延伸泛指把分散的人或者事物结合成一个整体或者系统。例如"改组""组装"。

"组"也指由若干人员结合成的较小的单位。例如"教研组""调查组"。

"组"用作量词,指按照一定的规则结合成的较小的集体。例如"分组"。

细

細　　細　　细

【原文】

細,微也。从糸,囟声。

【译文】

細,丝微小。从糸,囟声。

【按语】

"细"是形声字。小篆从糸,囟声。隶变以后楷书写成"細"。汉字简化写成"细"。

"细"的原义是丝的横截面面积很小。例如《墨子·兼爱中》:"昔者,楚灵王好士细要。"延伸指小、微小。例如《尚书·旅獒》:"不矜细行,终累大德。"

"细"延伸又指周密、详密。例如"胆大心细""精打细算"。

"细"又特指从事秘密侦查和间谍工作的人。例如"细作""奸细"。

绝

絶　　絶　　絶　　絕　　绝

甲骨文　　金文　　小篆　　楷书(繁体)　　楷书

【原文】

絕,断丝也。从糸,从刀,从卩。

【译文】

絕,用刀断丝为二。由糸、由刀、由卩会意。

【按语】

"绝"是指事兼会意兼形声字。甲骨文从悬丝,一横指出将丝截断。金文繁杂化,成了会意字。小篆简化,并另加声符"卩"(jié)。隶变以后楷书写成"絕"。汉字简化之后写成"绝"。

"绝"的原义是把丝弄断。延伸泛指断开、不连接。例如"绝交""络绎不绝"。也引伸指断气、死。例如"悲恸欲绝"。

"绝"还延伸指走不通的、没有出路

的。例如"绝处逢生""绝路"。进而延伸指穷尽,完全没有了。例如"斩尽杀绝"。

"绝"还指独一无二的、无人能赶上的。例如"精妙绝伦""绝技"。

"绝"用作副词,常用于否定式,表示绝对。例如"绝无此意"。还等同于"极"。例如"绝美"。

绍

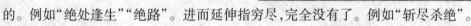

| 甲骨文 | 小篆 | 楷书(繁体) | 楷书 |

【原文】

紹,继也。从糸,召声。一曰:绍,紧纠也。

【译文】

紹,承继。从糸,召声。另一义说:绍是紧紧地缠绕的意思。

【按语】

"绍"是会意兼形声字。甲骨文从糸,从刀,会接续断丝之意,刀兼表声。小篆改为召声。隶变以后楷书写成"紹"。汉字简化之后写成"绍"。

"绍"的原义是接续断丝。泛指接续、承继。例如《韩非子·难三》:"不绍叶公之明,而使之悦近而来远。"

用于双方相接,延伸指使双方认识或者发生联系,引荐。例如"介绍"。

"绍"用作地名,古时是绍兴府的简称,今为浙江绍兴市的简称。

绕

繞　繞　绕

【原文】

繞,缠也。从糸,堯声。

【译文】

繞,缠绕。从糸,堯声。

【按语】

"绕"是形声字。小篆从糸,尧声。隶变以后楷书写成"繞",汉字简化之后写成"绕"。

"绕"的原义是缠束。如刘琨《寄赠别驾卢谌》:"何意百炼钢,化为绕指柔!"延伸指环围、围着转动。如曹操《短歌行》:"绕树三匝,何枝可依?"

由环绕延伸指从后面或者侧面迂回过去。如刘鹗《老残游记》:"一边是陡山,一边是深峪,更无别处好绕。"还延伸指纠缠、弄迷糊。例如"你把我绕糊涂了"。

绞

絞　絞　绞

【原文】

絞,缢也。从交,从糸。

【译文】

絞,勒颈而死。由交、由糸会意。

【按语】

"絞"是会意兼形声字。小篆从交,从糸,会用绳子交叉套在脖子上把人勒死之意,交兼表声。隶变以后写成"絞"。汉字简化之后写成"绞"。

"绞"的原义是把人勒死。例如"绞刑""绞杀"。延伸指把两股以上的条状物扭结在一起。例如"绞麻绳""绞铁丝"。

"绞"进而延伸指拧、扭紧。例如《关尹子·二柱》:"木之为物,钻之得火,绞之得水。"也指用装有刀具的机械转着搅动、切割。例如"绞肉馅儿"。

"绞"用作量词,指纱线或者丝的一束。例如"一绞毛线""两绞青丝"。

结

結　結　结

小篆　　楷书（繁体）　　楷书

【原文】

无。

【按语】

"结"是形声字。小篆从糸,吉声。隶变以后楷书写成"結"。汉字简化之后写成"结"。

"结"的原义是用长条物绾系或者编织,读作 jié。例如《汉书·董仲舒传》:"临渊羡鱼,不如退而结网。"

"结"用作名词,指用长条物绾成的疙瘩或者扣。例如"蝴蝶结"。延伸指似疙瘩的东西。如刘翰《好事近》:"风吹尽去年愁,解放丁香结。"

扣结是绾的结果,故延伸指终局。例如"归根结底""结论"。

由系结延伸指组织,连在一起彼此产生某种关系。例如"结婚""结拜"。进而延伸指凝聚、聚合。例如"凝结""结冰"。

"结"还读作 jiē,由绾成结,延伸指植物生长出(果实或者种子)。例如"结瓜""开花结果"。

给

給 給 给

小篆　楷书（繁体）　楷书

【原文】

无。

【按语】

"给"是形声兼会意字。小篆从糸，合声，合兼表相并之意。隶变以后楷书写成"給"。汉字简化之后写成"给"。

"给"的原义是丰足、富裕，读作 jǐ。例如《孟子·梁惠王下》："春省耕而补不足，秋省敛而助不给。"延伸指供应。例如"补给"。

"给"还读作 gěi，指使得到、交付。例如"送给""交给"。延伸指叫、让。例如"给我看看"。

"给"用作介词，表示为、替的意思。例如"给客人倒茶"。表示方向，等同于"向""对"。如"给我打电话"。表命令，加强语气，多与"我"连用。例如"给我闭嘴"。

络

絡 絡 络

小篆　楷书（繁体）　楷书

【原文】

絡,絮也。一曰麻未沤也。从糸,各声。

【译文】

絡,破旧的丝绵。另一义说,未经浸泡的麻。从糸,各声。

【按语】

"络"是形声字。小篆从糸,各声。隶变以后楷书写成"絡"。汉字简化之后写成"络"。

"络"的原义是粗丝帛,读作 luò。延伸指把丝缠绕在络子上,也泛指缠绕、捆缚。也引伸指连结。例如"络绎不绝"。

"络"中医指人体内气血运行通路的分支,例如"经络""脉络"。

"络"读作 lào,用于"络子",指线绳编成的小网袋,可以装物。《红楼梦》第三十五回:"倒不如打个络子,把玉络上呢。"

统

統 統 统

小篆　　楷书（繁体）　　楷书

【原文】

統,纪也。从糸,充声。

【译文】

統,丝的头绪。从糸,充声。

【按语】

"统"是形声字。小篆从糸,充声。隶变以后楷书写成"統"。汉字简化之后写成"统"。

"统"的原义是丝的头绪。抽丝由开头络绎而出,故延伸指世代相继的系统。例如《战国策·秦策》:"天下继其统,守其业,传之无穷。"

丝的头绪总领全丝,也引伸指总括。例如"统计""统筹"。进而延伸指总领、管理。例如"统治""统兵"。

"统"用作副词,表示全部、通通。例如"这些东西统归你用"。

绢

絹　絹　绢

小篆　楷书（繁体）　楷书

【原文】

絹，缯如麦稍。从糸，昌声。

【译文】

绢，丝织品似糸茎的青色。从糸，昌声。

【按语】

"绢"是形声字。小篆从糸，昌声。隶变以后楷书写成"絹"，汉字简化之后写成"绢"。

"绢"的原义是麦青色的丝织物。例如"绢扇"。又指稍厚而丝绒稀疏的生丝织品，或者泛指丝织物。如白居易《重赋》："织绢未成匹，缲丝未盈斤。"

"绢"延伸指书画装潢等物。如王安石《阴山画虎图》："堂上绢素开欲裂，一见犹能动毛发。"

绣

繡　繡　绣

小篆　楷书（繁体）　楷书

【原文】

繡，五采备也。从糸，肅声。

【译文】

繡，设色五彩俱备。从糸，肅声。

【按语】

"绣"是形声兼会意字。小篆从糸，肅声，肅兼表谨慎细心之意。隶变以后楷书写成"繡"。汉字简化之后写成"绣"。

"绣"的原义是五彩兼备。例如《周礼·考工记》："画缋之事，五彩备，谓之绣。"尔后专指用彩色丝线在绸、布上面刺出花纹、图案或者文字。如李白《赠裴司马》："翡翠黄金缕，绣成歌舞衣。"

"绣"延伸泛指有色彩花纹的丝织品。例如"湘绣""苏绣"。

绥

甲骨文	金文	小篆	楷书（繁体）	楷书

【原文】

无。

【按语】

"绥"是会意兼形声字。甲骨文和金文全部同"妥"，从爪，从女，会安抚之意。小篆另加义符"糸"，妥也兼表声。隶变以后楷书写成"綏"。汉字简化之后写成"绥"。

"绥"的原义是登车时用手拉着的绳索。例如《庄子·让王》："王子搜援绥登车，仰天而呼。"用作动词，指安抚、平定。例如《诗经·大雅·民劳》："惠此中国，以绥四方。"

"绥"又表示舒缓。如王褒《洞箫赋》："悲怆悷以恻恻兮，时恬淡以绥肆。"

绪

小篆	楷书（繁体）	楷书

【原文】

緒,丝耑也。从糸,者声。

【译文】

緒,丝头。从糸,者声。

【按语】

"绪"是形声字。小篆从糸,者声。隶变以后楷书写成"緒"。汉字简化之后写成"绪"。

"绪"的原义是丝头。如张衡《南全部赋》:"坐南歌兮起郑舞,白鹤飞兮茧曳绪。"延伸指开端、开头。例如"千头万绪"。有开端就有后续,故延伸指前人未竟的功业。例如"续未竟之绪"。

由抽丝不断延伸引喻连绵不断的心情、思想。例如"离情别绪""情绪"。

续

續　續　续

小篆　　楷书（繁体）　楷书

【原文】

續,连也。从糸,賣声。

【译文】

續,连接。从糸,賣声。

【按语】

"续"是形声字。小篆从糸,賣声。隶变以后楷书写成"續",汉字简化之后写成"续"。

"续"的原义是丝相连接。延伸泛指接连不断。例如"陆续""连续"。

"续"也引伸指接在原来物体的后头。例如"狗尾续貂""续集"。还延伸指增添、添加。例如"给客人续水"。

绰

篆 篆 綽 绰

金文　　小篆　　楷书（繁体）　　楷书

【原文】

无。

【按语】

"绰"是形声字。金文从素，卓声。小篆省为从糸。隶变以后楷书写成"綽"，汉字简化之后写作"绰"。

"绰"的原义是宽缓、宽裕。例如"绰绰有余"。延伸指体态柔美。如曹植《洛神赋》："柔情绰态，媚于语言。"

"绰"由宽缓延伸指隐隐约约。例如"影影绰绰"。还延伸指余外的。例如"绰号"。

"绰"读作 chāo，指抓取。例如"绰起家伙"。又指把蔬菜等东西放在开水中略微煮一下就捞出来。此义现在写成"焯"。

维

維 維 维

小篆　　楷书（繁体）　　楷书

【原文】

维，车盖维也。从糸，隹声。

【译文】

维，系车盖的绳索。从糸，隹声。

【按语】

"维"是形声字。小篆从糸，隹声，隶变以后楷书写成"維"。汉字简化之后写成"维"。

"维"的原义是系车盖的大绳子。延伸指法度、纲纪。例如《管子·牧民》:"国有四维,一维绝则倾,二维绝则危,三维绝则覆,四维绝则灭。"

"维"用作动词,延伸指保持、保全。例如"维持""维护"。

"维"特指几何学和空间理论的基本概念,构成空间的每一个因素叫一维。通常的空间有三维,平面或者曲面有二维,直线或者曲线只有一维。

缄

| 金文 | 小篆 | 楷书(繁体) | 楷书 |

【原文】

緘,束篋也。从糸,咸声。

【译文】

緘,捆扎箱篋(的绳索)。从糸,咸声。

【按语】

"缄"是形声字。金文从糸,戌声。小篆改为咸声。隶变以后楷书写成"緘"。汉字简化之后写作"缄"。

"缄"的原义是捆箱笼的绳索。例如《庄子·胠箧》:"将为胠箧探囊发匮之盗,而为守备,则必摄缄縢。"

"缄"延伸指封闭。例如"缄口结舌"。进而延伸指包藏、蕴含。如元稹《酬乐天书怀见寄》:"诗书费一夕,万恨缄其中。"

"缄"还延伸指书信。如王禹偁《回襄阳周奉礼同年因题纸尾》:"两月劳君寄两缄。"

缠

纏 纏 缠

小篆　楷书（繁体）　楷书

【原文】

纏,绕也。从糸,廛声。

【译文】

纏,缭绕。从糸,廛声。

【按语】

"缠"是形声字。小篆从糸,廛声。隶变以后楷书写成"纏",汉字简化之后写成"缠"。

"缠"的原义是盘绕。如刘禹锡《葡萄歌》:"野田生葡萄,缠绕一支蒿。"延伸指骚扰、搅扰不止。如杜甫《丹青引赠曹霸将军》:"但看古来盛名下,终日坎坷缠其身。"

由纠缠延伸指打交道,应付,招惹。例如"这人真难缠"。

缩

繡 縮 缩

小篆　楷书（繁体）　楷书

【原文】

縮,乱也。从糸,宿声。一曰蹴也。

【译文】

縮,杂乱。从糸,宿声。另一义说缩是踩踏。

【按语】

"缩"是形声字。小篆从糸,宿声。隶变以后楷书写成"縮"。汉字简化之后写成

"缩"。

　　"缩"的原义是缠绕纠结、乱作一团。延伸指用绳子捆起来。例如《诗经·大雅·绵》："其绳则直,缩版以载。"

　　捆绑则不能伸开,故延伸指没伸开或者伸开又收回去。例如"缩成一团"。进而延伸指变小、变短。例如"热胀冷缩""缩短"。也引伸指后退。例如"畏缩"。

　　"缩"还指节省、减少。例如"节衣缩食"。

缓

繱　緩　缓

小篆　楷书（繁体）　楷书

【原文】

无

【按语】

　　"缓"是会意兼形声字。小篆从素从爰会意,爰兼表声。隶变以后楷书写成"緩",异体省作"緩"。汉字简化之后写成"缓"。

　　"缓"的原义是宽绰、宽松。例如《古诗十九首·行行重行行》："相去日已远,衣带日已缓。"延伸指慢、不急迫。如韩愈《韶州留别张端公使君》："清歌缓送款行人。"

　　"缓"用作动词,指推迟、延迟。例如"刻不容缓"。

　　"缓"也引伸指恢复正常的生理状态。例如"他刚缓过神来"。

忄 部

怀

🐚　懷　懷　怀

金文　小篆　楷书（繁体）　楷书

【原文】

懷，念思也。从心，褱声。

【译文】

懷，不能忘怀的思念。从心，褱声。

【按语】

"怀"是形声字。金文本作"褱"。小篆另加义符"心"，写成"懷"，从心，褱声。隶变后楷书写成"懷"。汉字简化之后写成"怀"。

"怀"的原义是怀念、思念。延伸指怀抱、胸部。例如《论语·阳货》："子生三年，然后免于父母之怀。"也引伸指胸怀。如成语"虚怀若谷"。进而延伸指心意、情意。例如"正中下怀"。

"怀"也引伸指安抚。例如"怀敌附远"，意思就是对敌人采取安抚政策，使远方之人来归附。

怕

怕　怕

小篆　楷书

【原文】

怕，无为也。从心，白声。

【译文】

怕，恬淡无作为。从心，白声。

【按语】

"怕"是形声字。小篆从心（表示与人的内心有关），白声。隶变以后楷书写成"怕"。

"怕"的原义是恬淡无为，是"泊"的本字，读作 bó。如司马相例如《子虚赋》：

"怕乎无为,憺乎自持。"

"怕"中古起借用以表示畏惧、胆怯,读作 pà。用在谓语前面或者句首,表示对某一情况进行估计、猜测,等同于"恐怕""也许""或许"。例如"怕是有什么意外"。

悔

小篆　　楷书

【原文】

悔,悔恨也。从心,每声。

【译文】

悔,悔恨。从心,每声。

【按语】

"悔"是形声字。小篆从心(表示与人的内心有关),每声。隶变以后楷书写成"悔"。

"悔"的原义是为自己做过的事或者说过的话感到懊恼、悔恨。如屈原《离骚》:"亦余心之所善兮,虽九死其犹未悔。"

"悔"延伸指改、改过。如成语"悔过自新"。也引申指反悔。例如"悔婚""悔棋"。

悟

小篆　　楷书

【原文】

悟,觉也。从心,吾声。

【译文】

悟，觉悟。从心，吾声。

【按语】

"悟"是形声字。小篆从心（表示与人的内心有关），吾声。隶变以后楷书写成"悟"。

"悟"的原义是觉醒。如陶渊明《归去来兮辞》："悟已往之不谏，知来者之可追。"延伸指理解、明白、领会。如王安石《寄无为军张居士》："此理世间多未悟，因君往往叹西风。"

"悟"用作名词，指悟性。例如"悟敏"。

惕

金文　小篆　楷书

【原文】

惕，敬也。从心，易声。

【译文】

惕，恭敬。从心，易声。

【按语】

"惕"是会意兼形声字。金文从心，从易，似蜥蜴之形，会四脚蛇突然窜出咬人，要提高警惕之意，易兼表声。隶变以后楷书写成"惕"。

"惕"的原义是戒惧、谨慎。例如"警惕"。还延伸成忧伤。如陆游《岁暮感怀》："长老日零落，念之心惕然。"

在古汉语中，用"惕"组成的复音词很多，大全部有恐惧之意。例如"惕伤"指恐惧悲伤；"惕厉"表示警惕谨慎；"惕息"指心跳气喘，形容极其恐惧。

怯

猇 猛 怯

小篆　楷书（繁体）　楷书

【原文】

猛，多畏也。从犬，去声。

【译文】

猛，多畏惧。从犬，去声。

【按语】

"怯"是形声兼会意字。小篆从犬，去声，去也兼表离去之意。隶变以后楷书写成"猛"。异体写成"怯"，汉字简化之后写成"怯"。

"怯"的原义是胆小、畏缩。例如"怯场"。延伸指害怕、畏惧。如宋之问《渡汉江》："近乡情更怯，不敢问来人。"

"怯"也引伸指虚弱。例如《醒世姻缘传》第九回："我这等一个身小力怯的妇人，怎有力量下得这手?"也引伸指土气，不合时宜。例如《负曝闲谈》第七回："周劲斋外国虽是到过，北京却没有到过，一举一动，全部存一点小心，怕人说他怯，笑他不开眼。"

悼

幬 悼

小篆　楷书

【原文】

悼，惧也。陈楚谓惧曰悼。从心，卓声。

【译文】

悼，恐惧。陈地和楚地把恐惧叫作悼。从心，卓声。

国学经典文库

说文解字

《说文解字》原文释义

图文珍藏版

【按语】

"悼"是形声字。小篆从心（表示与人的内心有关），卓声。隶变以后楷书写成"悼"。

"悼"的原义是恐惧。如宋玉《九辩》："事绵绵而多私兮,窃悼后之危败。"

伤痛是人所恐惧的,故延伸指悲痛、哀伤。例如《诗经·卫风·氓》："静言思之,躬自悼矣。"也引伸特指哀痛怀念死者。如元稹《遣悲怀三首》之三："潘岳悼亡犹费词。"

愤

憤　憤　愤

小篆　　楷书（繁体）　　楷书

【原文】

憤,懑也。从心,賁声。

【译文】

憤,充满愤怒之气。从心,賁声。

【按语】

"愤"是形声字。小篆从心,賁声。隶变以后楷书写成"憤",汉字简化之后写成"愤"。

"愤"的原义是心中郁结、憋闷。例如《史记·太史公自序》："《诗》三百篇,大抵贤圣发愤之所为作也。"延伸指因不满而情绪激动,发怒,怨恨。例如"人神共愤""愤愤不平"。

"愤"也引伸指发奋。如成语"发愤忘食",表示人努力学习或者工作,连吃饭全部忘了。

愧

媿　媿　愧

小篆　楷书（繁体）　楷书

【原文】

媿，惭也。从女，鬼声。

【译文】

媿，羞惭。从女，鬼声。

【按语】

"愧"是形声字。小篆从女，鬼声。隶变以后楷书写成"媿"。汉字简化之后写成"愧"。

"愧"的原义是羞惭。例如《诗经·小雅·何人斯》："不愧于人，不畏于天。"

"愧"用作动词，延伸指使羞惭。进而延伸指责备、怪罪。例如《礼记·表记》："是故君子不以其所能病人，不以人之所不能者愧人。"

惮

憚　憚　惮

小篆　楷书（繁体）　楷书

【原文】

憚，忌难也。从心，單声。一曰：难也。

【译文】

憚，因忌恶（wù）而认为艰难。从心，單声。另一义说：惮是畏惧的意思。

【按语】

"惮"是形声字。小篆从心（表示与人的内心有关），單声。隶变以后楷书写成"憚"，汉字简化之后写成"惮"。

"惮"的原义是畏难、畏惧。如成语"肆无忌惮"。

"惮"延伸指使惊恐。例如《周礼》:"则虽有疾风,亦弗之能惮矣。"也引伸指忌恨、憎恶。例如《三国志·吴书·吴主传》:"(孙)权内惮(关)羽,外欲以为己功,笺与曹公,乞以讨羽自效。"

情

小篆　　楷书

【原文】

情,人之阴气有欲者。从心,青声。

【译文】

情,人们有所欲求的从属于阴的心气。从心,青声。

【按语】

"情"是形声字。小篆从心(表示与人的内心有关),青声。隶变以后楷书写成"情"。

"情"的原义是感情。如李贺《金铜仙人辞汉歌》:"衰兰送客咸阳道,天若有情天亦老。"延伸指本性。例如"情性"就是指人天赋的本性。进而延伸泛指事物的实情、真实状况。如"内情""情况"。

"情"也引伸指情理、常理。例如"不情之请"就是指不合情理的请求,常用作自己提出请求时的客气话。

惨

小篆　　楷书(繁体)　　楷书

【原文】

惨,毒也。从心,参声。

【译文】

惨,毒害。从心,参声。

【按语】

"惨"是形声字。小篆从心,参声。隶变以后楷书写成"憯",汉字简化之后写成"惨"。

"惨"的原义是狠毒,残暴。如成语"惨无人道",便是指残酷到了没有一点人性的地步,形容凶恶残暴到了极点。延伸指程度严重,厉害。例如""惨败"。

由严重也引伸指悲痛、伤心。如白居易《琵琶行》:"醉不成欢惨将别。"

惜

憎 惜

小篆　　楷书

【原文】

惜,痛也。从心,昔声。

【译文】

惜,哀痛。从心,昔声。

【按语】

"惜"是形声字。小篆从心(表示与人的内心有关),昔声。隶变以后楷书写成"惜"。

"惜"的原义是哀痛。延伸指哀怜、哀悯。例如《楚辞·惜誓》:"惜余年老而日衰兮,岁忽忽而不反。"

"惜"也引伸指重视、爱惜。如杜秋娘《金缕衣》:"劝君莫惜金缕衣,劝君惜取少年时。"又引申出吝惜、舍不得之意。如白居易《卖炭翁》:"一车炭,千余斤,宫使驱将惜不得。"

还延伸成遗憾、可惜。如蒋捷《金盏子》:"痛惜小院桐阴,空啼鸦零乱。"

惧

懼 懼 惧

小篆　楷书（繁体）　楷书

【原文】

懼，恐也。从心，瞿声。

【译文】

懼，恐惧。从心，瞿声。

【按语】

"惧"是形声字。小篆从心（忄），瞿声。隶变以后楷书写成"懼"，汉字简化之后写成"惧"。

"惧"的原义是害怕、恐惧。例如《论语·子罕》："勇者不惧。"延伸指惊慌失措。成语有"临危不惧"。

快

快 快

小篆　楷书

【原文】

快，喜也。从心，夬声。

【译文】

快，喜悦。从心，夬声。

【按语】

"快"是形声字。小篆从心（表示与人的内心有关），夬声。隶变以后楷书写成"快"。

"快"的原义是欢喜、高兴。如韩愈《与少室李拾遗书》："若景星凤皇之始见也,争先睹之为快。"成语"先睹为快"即出于此,意思是以能尽先看到为快乐。形容盼望殷切。

"快"延伸指舒服。例如"身体不快"。也引伸指称心的。成语"乘龙快婿"形容如意女婿。

"快"也引伸指动作迅速。如陆游《寄黄龙升老》:"快哉天马不可羁。"也引伸指敏捷、灵敏。例如"眼疾手快"。也引伸指锋利。例如"快刀斩乱麻"。

"快"用作副词,表示将要。例如"天快黑了"。

怜

小篆　　楷书(繁体)　　楷书

【原文】

憐,哀也。从心,㷠声。

【译文】

憐,哀怜。从心,㷠声。

【按语】

"怜"是形声字。小篆从心(表示与人的内心有关),㷠声。隶变以后楷书写成"憐"。

"怜"的原义是同情、哀怜。如白居易《卖炭翁》:"可怜身上衣正单,心忧炭贱愿天寒。"

"怜"延伸成爱。例如"怜香惜玉"。也引伸为遗憾。如袁枚《祭妹文》:"所怜者,吾自戊寅年读汝哭侄诗后,……至今无男。"

怪

怪

小篆　　楷书

【原文】

怪,异也。从心,圣声。

【译文】

怪,奇异。从心,圣声。

【按语】

"怪"是形声字。小篆从心,圣声。隶变以后楷书写成"怪"。

"怪"的原义是奇异的、不常见的。如王安石《游褒禅山记》:"而世之奇伟、瑰怪、非常之观,常在于险远。"也引伸为惊奇。例如"大惊小怪"。还延伸成责怪、埋怨。例如"怪罪""也难怪你了"。

惯

遺　遺　惯

小篆　楷书(繁体)　楷书

【原文】

遺,习也。从辵,贯声。

【译文】

遺,长期养成而不易改变的习性。从辵,贯声。

【按语】

"惯"是会意兼形声字。小篆从辵(辶),从贯,会长期养成的习惯之意,贯兼表声。隶变后楷书写成"遺"。汉字简化之后写成"惯"。

"惯"的原义是习以为常,积久成性,习惯。如李清照《添字丑奴儿》:"愁损北人,不惯起来听。"

"惯"延伸指纵容、迁就。如晏几道《鹧鸪天》:"梦魂惯得无拘检,又踏杨花过谢桥。"

廾 部

弄

甲骨文　　金文　　小篆　　楷书

【原文】

无

【按语】

"弄"是会意字。甲骨文和金文皆从廾,从玉,会双手把玩玉璧之意。小篆整齐化。隶变以后楷书写成"弄"。

"弄"的原义是把玩,读作 nòng。例如《诗经·小雅·斯干》:"载弄之璋,载弄之瓦。"延伸指戏要、游戏。如李白《长干行》:"绕床弄青梅。"也引伸指作弄、欺侮。例如"戏弄"。

"弄"用作名词,则指乐曲。例如"梅花三弄"。

"弄"又读作 lòng,常用作"弄堂",是上海人对于里弄的俗称。

弃

甲骨文　　金文　　小篆　　楷书(繁体)　　楷书

【原文】

棄,捐也。从収推華弃之,从云。云,逆子也。

【译文】

棄,抛掉。由"収"(双手)推着"丰"去抛弃;从去。去是逆产儿。

【按语】

"弃"是会意字。甲骨文上部似一个头向上的婴孩(表逆产),三点表胎液;中间为簸箕;下部是两只手,会把不吉利的逆产儿丢掉之意。隶变以后楷书写成"棄",汉字简化之后写成"弃"。

"弃"的原义是抛弃、扔掉。古代有很多弃世隐居的人,他们厌倦了俗世生活,于是远离尘世,隐居山林,此处的"弃"就是抛弃之意。尔后也用作人死的婉辞,指离开人世。例如"弃世"。

弊

弊　弊

小篆　楷书

【原文】

无。

【按语】

"弊"是会意兼形声字。小篆从廾从敝会意,敝兼表声。隶变以后楷书写成"弊"。

"弊"的原义是倒扑、倒下。例如《周礼·大司马》:"质明,弊旗,诛后至者。"延伸指衰落、疲惫。如贾谊《过秦论》:"率疲弊之卒,将数百之众,转而攻秦。"

"弊"用作名词,延伸指弊病、弊害。如王安石《答司马谏议书》:"举先王之政,以兴利除弊。"

"弊"又指欺蒙人的坏事。成语"营私舞弊",意为图谋私利而玩弄欺骗手段做犯法的事。

士 部

甲骨文　　金文　　小篆　　楷书

【原文】

士，事也。数始于一，终于十。从一，从十。孔子曰：'推十合一为士。'凡士之属皆从士。

【译文】

士，会办事的人。数目从一开始，到十结束。由一、由十会意。孔子说："能够从众多的事物中推演归纳出一个简要的道理来的人就是士。"凡是士的部属全部从士。

【按语】

"士"是象形字。甲骨文似禾苗立于地上。金文增加了一横。小篆继承金文而来。隶变以后楷书写成"士"。

"士"的原义是插苗于地中。而在古代耕作插苗是男子之事，由此延伸成男子的美称。

"士"也引伸指兵士。如屈原《楚辞·九歌·国殇》："矢交坠兮士争先。"

在古代，"士"又指贵族最低的一个等级，是介于卿大夫和庶民之间的一个阶层。"士"还是古代四民之一，农、工、商以外，学艺、习武的人全部可称为"士"。

知识分子和具有某种学识、技术和品德的人也通称为"士"。

甲骨文　　金文　　小篆　　楷书

【原文】

壬,位北方也。阴极阳生,如故《易》曰:"龙战于野。战者,接也。象人裹妊之形。承亥壬以子,生之叙也。与巫同意。壬承辛,象人胫。凡壬之属皆从壬。"

【译文】

壬,定位在北方。壬又代表冬天,这时阴气极盛而阳气已生,如所以《易经》说:"龙战于野。"战是交接的意思。"壬"字似人怀孕的样子。用子继承定位在北方的地支的亥和天干的壬,这是符合滋生的顺序的。与"巫"字"工"中加"从"以似舞袖的构形原则相同。壬承继辛,似人的小腿。凡是壬的部属全部从壬。

【按语】

"壬"是象形字。甲骨文似绕线用的工具。金文中间多了一个圆点。小篆的形体中,中间的一点变成了一横。隶变以后楷书写成"壬"。

"壬"是"纴"字的初文,原义是绕线的工具。绕线则线团不断增大,故延伸指大。

"壬"也引伸指巧辩。例如《尚书·皋陶谟》:"何畏乎巧言令色孔壬?"其中的"孔壬"就是指大奸佞,善于用巧辩迷惑人。

到了后世,"壬"字很少单独使用,单独用时,借用指天干的第九位。

声

甲骨文	小篆	楷书(繁体)	楷书

【原文】

聲,音也。从耳,殸声。

【译文】

聲,乐音。从耳,殸声。

【按语】

"声"是个会意字。甲骨文左上部是悬磬的形状,右边是一只手拿着一个敲打磬的小槌,合起来表示敲打石磬,传声入耳之意。隶变以后楷书写成"聲"。汉字简化之后写成"声"。

"声"的原义是声音、乐音。如白居易《琵琶行》："寻声暗问弹者谁？琵琶声停欲语迟。"延伸成声誉、名望。例如《史记·萧相国世家》："（萧何）位冠群臣，声施后世。"

"声"用作动词时，延伸指发声、声称、宣扬。如张溥《五人墓碑记》："吾社之行为士先者，为之声义。"其中的"声义"就是指宣扬正义。

喜

甲骨文　金文　小篆　楷书

【原文】

喜，乐也。从壴，从口。凡喜之属皆从喜。

【译文】

喜，快乐。由壴、由口会意。凡是喜的部属全部从喜。

【按语】

"喜"是会意字。甲骨文从壴（鼓），从口。会击鼓欢笑之意。隶变以后楷书写成"喜"。

"喜"的原义是欢悦、高兴。如成语"闻过则喜"。延伸成喜好。如杜甫《天末怀李白》："文章憎命达，魑魅喜人过。"

还用来表示值得庆贺的事，如报告成功或者立功消息的文书就叫"喜报"。

古人认为，不孝有三，无后为大，所以怀孕的委婉说法就是"有喜"，怀孕初期恶心、呕吐之类的生理反应叫"害喜"。生男孩叫"大喜"，生女孩叫"小喜"。

壶

甲骨文　金文　小篆　楷书（繁体）　楷书

【原文】

壶,昆吾圜器也。象形。从大,象其盖也。凡壶之属皆从壶。

【译文】

壶,又叫昆吾,一种圆形器皿。似壶的形状。上部从大,似壶的盖。凡是壶的部属全部从壶。

【按语】

"壶"是象形字。甲骨文似一个有盖、两耳、鼓腹、圆足的酒壶之形。金文简化。小篆继承金文而来。隶变以后楷书写成"壶"。汉字简化之后写成"壶"。

"壶"的原义指酒壶。

"壶"后延伸泛指似壶的容器。如王昌龄《芙蓉楼送辛渐》:"洛阳亲友如相问,一片冰心在玉壶。"后世常以"玉壶"形容人品高洁。

嘉

甲骨文	金文	小篆	楷书

【原文】

嘉,美也。从壴,加声。

【译文】

嘉,美善。从壴,加声。

【按语】

"嘉"是会意兼形声字。甲骨文左从壴,右从力,会尽情娱乐之意。金文下边加"口",以突出欢笑之意。小篆整齐化,从壴,加声。隶变以后楷书写成"嘉"。

"嘉"的原义是尽情娱乐,欢乐。例如《礼记·礼运》:"君与夫人交献,以嘉魂魄。"

"嘉"延伸指善、美。例如《诗经·豳风·东山》:"其新孔嘉,其旧如之何?"也引伸指幸福、吉祥。例如《汉书·宣帝纪》:"蒙获嘉瑞,赐兹祉福。"

"嘉"用作动词,指赞美,表彰,颂扬事物的美好。例如《汉书·李广苏建传》:"武帝嘉其义。"

"嘉"用作名词,指古代五礼之一,包括冠、婚、庆贺、飨宴等,后专指婚礼。例如"嘉礼"。

壮

壯　壯　壮

小篆　　楷书(繁体)　楷书

【原文】

壮,大也。从士,爿声。

【译文】

壮,大。从士,爿声。

【按语】

"壮"是会意兼形声字。小篆从士,从爿,由男子已经可以参加建筑劳动,会长大成人之意,爿兼表声。隶变以后楷书写成"壯"。汉字简化之后写成"壮"。

"壮"的原义是高大、肌肉壮实。例如"壮汉"。延伸泛指强健。如陶渊明《拟古》之八:"少时壮且厉,抚剑独行游。"

"壮"延伸指代壮年,中国古代男子三十到四十岁称为壮年。例如《左传·僖公三十年》:"臣之壮也,犹不如人。"也引伸指年轻。例如《乐府诗集·长歌行》:"少壮不努力,老大徒伤悲。"

由强健义延伸指盛大。例如《史记·高祖本纪》:"天子以四海为家,非壮丽无以重威。"又延伸泛指雄强、豪迈。例如《战国策·魏策三》:"壮士一去兮不复还。"

鼓

甲骨文	金文	小篆	楷书

【原文】

鼓,郭也。春分之音,万物郭皮甲而出,故谓之鼓。从壴、支,象其手击之也。例如《周礼》六鼓:靁鼓八面,灵鼓六面,路鼓四面,鼖鼓、皋鼓、晋鼓皆两面。凡鼓之属皆从鼓。

【译文】

鼓,用皮包廓蒙覆的乐器。是春分时节的音乐,万物包廓着皮壳长出来,所以叫作鼓。从壴、支,似手持槌击鼓。《周礼》的六鼓是:雷鼓有八面,灵鼓有六面,路鼓有四面,鼖鼓、皋鼓、晋鼓全部是两面。凡是鼓的部属全部从鼓。

【按语】

"鼓"是会意字。甲骨文似一只手拿着鼓槌敲打鼓的样子。金文是左手拿槌敲击右边的鼓。小篆继承金文而来。隶变以后楷书写成"鼓"。

"鼓"的原义是战鼓。尔后延伸指一种乐器。延伸成动词,当拍打、敲击讲。例如《左传·庄公十年》:"夫战,勇气也。一鼓作气,再而衰,三而竭。"

"鼓"也引伸指卖弄,煽动。例如《庄子·盗跖》:"摇唇鼓舌,擅生是非。"也引伸指激发。例如"鼓励""鼓舞"。

宀部

甲骨文	金文	小篆	楷书

【原文】

"宀"交覆深屋也。象形。凡宀之属皆从宀。

【译文】

宀,交相覆盖的深邃屋子。象形。凡是宀的部属全部从宀。

【按语】

"宀"是象形字。从甲骨文、金文、小篆三者的形体来看,似是房屋的正视形状:四面有墙壁和梁柱,上面有左右倾斜的屋檐,顶端有一个屋脊,中央有厅堂与房间。

"宀"的原义是交相覆盖的深邃屋子。如张轮翼《罗汉院八大灵塔记》:"宀遇班输,磨砌神工。"

"宀"是个部首字,一般不单独使用。凡由"宀"组成的字,大全部与房屋有关。例如"室""宅""家"等。

守

| 金文 | 小篆 | 楷书 |

【原文】

守,守官也。从宀,从寸。寺府之事者。从寸;寸,法度也。

【译文】

守,官吏的职守。由宀、寸会意。宀表示衙门里的事。从寸;寸,表示法度。

【按语】

"守"是会意字。金文从宀,从寸(手),由手在屋内会掌管职守之意。小篆继承金文演变而来。隶变以后楷书写成"守"。

"守"的原义是掌管职守。例如《孟子·公孙丑下》:"我无官守,我无言责也。"延伸指遵守、依照、奉行。例如《吕氏春秋·察今》:"故治国无法则乱,守法而弗变则悖。"

"守"延伸指护卫、把守、防守、守候。例如《韩非·五蠹》:"因释其耒而守株,冀复得兔。"

安

甲骨文　　金文　　小篆　　楷书

【原文】

安,静也。从女在宀下。

【译文】

安,安宁。由"女"在"宀"下会意。

【按语】

"安"是个会意字。甲骨文从女,从宀(房子),由女子坐在房中,会平安、安适之意。金文、小篆与甲骨文形体大概相同。隶变以后楷书写成"安"。

"安"的原义是平安、安适。例如《论语·学而》:"君子居无求安,食无求饱,敏于事而慎于言。"也引伸指安定、坦然。例如《论语·季氏》:"不患寡而患不均,不患贫而患不安。"

"安"作动词用时表示使安定。例如"安邦定国"。也可以表示安置。例如"安营扎寨"。

当疑问代词用时,作哪里讲。如杜甫《茅屋为秋风所破歌》:"安得广厦千万间。"

宁

甲骨文　　金文　　小篆　　楷书(繁体)　　楷书

【原文】

宁,愿词也。从丂,盇声。

【译文】

宁,表示宁愿的词。从丂,寍声。

【按语】

"宁"是会意兼形声字。甲骨文似在房间放了器皿,会稳重安宁之意,丁表声。金文在"皿"上加"心",以突出遂愿而自在安宁之意。隶变以后楷书写成"寧"。现在简写成"宁"。

"宁"的原义就是安宁,读作 níng。

"宁"用作副词时读 nìng,表示疑问,等同于"难道"。例如《史记·陈涉世家》:"王侯将相宁有种乎?"意思是王侯将相难道是天生的吗? 还能作连词。例如"宁为玉碎,不为瓦全"。

古代已嫁女子回娘家探望父母、省亲也称为"宁"。例如《诗经·周南·葛覃》:"归宁父母。"

官

甲骨文　　金文　　小篆　　楷书

【原文】

官,吏,事君也。从宀,从𠂤。𠂤犹众也。此与师同意。

【译文】

官,官吏,侍奉国君的人。由宀、由𠂤会意。𠂤也是众人的意思,这与"師"字从𠂤是同一造字原则。

【按语】

"官"是会意字。甲骨文从宀(房屋),从𠂤(即"弓",代表军队),会权威之所在之意。金文、小篆与甲骨文相似。隶变以后楷书写成"官"。

"官"的原义指官府。如柳宗元《童区寄传》："愿以闻于官。"就是说希望把这件事报告给官府。延伸指官员、官职。例如"在官言官"指处在什么样的地位就说什么样的话。

"官"作动词用时表示当官、做官或者使做官。例如"远官河南"就是远去河南做官。

定

甲骨文　　金文　　小篆　　楷书

【原文】

定，安也。从宀，从正。

【译文】

定，安定。由宀、由正会意。

【按语】

"定"是会意兼形声字。甲骨文从宀（表示房屋），从正（前往），会到房中止息、安定之意。金文大概相同。小篆整齐化。隶变以后楷书写成"定"。

"定"的原义指息止、安定。例如《诗经·小雅·节南山》："乱靡有定。"是说战乱还没有平定。后也引伸表示决定、确定或者肯定。例如"定情"之说，在古代往往指男女结合成为夫妇。如汉朝繁钦有《定情诗》，唐朝乔知之有《定情篇》，全部指结婚。进一步延伸指规定。如"定时""定量""定期"等。

"定"作动词，表示使安定。例如"安邦定国""平定天下"。

"定"还可以作副词，表示一定。例如《论衡·率性篇》："论人之性，定有善有恶。"

宅

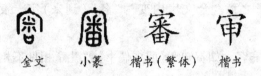

甲骨文　　金文　　小篆　　楷书

【原文】

宅,所托也。从宀,乇声。

【译文】

宅,寄托身躯的地方。从宀,乇声。

【按语】

"宅"原本是形声字。甲骨文从宀,乇声。金文的形体同甲骨文相似,小篆继承金文而来。隶变后楷书写成"宅"。

"宅"的原义指住处。如陶渊明《归园田居五首》之一:"方宅十余亩,草屋八九间。"由住的地方也引伸指家,常指大家族的家。例如《红楼梦》第二回:"当日宁荣两宅的人口也极多,如何就萧疏了?"

"宅"用作动词,指居住。例如"宅心仁厚"就是说存心仁厚。

"宅"也指墓穴。例如"阴宅"。例如《礼记·杂记上》:"大夫卜宅与葬日。"大意是大夫选择墓地和下葬的时间。

审

金文　　小篆　　楷书(繁体)　　楷书

【原文】

寀,悉也。知寀谛也。从宀从采。审,小篆寀,从番。

【译文】

寀,详尽。了解得详尽周密。由宀、采会意。审,小篆"寀"字,从番。

【按语】

"审"是会意字。金文从宀（房子），从采（辨别），从口，会于室中细察详问之意。小篆中间变为"番（野兽足迹）。"隶变以后楷书写成"審"。汉字简化之后写成"审"。

"审"的原义指细察。例如"审时度势"中的"审"就是仔细研究之意。进而延伸指查问、审讯。例如"审判""审案"。

"审"由此又可以延伸指慎重、小心谨慎。如王充《论衡·艺增》："言审莫过圣人。"意思是语言谨慎的，莫过于圣人了。

"审"用作副词，表示果真、确实。例如《汉书·王商传》："审有内乱杀人。"就是说果真有内乱杀人之事。

客

甲骨文	金文	小篆	楷书

【原文】

客，寄也。从宀，各声。

【译文】

客，寄居。从宀，各声。

【按语】

"客"是会意兼形声字。甲骨文外为房屋之形，屋内有一个面朝左的人，左边有只大脚，会外人到了之意。金文房内变为"各"（到来）字。隶变以后楷书写成"客"。

"客"的原义是宾客。如贺知章《回乡偶书》："儿童相见不相识，笑问客从何处来。"

"客"延伸特指古代寄食并服务于贵族豪门的人，即"门客"。例如《史记·魏公子列传》："诸侯以公子贤，多客。"此处的"客"就是指魏公子的门客。

"客"由此而延伸成寄居他乡的人。如杜甫《羌村三首》："柴门鸟雀噪，归客千里至。"因杜甫长期寄居他乡，后归故里，所以称"归客"。

宠

宠　寵　寵　宠

金文　小篆　楷书（繁体）　楷书

【原文】

寵,尊居也。从宀,龍声。

【译文】

寵,崇高的位置。从宀,龍声。

【按语】

"宠"是形声字。金文从宀,龍声。小篆继承金文,并整齐化。隶变以后楷书写成"寵",汉字简化之后写成"宠"。

"宠"的原义是地位尊崇。如王符《潜夫论·论荣》:"宠位不足以尊我,而卑贱不足以卑己。"

"宠"延伸泛指尊崇。如成语"哗众取宠",就是指以浮夸的言论迎合群众,骗取群众的信赖和支持。

"宠"也引伸指宠爱,喜爱。白居易《长恨歌》:"后宫佳丽三千人,三千宠爱在一身。"还延伸特指受宠爱的人。例如《左传·僖公十七年》:"齐侯好内,多内宠。"

"宠"用作名词,指荣耀。如成语"宠辱不惊"。

宛

宛　宛

小篆　楷书

国学经典文库

说文解字

《说文解字》原文释义

图文珍藏版

【原文】

宛,屈草自覆也。从宀,夗声。

【译文】

宛,把草弯曲用以覆盖自身。从宀,夗声。

【按语】

"宛"是形声字。小篆从宀,夗声。隶变以后楷书写成"宛"。

"宛"的原义是弯曲、曲折。如杜牧《长安送友人游湖南》:"楚南饶风烟,湘岸苦萦宛。"

"宛"延伸指晃荡、摇动。如白居易《叙德书情四十韵·上宣歙翟中丞》:"晴野霞飞绮,春郊柳宛丝。"

"宛"也引伸指柔和、小。例如《诗经·小雅·小宛》:"宛彼鸣鸠,翰飞戾天。"

"宛"还延伸指好似、仿佛、似乎。例如《诗经·秦风·蒹葭》:"溯游从之,宛在水中央。"

宦

  宦

金文　　小篆　　楷书

【原文】

宦,仕也。从宀,从臣。

【译文】

宦,学习做官的事。由宀、由臣会意。

【按语】

"宦"是会意字。金文从宀(房屋),从臣(奴隶),会在贵族之家当奴仆之意。小篆整齐化。隶变以后楷书写成"宦"。

"宦"的原义指在贵族之家当奴仆。例如《国语·越语》:"与范蠡入宦于吴。"意思是和范蠡一起为吴王当奴仆。延伸指在宫内侍奉的官、太监。例如"宦官"。

"宦"也引伸指官吏或者者做官。如王勃《送杜少府之任蜀川》:"与君离别意,同是宦游人。""宦游人"就是指外出做官的人。

家

甲骨文　　金文　　小篆　　楷书

【原文】

家,居也。从宀,豭省声。

【译文】

家,居处的地方。从宀,豭省声。

【按语】

"家"是会意字。甲骨文表示"屋内有豕(猪)"为"家"。(古代生产力低下,人们多在屋子里养猪,所以房子里有猪就成了人家的标志。)隶变以后楷书写成"家"。

"家"的原义指人家,延伸泛指家庭。如陶渊明《桃花源记》:"便要还家,设酒杀鸡作食。"

"家"还延伸指学术流派或者经营某种行业的人。例如"道家""酒家"。也引伸指具有某种专长或者从事某种专门活动的人。例如"画家"。

"家"有时也作谦称。例如"家兄""家父"等。

"家"虚化作词尾。例如"小孩子家"。又可用作量词。例如"一家之主""几家人"。

宰

甲骨文　　金文　　小篆　　楷书

【原文】

宰,辠人在屋下执事者。从宀,从辛。辛,辠也。

【译文】

宰，在屋子底下做事的罪人。由宀、辛会意。辛，表示罪人。

【按语】

"宰"是会意字。甲骨文、金文、小篆皆从宀，从辛（刑刀），表示奴隶在屋下从事杀牲以备祭的劳动。隶变以后楷书写成"宰"。

"宰"的原义指掌管杀牲以备祭的奴隶，延伸泛指家奴，尔后奴隶头也称"宰"。例如《仪礼》："宰右执镫，左执盖。"也引伸指帮助国君管理朝政的宰相。古书中常见"宰官"一词，这并非指"宰相"，一般的官员全部可以称为"宰官"。苏轼《纵笔》："父老争看五角巾，应缘曾观宰官身。"到了后世，县令亦可称"宰官"。

"宰"由掌管杀牲以备祭延伸指杀。如颜师古注《汉书》说："宰，为屠杀也。"厨夫也可以称为"宰夫"。

宾

| 甲骨文 | 金文 | 小篆 | 楷书（繁体） | 楷书 |

【原文】

賓，所敬也。从貝，宀聲。

【译文】

賓，所敬重的宾客。从貝，宀声。

【按语】

"宾"是会意字。甲骨文从宀，从人，从止，会人来到屋里之意。金文加"貝"，表示还带着礼物。小篆继承金文，整齐化。隶变以后楷书写成"賓"。汉字简化之后写成"宾"。

"宾"的原义是客人。例如"相敬如宾""宾客盈门"。进而延伸表示用宾客的礼节相待。如王安石《伤仲永》："稍稍宾客其

父。"意为纷纷以宾客之礼来对待他的父亲。

"宾"尔后也引伸为服从或者归顺，如古代诸侯或者边远部落按时朝贡称为"宾服"。例如《史记·五帝本纪》："诸侯咸来宾从。"就是诸侯全部来归顺的意思。

寅

甲骨文　金文　小篆　楷书

【原文】

寅，髕也。正月，阳气动，去黄泉，欲上出，阴尚彊，象宀不达，髕寅於下也。凡寅之属皆从寅。

【译文】

寅，摒弃排斥。寅代表正月，这时阳气发动，离开地底的黄泉，想要向地上冒出，但阴气还很强大，似交相覆盖的深邃屋子一样覆盖着大地，不让阳气顺畅抵达，并且把它摒弃排斥于地下。凡是寅的部属全部从寅。

【按语】

"寅"是象形字。甲骨文从矢，从口（箭函），会从函中请出箭矢来之意。金文左右均为手，似双手捧矢。篆箭头讹变成"宀"。隶变以后楷书写成"寅"。

"寅"的原义是指从函中请出矢。延伸表示进礼、虔敬之义。例如《尚书·无逸》："严恭寅畏。""寅畏"即"敬畏"。

农历以干支纪年，"寅"是地支的第三位，"卯"是地支的第四位。成语"寅吃卯粮"意思是寅年就吃了卯年的粮食。引喻入不敷出，预先借支。

"寅"字被借为地支用字之后，完全失去了原义。又可指十二时辰之一，"寅时"即凌晨三时至五时。

寝

甲骨文　金文　小篆　楷书（繁体）　楷书

【原文】

寝,病卧也。从癄省,彐声。

【译文】

寝,因病而卧。由"癄"省"夕"会意,彐省声。

【按语】

"寝"是会意字。甲骨文外部是房屋之形,内部有一把扫帚,会扫净卧室而睡觉之意。小篆另加义符"人"。隶变以后楷书写成"寝"。汉字简化之后写成"寝"。

"寝"的原义是就寝、睡觉。例如"寝食不安"指吃不下饭,睡不好觉。形容心事重重。由睡觉延伸表示息、止。如王褒《四子讲德论》:"秦人寝兵。"是说秦国停止了用兵。

由睡卧之义延伸指卧着。例如《荀子·解蔽》:"见寝石,以为伏虎也。"意思是看见一块卧着的石头,以为是只趴着的老虎。

另外,相貌丑陋古亦称"寝"。例如《新唐书·郑注传》:"貌寝陋。"这是说相貌难看。

寡

金文　小篆　楷书

【原文】

寡,少也。从宀,从颁。颁,分赋也,故为少。

【译文】

寡,少。由宀、颁会意。颁,表示分授(房屋),所以有"少"的含义。

【按语】

"寡"是会意字。金文从宀(房屋),里面只有一个长着长头发的人,会人少之意。小篆复杂化,另加"分"字,人就更少了。隶变以后楷书写成"寡"。

"寡"的原义是少。成语"曲高和寡""孤陋寡闻""少言寡语",全部是这种用法。

老而无夫的人亦称为"寡"。例如"鳏寡孤独"一词,就泛指老弱无依的人。

"寡"也可延伸成古代君主的自称。例如"寡人"。

寄

宀 寄

小篆　楷书

【原文】

寄,托也。从宀,奇声。

【译文】

寄,托付。从宀,奇声。

【按语】

"寄"是形声字。小篆从宀,奇声。隶变以后楷书写成"寄"。

"寄"的原义指托身住在、客居。如杜甫《自京赴奉先县咏怀五百字》:"老妻寄异县,十口隔风雪。"延伸指依附。例如《列子·天瑞》:"杞国有人,忧天地崩坠,身亡所寄,废寝食者。"

"寄"也引伸指托付、委托、寄托。如诸葛亮《出师表》:"先帝知臣谨慎,故临崩寄臣以大事。"

"寄"也指邮寄。例如"寄包裹""寄封信"。

宝

| 甲骨文 | 金文 | 小篆 | 楷书（繁体） | 楷书 |

【原文】

寶，珍也。从宀，从王，从貝，缶声。

【译文】

寶，珍宝。由宀、由玉、由貝会意，缶声。

【按语】

"宝"是会意字。甲骨文从宀（房屋），从貝（货币），从王（玉），会房中有珍宝之意。金文又在甲骨文的基础上增加了"缶"（器皿，亦为古人所重）。小篆继承金文，并整齐化。隶变以后楷书写成"寶"。汉字简化之后写成"宝"。

"宝"的原义是珍贵的东西。例如《史记·廉颇蔺相如列传》："和氏璧天下人所共传宝也。"

"宝"又表示珍爱、珍视、珍藏。例如《韩非子·解老》："吾有三宝，持而宝之。"此处的第一个"宝"是宝贝义，第二个"宝"是将其当作珍宝的意思。

旧时"宝"也用作称别人的家眷、铺子等的敬辞。例如"宝眷""宝号"。

宏

小篆　　楷书

【原文】

宏，屋深响也。从宀，厷声。

【译文】

宏，房屋幽深而有回响。从宀，厷声。

【按语】

"宏"是形声字。小篆从宀（房屋），厷声。隶变以后楷书写成"宏"。

"宏"的原义指房屋深广，说话有回声。延伸泛指广大。例如"宏伟"。也引伸指胸襟开阔、度量大、见识广博。例如"宏论"即是见识广博的言论。

"宏"进而延伸指发扬、光大。如魏徵《谏太宗十思疏》："总此十思，宏兹九德。"意为完全做到这十个方面，发扬九德的修养。

"宏"也可以表示声音洪亮。例如"宏亮"。

现在，大力宣扬之义写成"弘扬"，"宏扬"已被淘汰。"弘扬"原指佛、菩萨传播佛法普度众生。后指大力宣传某种思想和文化。

完

小篆　　楷书

【原文】

完，全也。从宀，元声。

【译文】

完，完全。从宀，元声。

【按语】

"完"是形声字。小篆从宀（房屋），元声。隶变以后楷书写成"完"。

"完"的原义指房屋整齐美好，无缺损。延伸泛指完好、完整。如成语"体无完肤""神完气足""完美无瑕"等。

"完"用作动词，表示使完好、保全。如成语"完璧归赵"便用此义。现多引喻把原物完好地归还本人。

"完"也延伸泛指完成。例如"完工""完稿""完事"等。也引伸指完尽、生命终结，或者陷入失败、绝境。例如"钱用完了""计划全完了"等。

宇

金文　小篆　楷书

【原文】

宇,屋边也。从宀,于声。例如《易》曰:'上栋下宇。'

【译文】

宇,屋的边檐。从宀,于声。《易经》说:"上有栋梁下有屋檐。"

【按语】

"宇"是形声字,金文从宀(房屋),于声。小篆整齐化。隶变以后楷书写成"宇"。

"宇"的原义是房檐。例如《易·系辞》:"后世圣人易之以宫室,上栋下宇,以待风雨。"

"宇"延伸泛指房屋。如苏轼《水调歌头》:"又恐琼楼玉宇,高处不胜寒。"进而延伸指天下、世界。如贾谊《过秦论》:"有席卷天下,包举宇内,囊括四海之意。"

"宇"进而延伸指上下四方整个空间。如王羲之《兰亭集序》:"仰观宇宙之大,俯察品类之盛。"又特指风度、容仪。例如"他眉宇间一团英气"。

宙

甲骨文　小篆　楷书

【原文】

宙,舟舆所极,覆也。从宀,由声。

【译文】

宙,舟车所到的地方;屋宇覆盖的栋梁。从宀,由声。

【按语】

"宙"是形声字。甲骨文、小篆从宀(房屋),由声。隶变以后楷书写成"宙"。

"宙"的原义指房屋的栋梁,尔后字义扩展,表示车、船等交通工具所能到达的极远的地方。进而延伸指天空。如王勃《七夕赋》:"霜凝碧宙,水莹丹霄。"

"宇""宙"二字并用,曾指屋檐下、栋梁间的一方小天地。后用来引喻上下四方的空间、古往今来的时间,即指无限的时空。

牢

甲骨文　　金文　　小篆　　楷书

【原文】

牢,闲。养牛马圈也。从牛,冬省。取其四周匝也。

【译文】

牢,牢阑。畜养牛马的栏圈。由牛字和冬字省去下面的仌(即冰字)会意。取四周包围的意思。

【按语】

"牢"是会意字。甲骨文里面是个"牛"字,外面似养牛的圈。金文的形体与甲骨文大概相同。隶变以后楷书写成"牢"。

"牢"的原义是豢养牛马等牲畜的栏圈。例如"亡羊补牢"。

"牢"由豢养牲畜的圈栏延伸成关押犯人的监狱。例如"画地为牢"。

圈养牲畜的栏圈必须非常结实,故也引伸指坚固、稳妥可靠。例如"牢固""牢不可破"。

宗

甲骨文　　金文　　小篆　　楷书

【原文】

宗,尊祖庙也。从宀,从示。

【译文】

宗,祭祖先的庙。由宀、由示会意。

【按语】

"宗"是会意字。甲骨文的形体,外部是房舍,其内有祭台,表示此处就是宗庙。金文、小篆的形体与甲骨文大概相同。隶变以后楷书写成"宗"。

"宗"的原义是祭祀祖先的庙。例如《孔子家语》:"故筑为宫室,设为宗祧。"

"宗"又可以延伸成祖宗。例如《左传·成公三年》:"使嗣宗职。"后也引伸为宗族。例如《史记·秦始皇本纪》:"车裂以徇,灭其宗。"

"宗"也引伸指主旨、本源。例如"开宗明义"。

寓

金文　　小篆　　楷书

【原文】

寓,寄也。从宀,禹声。

【译文】

寓,寄居。从宀,禹声。

【按语】

"寓"是形声字。金文、小篆皆从宀,禹声。隶变以后楷书写成"寓"。

"寓"的原义是寄居、寄住。例如《孟子·离娄下》："无寓人于我室，毁伤其薪木。"

"寓"用作名词，指住所、住处。例如"公寓""客寓"等。

由寄居也引伸指投寄、寄递。如现在常说的"邮寄""寄信"等。也引伸指寄托、寄存。

实

金文　　　小篆　　楷书（繁体）　楷书

【原文】

實，富也。从宀，从贯。贯，货贝也。

【译文】

實，富裕。由宀、由贯会意。贯，表示货贝。

【按语】

"实"是会意字。金文从宀，从贯（钱财），会屋中充满钱财之意。小篆继承金文而来。隶变后楷书写"實"。汉字简化之后写成"实"。

"实"的原义指充实、充满。例如《史记·货殖列传》："仓廪实而知礼节，衣食足而知荣辱。"

"实"用作动词，指使充满、使充实。例如《汉书·食货志》："薄赋敛，广蓄积，以实仓廪。"

"实"又可以延伸成真实、不虚。例如《汉书·司马迁传赞》："不虚美，不隐恶，故谓之实录。"

密

小篆　　楷书

【原文】

密,山如堂者。从山,宓声。

【译文】

密,形状似堂室的山。从山,宓声。

【按语】

"密"是会意兼形声字。小篆由宓(房屋)会意,宓兼表声。隶变以后楷书写成"密"。

"密"的原义是形如堂屋的山。例如《尸子·绰子》:"松柏之鼠,不知堂密之有美枞。"

"密"延伸指隐蔽、隐秘的地方。例如《礼记·少仪》:"不窥密,不旁狎。"进而延伸指秘密。如赵佶《宣和殿荔枝》:"密移造化出闽山,禁御新栽荔枝丹。"

"密"又表示稠密、多。如龚自珍《病梅馆记》:"以疏为美,密则无态。"

寨

小篆　　楷书

【原文】

无。

【按语】

"寨"是会意兼形声字。楷书写成"寨",从木,从宲(表堵塞),会用木头做的羊圈、羊栏之意,宲兼表声。

"寨"原义是羊圈、羊栏。延伸泛指防守用的栅栏、篱笆。如徐珂《清稗类钞·战事类》:"时敌军已近寨,枪声隆然。"

　　"寨"也引伸指四面环围的驻军处、营垒。如郑谷《寄边上从事》:"高垒观诸寨,全师护大朝。"特指旧时强盗聚集的地方。例如"山寨"。

　　"寨"也引伸指四周有栅栏或者围墙的寨子、村落。例如"苗寨""村寨"。

宫

甲骨文　　金文　　小篆　　楷书(繁体)　　楷书

【原文】

宫,室也。从宀,躳(躬)省声。

【译文】

宫,宫室。从宀,躳省声。

【按语】

　　"宫"是会意字。甲骨文外形似围墙,内部的两个"口"似围墙内的若干房屋。金文、小篆承继了甲骨文。隶变以后楷书写成"宫"。

　　"宫"的原义指有围墙的房屋,后泛指房屋。秦汉以后特指君王居住的地方。如王建《宫词》:"宫人早起笑相呼,不识阶前扫地夫。"

　　"宫"亦可当宗庙讲。例如《诗经·召南·采蘩》:"于以用之? 公侯之宫。"

室

甲骨文　　金文　　小篆　　楷书

【原文】

室,实也。从宀,至声。至,所止也。

【译文】

室,内室。由宀、由至会意。至表示止息之地。

【按语】

"室"是会意兼形声字。甲骨文从宀（房屋），从至，会人至而息止之意，至也兼表声。金文、小篆与甲骨文大概相同。隶变以后楷书写成"室"。

"室"的原义指人所息止的堂内的房间，即堂后之正室。例如《易·系辞》："上古穴居而野处，后世圣人易之以宫室。"泛指房屋、住宅。如陶渊明《归园田居》："户庭无尘杂，虚室有余闲。"

"室"进一步延伸成家。如杜甫《石壕吏》："室中更无人，惟有乳下孙。"由家也引伸为妻、妻室。例如《礼记·曲礼上》："三十曰壮，有室。"

富

冨 富

小篆　　楷书

【原文】

富,备也。一曰:厚也。从宀,畐声。

【译文】

富,完备。另一义说:富是多、厚。从宀,畐声。

【按语】

"富"是会意字兼形声字。小篆从宀（表示房屋），从畐（充满），畐兼表声。隶变以后楷书写成"富"。

"富"的原义指富有，古与"贫"相对，今与"穷"相对。如曹丕《上留田》："富人食稻与粱，贫子食糟与糠。"又可以指年少，未来岁月多。例如"年富力强"。

宽

寬　寬　宽

小篆　楷书（繁体）　楷书

【原文】

寛，屋宽大也。从宀，莧声。

【译文】

寛，房屋宽敞。从宀，莧（羊角向两边分张）声。

【按语】

"宽"是形声字。小篆从宀，从莧。隶变以后楷书写成"寛"。汉字简化之后写成"宽"。

"宽"的原义指房屋宽敞。例如《后汉书·刘般传》："府寺宽敞，舆服光丽。"延伸泛指横的距离，即宽度。也引伸泛指面积阔大。如张祜《送韦整尉长沙》："云水洞庭宽。"

由宽阔也引伸指宽厚、度量大。例如《史记·廉颇蔺相如列传》："鄙贱之人，不知将军宽之至此也。"也引伸指放松、放宽。例如"宽恕"。

宿

宿　宿　宿　宿

甲骨文　金文　小篆　楷书

【原文】

宿，止也。从宀，佰声。

【译文】

宿，止宿。从宀，佰声。

【按语】

"宿"是会意字。甲骨文从宀(房屋),从人,从因(席),会人躺在席上于屋内睡觉之意。金文大概相同。小篆整齐化。隶变以后楷书写成"宿"。

"宿"的原义指夜晚睡觉、住宿,读作 sù。例如《乐府诗集·木兰辞》:"旦辞爷娘去,暮宿黄河边。"延伸成夜。例如《齐民要术·水稻》:"净淘种子,渍经三宿。"

"宿"也引伸表示积久的、素来就有的。例如"宿愿""宿志"。

"宿"还可以指星宿,读作 xiù。例如"二十八宿"。

察

小篆　　　楷书

【原文】

察,覆也。从宀、祭。

【译文】

察,屋檐向下覆盖。从宀,祭声。

【按语】

"察"是会意兼形声字。小篆从宀(房屋)从祭,会庙祭必详究细审之意,祭兼表声。隶变后楷书写成"察"。

"察"的原义是观察,仔细看。如苏轼《石钟山记》:"徐而察之,则山下皆石穴罅。"引申指看清楚、明白、知晓。例如《吕氏春秋·察今》:"故察己则可以知人,察今则可以知古。"

"察"也引伸指调查、考察。例如《吕氏春秋·察传》:"夫传言不可以不察。"也引伸指辨别、区分。如屈原《离骚》:"览察草木其犹未得兮,岂珵美之能当?"

寞

小篆　楷书

【原文】

无。

【按语】

"寞"是形声字。小篆本从口,莫声。隶变以后楷书写成"寞"。

"寞"的原义是寂静,无声。延伸指恬淡。例如《淮南子·原道训》:"其魂不躁,其神不娆,湫漻寂寞,为天下枭。"意思是遇事稳重、神态坚定、善于独立思考的人是可以成就大事的人。

"寞"也引伸指冷落,孤单。如苏轼《卜算子》:"拣尽寒枝不肯栖,寂寞沙洲冷。"

塞

　　　塞

甲骨文　金文　小篆　楷书

【原文】

塞,隔也。从土,从寴。

【译文】

塞,边塞障隔。由土、由寴会意。

【按语】

"塞"是会意兼形声字。甲骨文从宀(表示房子),从工(表示一堆东西),从手,会用手把一堆东西塞到房子中之意。金文从穴,表示把洞塞好。隶变以后楷书写成"塞"。

"塞"的原义是堵塞、阻隔,读作 sāi。延伸指填塞、充满。如袁枚《黄生借书说》:"汗牛塞屋,富贵家之书。"也引伸指要塞。例如《汉书·晁错传》:"守边备塞,劝农利本,当世急务。"

"塞"也引伸指边境,读作 sài。

"塞"还可读作 sè,表示堵住、填充空隙。

寥

小篆　　　楷书　　　楷书

【原文】

无。

【按语】

"廖"是形声字。小篆本从广,膠声,后"膠"省略作"寥"。隶变以后楷书写成"廖"和"膠"。规范化后,以"廖"为正体。由于尔后用作姓,空虚之义便又改写成"寥",从宀,膠声。

"廖"的原义是空虚。例如《老子》第二十五章:"寂兮寥兮,独立而不改。"延伸指高旷,高远。例如《素问·天元纪大论》:"太虚廖廓,肇基化元。"

"廖"也引伸指稀少。如谢朓《京路夜发》:"晓星正寥落,晨光复映漭。"物少就会显得寂静,故也引伸指寂寞、寂静。如戴叔伦《除夜宿石头驿》:"寥落悲前事,支离笑此生。"

宜

甲骨文　　　金文　　　小篆　　　楷书

【原文】

宜,所安也。

【译文】

宜,令人心安的地方。

【按语】

"宜"是会意字。甲骨文似屋里俎上有肉的形状。隶变以后楷书写成"宜"。

"宜"的原义是祭祀土地之神。例如《尔雅》:"起大事,动大众,必先有事乎社而后出,谓之宜。"

祭祀是应当做的事,故"宜"延伸成适宜的事。例如《诗经·周南·桃夭》:"之子于归,宜其室家。"

宣

甲骨文　　金文　　小篆　　楷书

【原文】

宣,天子宣室也。从宀,亘声。

【译文】

宣,天子宽大的正室。从宀,亘声。

【按语】

"宣"是会意兼形声字。甲骨文从宀(房屋),从回(河水漩涡)。小篆变为从亘(xuān),会装饰有回环水云纹的大房子之意,亘兼表声。隶变以后楷书写成"宣"。

"宣"的原义指帝王宫殿。如李商隐《贾生》:"宣室求贤访逐臣,贾生才调更无伦。"引申为发布、传达,多用于传达帝王的诏命。宋元时,朝廷授给各级官吏铜牌,以证明其官职身份,这铜牌就被称为"宣牌"。

"宣"也引伸指宣扬、宣传、广泛传播。例如《国语·晋语》:"宣其德行。"

宪

金文　　　小篆　　　楷书（繁体）　楷书

【原文】

憲，敏也。从心，从目，害省声。

【译文】

憲，敏捷。由心、目会意，害省声。

【按语】

"宪"是会意兼形声字。金文从目，害省声。或者另加义符"心"，会心灵敏眼睛雪亮之意。隶变后楷书写成"憲"。汉字简化之后写成"宪"。

"宪"的原义是聪敏。例如《周书·谥法》："博闻多能曰宪"。延伸成法令。例如"立宪""制宪。"也引伸为效法。如潘岳《寡妇赋》："宪女史之典戒。"

寒

金文　　　小篆　　　楷书

【原文】

寒，冻也。从人在宀下，以茻荐覆之，下有仌。

【译文】

寒，冷冻。由"人"在"宀"下，用草垫着盖着，下有"仌"来会意。

【按语】

"寒"是会意字。金文形体从宀，从人、茻（众草）、冫（冰），会天寒地冻之意。小篆继承金文。隶变以后楷书写成"寒"。

"寒"的原义指寒冷。例如《史记·刺客列传》："风萧萧兮易水寒。"延伸指战

栗恐惧。如"胆寒"。也引伸指贫困。古时把家境贫困或者门第卑微的读书人称为
"寒士""寒门"。

宵

金文　小篆　楷书

【原文】

宵,夜也。从宀,宀下冥也;肖声。

【译文】

宵,夜晚。从宀,表示室下窈冥;肖表声。

【按语】

"宵"是形声字。金文从宀,肖声。小篆整齐化。隶变以后楷书写成"宵"。

"宵"的原义是夜晚。如柳永《雨霖铃》:"今宵酒醒何处? 杨柳岸,晓风残月。"
俗语有"春宵一刻值千金"的说法,此处的"春宵"指的就是晚上。延伸成小。例如
"宵小之徒"。

"元宵节"特指农历正月十五,也叫"上元节",这天的晚上就叫作"元宵"。

犭 部

狼

甲骨文　小篆　楷书

【原文】

狼,似犬,锐头,白颊,高前,广后。从犬,良声。

【译文】

狼,似狗,尖锐的头,白色的脸颊,身子前部高,后部宽。从犬,良声。

【按语】

"狼"是形声字。甲骨文左边的"良"是声符,右边是一个头朝上的"狼"之形。隶变以后楷书写成"狼"。

"狼"的原义是一种似狗的野兽。例如《诗经·齐风·还》:"并驱从两狼兮。"

狼性残忍,故引喻凶狠。例如《战国策·燕策》:"夫赵王之狼戾无亲,大王之所明见知也。"

星星也有用"狼"来命名的。例如"天狼星",象征着凶残的敌人。如苏轼《江城子·密州出猎》:"会挽雕弓如满月,西北望,射天狼。"

狈

甲骨文　金文　小篆　楷书(繁体)　楷书

【原文】

无。

【按语】

"狈"是形声字。甲骨文上面是一只头朝上的狈,尾巴的下端是个"貝",表声。金文变为左右结构。隶变以后楷书写成"狽"。汉字简化之后写成"狈"。

"狈"的原义就是一种狼属的野兽。传说狈的前腿很短,行走的时候前腿必须驾住两只狼,没有狼则不能行走,故有"狼狈为奸"的说法,用来引喻坏人相互勾结干坏事。

又因为"狈"没有狼就走不了路,"狼狈"一词也用来形容困苦或者受窘的样子。如李密《陈情表》:"臣之进退,实为狼狈。"此处的"狼狈"是指自己的处境很困难、

很窘迫。

猎

獵　獵　獵　猎

【原文】

獵，放猎逐禽也。从犬，巤声。

【译文】

獵，打猎追逐禽兽。从犬，巤声。

【按语】

"猎"是形声字。金文从犬，鼠声。小篆的字形与金文相似。隶变以后楷书写成"獵"。汉字简化之后写成"猎"。

"猎"的原义是打猎、捕捉禽兽。打猎需要到处奔波，故延伸成践踏、踩。例如《荀子·议兵》："不猎禾稼。"是说不要踏坏庄稼。此义后世均写为"躐"（liè）。

狐

狐　狐　狐

【原文】

狐，妖兽也。鬼所乘之。有三德：其色中和，小前大后，死则丘首。从犬，瓜声。

【译文】

狐，妖异的野兽。是鬼所凭借的东西。它有三种德行：它的毛色是中和的黄色；前面的鼻尖小，后面的尾巴大；临死的时候对着出生的山丘摆正自己的脑袋。从犬，瓜声。

【按语】

"狐"是象形兼形声字。甲骨文右边似狐狸之形,左边的"亡"表声。小篆改为从犬,瓜声。隶变以后楷书写成"狐"。

"狐"的原义是狐狸。俗传狐狸狡猾多疑,善于迷惑人,故延伸指似狐狸一样多疑或者迷惑人。例如《汉书·文帝纪》:"方大臣之诛诸吕迎朕,朕狐疑。"颜师古作注:"狐之为兽,其性多疑,每渡冰河,且听且渡。故言疑者而称狐疑。"

狩

甲骨文　　金文　　小篆　　楷书

【原文】

狩,犬田也。从犬,守声。《易》曰:'明夷于南狩。'

【译文】

狩,用狗田猎。从犬,守声。例如《易经》曰:"叫着的鹈鹕鸟在人们南去打猎的时候受了伤。"

【按语】

"狩"是会意字。甲骨文左边是一个猎叉,右边是一条犬,表示带着猎叉和犬去打猎。金文变化不大。小篆把"犬"字移至左边。隶变以后楷书写成"狩"。

"狩"的原义是猎人带着猎具和犬去打猎。例如《诗经·魏风·伐檀》:"不狩不猎,胡瞻尔庭有县貆兮?"

"狩"尔后专指古代君主冬天围猎。也引伸指帝王出外巡视。

猪

小篆　　楷书(繁体)　　楷书

【原文】

豬,豕而三毛丛居者。从豕,者声。

【译文】

豬,又叫豕,是三根毛丛生在同一毛孔的动物。从豕,者声。

【按语】

"豬"是形声字。小篆从豕,者声。隶变以后楷书写成"豬"。汉字简化之后写成"猪"。

"豬"的原义是小猪,泛指猪。例如《乐府诗集·木兰诗》:"小弟闻姊来,磨刀霍霍向猪羊。"

"豬"还可指十二生肖之一,即地支的"亥"。

狠

狠　狠

小篆　　楷书

【原文】

狠,犬斗声,从犬,艮声。

【译文】

狠,狗争斗的声音。从犬,艮声。

【按语】

"狠"是会意兼形声字。小篆从犬从艮(扭头瞪视)会意,艮兼表声。隶变以后楷书写成"狠"。是"很"的分化字。

"狠"的原义是狗争斗的声音。延伸成凶恶、残忍。例如"心狠手辣""狠毒"。也引申指下决心。例如"他下了狠心要戒赌"。还指严厉地、坚决地。例如"狠打歪风邪气""狠抓质量"。

"狠"用作副词时,表示程度,同"很"。例如《儒林外史》第三回:"他只因欢喜得狠了,痰涌上来迷了心窍。"

说文解字

《说文解字》原文释义

图文珍藏版

猜

猜 猜

<small>小篆　　楷书</small>

【原文】

猜，恨贼也。从犬，青声。

【译文】

猜，嫉恨以至残害别人。从犬，青声。

【按语】

"猜"是形声字。小篆从犬，青声。隶变以后楷书写成"猜"。

"猜"的原义是嫉恨、怀疑、不信任。例如"猜妒""猜忌"。延伸指因猜疑而有戒心。李白例如《长干行》："同居长干里，两小无嫌猜。"

"猜"也引伸指推向、推测。例如"猜想""猜谜"。

狭

狭 狹 狭

<small>小篆　　楷书（繁体）　　楷书</small>

【原文】

无。

【按语】

"狭"是会意兼形声字。小篆从阜从夹会意，夹兼表声。隶变以后楷书写成"狹"。汉字简化后写成"狭"。

"狭"的原义是窄隘、不宽阔。如陶渊明《归园田居》其三:"道狭草木长,夕露沾我衣。"延伸指见识,胸怀不宽广。如嵇康《与山巨源绝交书》:"吾直性狭中,多所不堪。"

"狭"也引伸指急迫。例如《礼记·乐记》:"广则容奸,狭则思欲。"

猫

孚　貓　貓　猫

甲骨文　小篆　楷书(繁体)　楷书

【原文】

无。

【按语】

"猫"是形声字。甲骨文本作"孚"。小篆从豸,苗声。隶变以后楷书写成"貓"。汉字简化后写成"猫"。

"猫"的原义是指一种猫类野兽名,似虎而小。例如《诗经·大雅·韩奕》:"有熊有罴,有猫有虎。"延伸泛指捕老鼠的猫。例如"照猫画虎""猫哭老鼠"。

"猫"也引伸指躲藏。例如"猫冬",指躲在家里过冬;"猫蹲",指谓不务正业,赋闲在家。

"猫"读作 máo,指似猫一样弯腰。例如"猫腰"。

猾

猾　猾

小篆　楷书

【原文】

无。

【按语】

"猾"是形声字。隶变以后楷书写成"猾",从犬,骨声。

国学经典文库

说文解字

《说文解字》原文释义

图文珍藏版

"猾"的原义是乱、扰乱。例如《尚书·舜典》:"蛮夷猾夏,寇贼奸宄。"

"猾"用作形容词,也引伸指奸诈、诡诈。例如"老奸巨猾"。

"猾"用作名词,指奸猾的人。例如《史记·魏武安侯列传》:"诸所与交通,无非豪杰大猾。"

猴

猴
小篆　楷书

【原文】

猴,夒也。从犬,侯声。

【译文】

猴,一种长臂猿。从犬,侯声。

【按语】

"猴"是形声字。小篆从犬,矦声。隶变以后楷书写成"猴"。

"猴"的原义是猴子,即猕猴,与猿同类。如成语"沐猴而冠"。猴子机灵多变,也可用于引喻人。例如"猴精"。

"猴"用作动词,指似猴子似地蹲坐。例如"猴下身去"。又指似猴子一样攀援纠缠。例如《红楼梦》第十四回:"宝玉听话,便猴向凤姐身上立刻要牌。"

狱

狱
甲骨文　小篆　楷书(繁体)　楷书

【原文】

狱,确也。从㹜,从言。二犬,所以守也。

【译文】

狱,监牢。由㹜、由言会意。两个"犬"字表示用以守备的警犬。

【按语】

"狱"是会意字。甲骨文左右两边全部是"犬",中间是一个"言"字。小篆线条化了。隶变后楷书写成"獄"。汉字简化之后写成"狱"。

"狱"的原义是监狱。例如"牢狱之灾"。延伸指诉讼、打官司。例如《吕氏春秋·高义》:"以小利之故,兄弟相狱。"

由诉讼也引伸指案件。例如《左传·庄公十年》:"小大之狱,虽不能察,必以情。"

犹

甲骨文	金文	小篆	楷书（繁体）	楷书

【原文】

猶,玃属。从犬,酋声。一曰:陇西谓犬子为猷。

【译文】

犹,猕猴一类。从犬,酋声。另一义说,陇西郡把狗崽子叫作猷。

【按语】

"犹"是会意兼形声字。甲骨文右为犬,左为酒器之形,会犬守器之意。金文是"猷"字。小篆线条化。隶变以后楷书写成"猶"。汉字简化之后写成"犹"。

"犹"的原义早已经消失了。但还可以指一种猴类的动物。如郦道元《水经注·江水》:"山多犹猢,似猴而短足,好游岩树。"用作副词,表示还、尚且。例如"记忆犹新""困兽犹斗"。还有如同、好似之义。

狗

小篆	楷书

【原文】

狗,孔子曰:'狗,叩也。叩气吠以守。'从犬,句声。

【译文】

狗,孔子说:"狗,扣击。狗声硁硁如扣击,出气而吠叫,用以守御。"从犬,句声。

【按语】

"狗"是会意兼形声字。小篆从犬从句会意,句兼表声。隶变以后楷书写成"狗"。

狗是人类最早驯化的家畜之一,"狗"的原义是家犬。例如"狐朋狗友""狗尾续貂"。

在历史上,还有以"狗"来自比的故事。例如"狡兔死,走狗烹",兔子死了,猎狗被煮来吃掉,也就是杀戮功臣之意。

狗又是十二生肖之一,所谓"戌狗亥猪"。

猝

猝   猝

小篆   楷书

【原文】

猝,犬从艸暴出逐人也。从犬,卒声。

【译文】

猝,狗从草中突然窜出追逐人。从犬,卒声。

【按语】

"猝"是形声字。小篆从犬,卒声。隶变以后楷书写成"猝"。

"猝"的原义是狗从草中突然冲出来追逐人。延伸泛指匆忙、仓猝。如蒲松龄《聊斋志异·促织》一文中有"一癞头蟆猝然跃去"和"成仓猝莫知所救","猝然",突然;"仓猝",匆忙。

"猝"还延伸指突然。如成语"猝不及防",就是事情突然发生,来不及防备的意思。

犯

犯 犯
小篆 楷书

【原文】

犯,侵也。从犬,㔾声。

【译文】

犯,侵犯。从犬,㔾声。

【按语】

"犯"是形声字。小篆从犬,㔾声。隶变以后楷书写成"犯"。

"犯"的原义是侵害、危害、进攻。延伸指做出(不合法、不该做的事)。例如"明知故犯"。也引伸指发生、发作,多指不好的事。例如"犯病""犯愁"。

"犯"用作名词,也引伸指违法而应受到惩罚的人。例如"罪犯""战犯"等。

狡

狡 狡
小篆 楷书

【原文】

狡,少狗也。从犬,交声。匈奴地有狡犬,巨口而黑身。

【译文】

狡,少壮的狗。从犬,交声。匈奴地方有一种大狗,巨大的嘴巴,黑色的身子。

【按语】

"狡"是形声字。小篆从犬,交声。隶变以后楷书写成"狡"。

"狡"的原义是少壮的狗。也是传说中的兽名。例如《山海经·西山经》:"有兽焉,其状如犬而豹文,其角如牛,其名曰狡。"

"狡"也引伸指狡猾、诡诈。如成语"狡兔三窟"字面意思是说狡猾的兔子有多处洞穴,引喻人要多些掩蔽措施和应变办法,用以保护自己。

猛

猛

小篆　　　楷书

【原文】

猛,健犬也。从犬,孟声。

【译文】

猛,健壮的狗。从犬,孟声。

【按语】

"猛"是形声字。小篆从犬,孟声。隶变以后楷书写成"猛"。

"猛"的原义是健壮凶暴有力的狗。延伸指凶恶可怕。如柳宗元《捕蛇者说》:"苛政猛于虎。"也引伸指猛烈、强烈、刚烈。

"猛"现在又有棒、厉害的意思。多用于年轻人感叹自己赞赏的事物。例如"你也太猛了吧"。

"猛"用作副词,指突然、忽然。

独

獨　　独

小篆　　楷书（繁体）　　楷书

【原文】

獨,犬相得而斗也。从犬,蜀声。一曰:北嚻山有独兽,如虎,白身,豕鬣,尾如马。

【译文】

独，狗相遇就争斗。从犬，蜀声。另一义说：北嚣山上有名叫"独"的野兽，样子似老虎，白色的身子，鬃毛似猪一样，尾巴似马。

【按语】

"独"是形声字。小篆从犬，蜀声。隶变以后楷书写成"獨"。汉字简化之后写成"独"。

"独"的原义是独自。例如"君子慎独"，指一个人时也要注意。也引伸为孤单。例如"孤独"。

"独"在汉语中有褒、贬两种相反的用义。例如"独具匠心""独步""独占鳌头"等全部是"独"的褒义用法。古文中有"独夫"的说法，这是指严重脱离群众、众叛亲离的统治者，又叫"一夫"。秦始皇就被称作"独夫"。

狂

甲骨文　小篆　楷书

【原文】

狂，狾犬也。从犬，坒声。

【译文】

狂，疯狗。从犬，坒声。

【按语】

"狂"是会意兼形声字。甲骨文从犬，从坒（前往），会疯狗跑之意，坒兼表声。小篆变化不大。隶变以后楷书写成"狂"。

"狂"的原义是疯狗。也指狗发疯。延伸指人精神失常、疯癫。如张溥《五人墓碑记》："而又有剪发杜门，佯狂不知所之者。"也引伸指轻狂、放纵、放荡。例如"猖狂""狂妄"。

国学经典文库

说文解字

《说文解字》原文释义

图文珍藏版

夕 部

夕

甲骨文　　金文　　小篆　　楷书

【原文】

夕,莫也。从月半见。凡夕之属皆从夕。

【译文】

夕,傍晚。由月字现出一半来表意。凡是夕的部属全部从夕。

【按语】

"夕"是象形字。在甲骨文和金文中,"夕"字与"月"字几乎一模一样。小篆的"夕"比"月"字少了一笔,表示月儿尚未露出全貌。隶变以后楷书写成"夕"。

"夕"的原义就是指黄昏、傍晚。例如《诗经·王风·君子于役》:"日之夕矣,牛羊下来。"延伸指代夜晚。如成语"朝乾夕惕",形容终日勤奋工作,诫勉不已。

"除夕"是农历一年中最后一天的晚上,意谓旧岁至此而除,新岁自明晨开始。

外

金文　　小篆　　楷书

【原文】

外,远也。卜尚平旦,今夕卜,于事外矣。

【译文】

外,疏远。占卜崇尚平明日出之时,今在夜晚占卜,就卜筮之事而言已经是例外了。

【按语】

"外"是会意字。金文从夕,从卜。古人占卜大都是在早晨,如果在夜里占卜,则表明边疆有事。小篆继承金文。隶变以后楷书写成"外"。

"外"的原义指外面、外部。延伸成自己所在地以外的地方。例如"外地""外省"。母亲、妻子、姐妹或者儿女方面的亲属也以"外"称之。例如"外祖父"。也引伸为关系疏远的人。例如"外人""见外"。

"外"又指非正式的、非正规的。如凡人物为正史所不载,或者正史已有记载别为作传,记其逸闻逸事,全部叫"外传"。

梦

| 甲骨文 | 金文 | 小篆 | 楷书(繁体) | 楷书 |

【原文】

夢,不明也。从夕,瞢省声。

【译文】

夢,不明。从夕,瞢省声。

【按语】

"梦"是会意字。甲骨文右边似一张床的形状;左边是一个人躺在床上,手抚额头在做梦。金文下部增加了"夕"字。小篆整齐化。隶变以后楷书写成"夢"。汉字简化之后写成"梦"。

"梦"的原义指做梦。例如《论语·述而》:"久矣吾不复梦见周公。"延伸指虚幻。例如《庄子·齐物论》:"昔者庄周梦为蝴蝶,栩栩然胡蝶也,自喻适志也!不知周也。俄然觉,则蘧蘧然周也。不知周之梦为胡蝶与,胡蝶之梦为周与?"后因以"梦蝶"引喻虚幻无常。

多

甲骨文　金文　小篆　楷书

【原文】

多，重也。从重夕。夕者，相绎也，故为多。重夕为多，重日为叠。凡多之属皆从多。

【译文】

多，重复。由重叠的"夕"字构成。夕的意思是相抽引而无穷尽，所以叫"多"。重叠夕字叫多，重叠日字叫叠。凡是多的部属全部从多。

【按语】

"多"是会意字。甲骨文、金文、小篆全部是两个重叠的"夕"字。隶变以后楷书写成"多"。

"多"的原义是多出，与"少"相对，尔后也引伸为余。例如"二百多"。

名

甲骨文　金文　小篆　楷书

【原文】

名，自命也。从口，从夕。夕者，冥也。冥不相见，故以口自名。

【译文】

名，自己称呼自己的名字。由口、夕会意。夕是夜晚的意思。夜晚彼此看不见，所以自己称呼自己的名字。

【按语】

"名"为会意字。甲骨文从口，从夕。金文变成上下结构，但其义未变。小篆整齐化。隶变后楷书写成"名"。

"名"的原义是自己报出名字、起名字。例如《乐府诗集·陌上桑》:"秦氏有好女,自名为罗敷。"由命名延伸用作名词,表示名字。例如"命名"。

"名"也引伸为名声、名望。如刘禹锡《陋室铭》:"山不在高,有仙则名。"

夜

金文　　小篆　　楷书

【原文】

夜,舍也。天下休舍也。从夕,夕亦省声。

【译文】

夜,止息。是天下休息之时。从夕,亦省声。

【按语】

"夜"是形声字。金文从夕,夕兼表声。小篆整齐化。隶变以后楷书写成"夜"。

"夜"的原义是从天黑到天亮的一段时间。如赵师秀《约客》:"有约不来过夜半,闲敲棋子落灯花。"成语"夜以继日"。还指黄昏。

"夜"又特指夜行。如苏味道《正月十五日夜》:"金吾不禁夜,玉漏莫相催。"

彳部

甲骨文　　金文　　小篆　　楷书

【原文】

彳,小步也。象人胫三属相连也。凡彳之属皆从彳。

【译文】

彳,微小的步伐。似人的下肢大腿、小腿、脚三者相连之形。凡是彳的部属全部从彳。

【按语】

"彳"是象形字。甲骨文似半个十字路口的形状。金文与甲骨文基本相同。小篆继承金文而来。隶变以后楷书写成"彳"。

"彳"字大都不单独使用,它经常与"亍"(chù)连在一起组成一个词"彳亍",表示小步或者走走停停。如潘岳《射雉赋》:"彳亍中辍。"

行

| 甲骨文 | 金文 | 小篆 | 楷书 |

【原文】

行,人之步趋也。从彳,从亍。凡行之属皆从行。

【译文】

行,人的各式行走。由彳、由亍会意。凡是行的部属全部从行。

【按语】

"行"是象形字。甲骨文似十字路口的形状。金文大概相同。小篆继承金文而来。隶变以后楷书写成"行"。

"行"的原义是路、道路,读作 háng。例如《诗经·豳风·七月》:"女执懿筐,遵彼微行。"延伸成行列、队伍。例如《楚辞·九歌·国殇》:"凌余阵兮躐余行。"

"行"还读作 xíng,延伸成行走。如李商隐《瑶池》:"八骏日行三万里。"也引伸指从事、干。例如"他为人行事不错"。还特指路程。例如"千里之行,始于足下"。

径

徑　徑　径

小篆　楷书（繁体）　楷书

【原文】

徑,步道也。从彳,巠声。

【译文】

徑,步行的小路。从彳,巠声。

【按语】

"径"是会意兼形声字。小篆从彳(街道),从巠(直的经线),会似经线一样的人行小道之意,巠兼表声。隶变以后楷书写成"徑"。汉字简化之后"径"。

"径"的原义是不能走车的小路。如杜甫《春夜喜雨》:"野径云俱黑,江船火独明。"引申为方法、途径。例如"终南捷径"。

"径"延伸成直径。如魏学洢《核舟记》中所说的"径寸之木",指的就是直径一寸的木料。由此延伸成径直、直接。例如《聊斋志异·促织》:"径造庐访成。"

征

甲骨文　金文　小篆 楷书（繁体）楷书（繁体）楷书

【原文】

延,正行也。从辵,正声。

【译文】

延,有目标的远行。从辵,正声。

【按语】

"征"是会意兼形声字。甲骨文从彳(道路),从正(一只脚对着城市前进),会向某地进发之意,正兼表声。隶变以后楷书写成"延"和"征",汉字简化后写成"征"。如今又做了"徵"的简化字。

"征"的原义是有目标地远行。如李白《送友人》:"此地一为别,孤蓬万里征。"行军作战多要长途跋涉,延伸成征讨、征伐。例如"南征北战""东征西讨"。

"征"用作"徵"的简化字时,延伸成征召。例如《后汉书·张衡传》:"征拜郎中。"也引伸为求取、索取。例如"征稿""征税"。

"征"也引伸为迹象、征兆。例如"征候""特征"。

徙

甲骨文　　金文　　小篆　　楷书

【原文】

延,迻(移)也。从辵,止声。

【译文】

延,迁徙。从辵,止声。

【按语】

"徙"是会意字。甲骨文、金文会两只脚在街道上行走之意,从彳,从步。小篆整齐化。隶变后楷书写成"徙"。

"徙"的原义是迁移。例如《汉书·霍光传》:"客谓主人,更为曲突,远徙其薪。"延伸指改变。例如《吕氏春秋·察今》:"时已徙矣,而法不徙,以此为治,岂不难哉?"

"徙"古代称流放的刑罚。例如《后汉书·党锢列传》:"妻子徙边。"

待

待 待

小篆　楷书

【原文】

竢也。从彳,寺声。

【译文】

待,等候。从彳,寺声。

【按语】

"待"是形声字。小篆从彳(街道),寺声。隶变以后楷书写成"待"。

"待"的原义是暂时停留,读作 dāi。例如"还在这待一天吗?"也指没有目的地消磨时间或者在某处逗留。例如"在家待了一整天"。

"待"又读作 dài,原义是等候。例如《左传·隐公元年》:"多行不义,必自毙,子姑待之。"引申为对待、招待。例如"以礼相待""宽以待人"。

律

律 律 律

甲骨文　小篆　楷书

【原文】

律,均布也。从彳,聿声。

【译文】

律,普遍施行的规律。从彳,聿声。

【按语】

"律"是会意字。甲骨文用以表示撑船时,持篙一举一送,反复均匀而有规律的动作。隶变后楷书写成"律"。

"律"的原义是持篙行船。延伸成规律、法则。例如"格律""规律"。

"律"又特指法令、法律。例如"清规戒律""论律当斩"。由此还延伸成约束。例如"自律"。

"律"还延伸指律管。以管的长短来确定音阶,从低音算起,成奇数的六个管叫"律",成偶数的六个管叫"吕",统称为"十二律"。

衍

| 甲骨文 | 金文 | 小篆 | 楷书 |

【原文】

衍,水朝宗于海也。从水,从行。

【译文】

衍,水流似诸侯朝见天子一样奔向大海。由水、由行会意。

【按语】

"衍"是会意字。甲骨文从水,从行,会百川漫流之意。金文承之,稍有简化。小篆整齐化。隶变以后楷书写成"衍"。

"衍"的原义是百川归海。延伸指水漫而出、溢出。也引伸指延展、漫延。如王若虚《滹南诗话》:"东坡酷爱《归去来辞》,既次其韵,又衍为长短句。"

"衍"还延伸指动植物滋生繁殖。例如"繁衍"。

徒

| 金文 | 小篆 | 楷书 |

【原文】

辻,步行也。从辵,土声。

【译文】

辻,步行。从辵,土声。

【按语】

"徒"是形声字。金文、小篆从辵(脚走路),土声。隶变以后楷书写成"徒"。

"徒"的原义是步行。例如"徒步"。延伸成没有凭借的、空的。例如"徒手搏虎"。

"徒"延伸泛指同类或者同派的人。例如"徒众"。

"徒"也引伸指服劳役的人。而古代服劳役的多为罪人,故延伸指犯法有罪的人、不良的人。例如"好事之徒""不轨之徒"。

"徒"虚化为副词,表示白白地。例如"徒为人笑"。还表示只、仅。例如"家徒四壁"。

街

街
小篆　楷书

【原文】

街,四通道也。从行,圭声。

【译文】

街,四通八达的路。从行,圭声。

【按语】

"街"是形声字。小篆从行,圭声。隶变楷书后写成"街"。

"街"的原义是四通八达的大道。如班固《西全部赋》:"内则街衢洞达,闾阎且千。"

"街"延伸泛指街道。例如"大街小巷""街谈巷议"。在方言中,"街"还指集市。例如"赶街""街景"。

衙

小篆　　　楷书

【原文】

衙,行皃。从行,吾声。

【译文】

衙,衙衙,(列队)行进的样子。从行,吾声。

【按语】

"衙"是形声字。楷书写成"衙",从行,吾声。

"衙"的原义是列队行进的样子,读作 yú,用作"衙衙",指行走的样子。如宋玉《九辩》:"通飞廉直衙衙。"延伸指排列成行的事物。例如"柳衙""松衙"。

"衙"读作 yá,用作旧时官署的代称。例如"官衙""衙门"。又指坐衙,官吏坐堂审案。如蒲松龄《聊斋志异》:"值城隍早衙,喊冤以投。"

微

甲骨文　　　金文　　　小篆　　　楷书

【原文】

微,隐行也。从彳,敳声。

【译文】

微,隐蔽出行。从彳,敳声。

【按语】

"微"是会意兼形声字。甲骨文和金文用"散"（表示细小）表意。小篆承之,从彳,从散,会隐蔽行踪之意,散兼表声。隶变以后楷书写成"微"。

"微"的原义是隐秘地行走。延伸指精妙、深奥。也引伸指轻微、细小。例如"微恙""防微杜渐"。也引伸指地位低、卑贱。例如"卑微""低微"。

"微"用作副词,表示程度,稍微、略微。如欧阳修《卖油翁》:"见其发矢十中八九,但微颔之。"又表示假设性的否定,要没有。如范仲淹《岳阳楼记》:"微斯人,吾谁与归。"

徵

徵　徵

小篆　楷书

【原文】

徵,召也。从微省,壬为征。行于微而文达者,即征之。

【译文】

徵,徵召。由壬、由微省会意,壬是古"征"字。行为隐蔽而声望著于外的人,就征召他。

【按语】

"徵"是会意字。小篆从壬（挺起）,从微省,会事物初起的苗头之意。隶变以后楷书写成"徵"。

"徵"的原义是迹象,读作 zhēng。延伸指验证、征召、寻求、征收。此义后用"征"来表示。

"徵"又读作 zhǐ,借用来表示古代音阶"宫商角徵羽"的第四音。等同于现在简谱上的"5"。

役

甲骨文　小篆　楷书

【原文】

役，戍边也。从殳，从彳。

【译文】

役，戍守边疆。由殳、由彳会意。

【按语】

"役"是会意字。甲骨文从人，从殳。会人持殳服兵役之意。小篆把人变为"彳"（道路），突出行役之意。隶变以后楷书写成"役"。

"役"的原义是服役、戍守边疆。例如"兵役"。延伸指战斗、战争，例如"秦穆公伐郑之役""台儿庄之役"。

"役"也引伸指差役。例如《聊斋志异·促织》："宰悦，免成役。"

"役"进而延伸指职责、职分，如陆游《晓赋》："万物各有役，吾生何所营。"

"役"作动词时表示役使、驱使。如柳宗元《封建论》："亟役万人。"又指职责、职分。如陆游《晓赋》："万物各有役，吾生何所营。"

得

甲骨文　金文　小篆　楷书

【原文】

得，行有所得也。从彳，导声。

【译文】

得，行走而有所得。从彳，导声。

【按语】

"得"是会意字。甲骨文从贝从手,会得到、获得之意。金文加"彳",会在路上拾到宝贝之意。小篆发生讹变。隶变以后楷书写成"得"。

"得"的原义是得到、获得。例如《后汉书·班超传》:"不入虎穴,不得虎子。"延伸成具备。例如《荀子·劝学》:"积善成德,而神明自得。"

"得"用作名词,表示收获、心得。

"得"又念děi,表示必须、须要。例如《红楼梦》第九十四回:"这件事还得你去才弄的明白。"

德

德 德 德 德

甲骨文　　金文　　小篆　　楷书

【原文】

德,升也。从彳,㥁声。

【译文】

德,登升。从彳,㥁声。

【按语】

"德"是会意字。甲骨文从彳,从直,会视正行直之意。金文另加义符"心",突出心地正直之意。小篆继承金文。隶变以后楷书写成"德"。

"德"的原义是登高、攀登。例如《易·剥》:"君子德车。"延伸指感激、报答。例如《左传·成公三年》:"然则德我乎。"

"德"用作名词,指道德、品行。例如《荀子·非十二子》:"不知则问,不能则学,虽能必让,然后为德。"也引伸为恩德。例如《史记·秦始皇本纪》:"刻石颂秦德。"

彻

甲骨文　　金文　　小篆　　楷书（繁体）　楷书

【原文】

徹，通也。从彳，从攴，从育。

【译文】

徹，穿通。由彳、由攴、由育会意。

【按语】

"彻"是会意字。甲骨文从鬲，从又，会餐后撤去食具之意。金文改为从攴。小篆把"鬲"误为"育"。隶变以后楷书写成"徹"。汉字简化之后写成"彻"

"彻"的原义是撤去、撤除。例如《左传·襄公二十三年》："平公不彻乐，非礼也。"意思是晋平公（举行宴会时）却不撤去音乐，这是不合礼法的。

"彻"又表示通达、明白。如我们常说的"透彻"。也引伸为穿透。如柳宗元《至小丘西小石潭记》："日光下彻，影布石上。"意思是日光下照，穿透了水面，斑驳的影子映在石头上。

"彻"还可以表示结束、完结。如杜甫《茅屋为秋风所破歌》："自经丧乱少睡眠，长夜沾湿何由彻。"

往

甲骨文　　金文　　小篆　　楷书

【原文】

往，之也。从彳，㞷声。

【译文】

往，出发。从彳，㞷声。

【按语】

"往"是会意兼形声字。甲骨文从之(前往),王声。金文另加义符"彳",从彳从㞷会意,㞷兼表声。小篆整齐化。隶变以后楷书写成"往"。

"往"的原义是去,到……去。例如《庄子·逍遥游》:"往而不返。"意思就是去了就没有返回来。由去也引伸为过去、往日。如成语"既往不咎",意思是过去的事就不要再追究了。

古代也有"去"字,但和"往"的含义不同:古代的"去"表示离开,"往"和现代的"去"等同。

御

甲骨文	金文	小篆	楷书

【原文】

御,使马也。从彳,从卸。

【译文】

御,驱使(车)马。由彳、卸会意。

【按语】

"御"是会意字。甲骨文似人跪于悬铜前。金文大概相同。小篆继承甲骨文和金文,但是把悬铜讹变为"午"。隶变以后楷书写成"御"。

"御"的原义是驾驭马车。延伸特指驾车的人。

"御"又用来指治理、统治。如贾谊《过秦论》中有"振长策而御宇内",就是挥舞着长鞭子统治整个天下的意思。还表示统帅、率领,抵挡、抵御之意。例如"兄弟阋于墙,外御其侮",是说兄弟在家里争吵,却能一起抵御外敌。引喻虽有内部争吵,但仍能团结起来一致对外。

弋 部

弋

十　屮　弋

金文　小篆　楷书

【原文】

弋，橛也。象折木袤锐著形。从厂，象物挂之也。

【译文】

弋，木桩。似折断树木中歪斜而尖锐的枝干，并把它附着在物体上的样子。从厂，似有物体拴在木桩上。

【按语】

"弋"是象形字。金文似一根带杈的小木桩。小篆整齐化、线条化。隶变以后楷书写成"弋"。

"弋"的原义是木桩，其形就似把木桩削尖而斜钉在墙上，用来挂东西或者拴牲口。延伸指用系有绳子的箭来射鸟。例如《诗经·郑风·女曰鸡鸣》："将翱将翔，弋凫与雁。"

江西弋阳县有一种古老的戏曲声腔，由一人独唱，众人和腔，用打击乐器伴奏，叫作"弋阳腔"。

彐 部

当

當　當　当

小篆　楷书（繁体）　楷书

【原文】

当,田相值也。从田尚声。

【译文】

当,田与田相等。从田,尚声。

【按语】

"当"是形声字。小篆从田,尚声,表示两田相对等。隶变以后楷书写成"當"。汉字简化之后写成"当"。

"当"的原义是田与田对等。延伸指承担、承受。例如"敢作敢当"。进而延伸指抵挡、阻挡。如李白《蜀道难》:"一夫当关,万夫莫开。"

"当"又表示以往(某一时间)。例如"当天""当下"。

"当"用作介词,等同于"面对""对着"。例如"当众出丑"。

"当"还读作 dàng,延伸泛指等于、抵得上。如俗语"老将出马,一个当俩"。也引伸指合适、合宜。如贾谊《过秦论》:"赏罚无当,赋敛无度。"

"当"也引伸指用实物作抵押,向专营抵押放贷的店铺借钱。例如"典当""当铺"。

归

甲骨文	金文	小篆	楷书(繁体)	楷书

【原文】

歸,女嫁也。从止,从婦省,自声。

【译文】

歸,女子出嫁。由止、由婦省女会意,自表声。

【按语】

"归"是会意兼形声字。甲骨文从帚,自声。金文另加义符"彳"(道路)和"止"(脚),以突出行动,即女子出嫁。小篆省去"彳",并整齐化。隶变后楷书写成"歸"。汉字简化之后写成"归"。

"归"的原义是女子出嫁。例如《诗经·周南·桃夭》:"之子于归,宜其室家。"

也指女子回娘家看望父母。例如"归宁"。延伸指返回、回到原处。也引伸指归还。例如"完璧归赵""物归原主"。

"归"也引伸指趋向、归向。例如《易·系辞下》:"天下同归而殊途,一致而百虑。"

"归"也引伸指合并在一起。例如"归功""归咎"。也引伸指由、属于。例如"这事不归我管"。

彗

甲骨文　小篆　楷书

【原文】

彗,扫竹也。从又持甡。

【译文】

彗,扫帚。由"又"持握"甡"会意。

【按语】

"彗"是象形兼会意字。甲骨文似扫帚的形状。隶变以后楷书分别写成"彗"。

"彗"的原义是扫帚。延伸成动词扫。例如《后汉书·光武帝纪下》:"高锋彗云。"意思是强大的武力就似是风扫残云一样。

"彗"又引喻似扫帚状围绕太阳运行的一种天体——"彗星"。当它接近太阳时,在背向太阳的方向形成长的光尾,形状似扫帚,所以也叫扫帚星。古人认为彗星的出现是不祥之兆。

录

甲骨文　金文　小篆　楷书(繁体)　楷书

【原文】

彔,刻木彔彔也。象形。凡彔之属皆从彔。

【译文】

彔,刻镂木头历历可数。象形。凡是彔的部属全部从彔。

【按语】

"彔"是象形字。甲骨文似用钻钻木取火之形。隶变以后写成"彔"。如今规范化作"录"。

"录"的原义是钻木取火。要钻木取火就要用削尖了的工具,故可以表示削刻。古时候记录事情是用刀刻的,故也引伸为记录、抄写。例如"采录""笔录"。

"录"也引伸为记载言行事物的册籍。例如"备忘录""回忆录"。也引伸为采用、任用、记住。例如"录用""录取"。

"录"又表示总领,例如《后汉书·章帝纪》:"融为太尉,并录尚书事。"

"录"还可以表示逮捕,例如《世说新语·政事》:"吏录一犯夜人来。"

彘

甲骨文	金文	小篆	楷书

【原文】

彘,豕也。后蹄废谓之彘。从彑,矢声;从二匕,彘足与鹿足同。

【译文】

彘,猪。后脚废叫作彘。从彑,矢声;又从二匕,彘的脚和鹿的脚全部同用二匕表示。

【按语】

"彘"是会意字。甲骨文似箭射中一头野猪之形,会猎获一豕之意。金文中间

"矢"(箭)的形状还在,但是猪的形状就不太似了。小篆变了形并线条化。隶变以后楷书写成"彘"。

"彘"的原义是猎获一头野猪。延伸泛指猪。例如《孟子·梁惠王上》:"鸡豚狗彘之畜,无失其时,七十者可以食肉矣。"

在汉字中,与"彘"意义相同的还有"猪""豕"两个字。然而最初"彘"是指野猪,"猪"是指小猪,"豕"是指大猪。

尸 部

尸

甲骨文　金文　小篆　楷书(繁体)　楷书

【原文】

尸,陈也。象卧之形。凡尸之属皆从尸。

【译文】

尸,陈列。似人躺卧的样子。凡是尸的部属全部从尸。

【按语】

"尸"是象形字。甲骨文形体似一个面朝左、屈身弯腿而卧的人。金文大概相同,小篆整齐化。隶变以后楷书写成"尸"。

"尸"的原义是替代死者接受祭祀的人。例如《仪礼·特性馈食礼》:"主人再拜,尸答拜。"由尸代祖先受祭延伸引喻不做事而坐享禄位。如成语"尸位素餐"指空占着职位而不做事,白吃饭。

"尸"代表已经死去的祖先,故也引伸为尸体、死尸。此义后另加义符"死"写成"屍"来表示,汉字简化之后仍写成"尸"。

尽

盡　盡　盡　盡　尽
甲骨文　金文　小篆　楷书（繁体）　楷书

【原文】

盡，器中空也。从皿，𢍱声。

【译文】

盡，器物中空。从皿，𢍱声。

【按语】

"尽"是会意字。甲骨文上为手拿着炊帚，下为器皿，表示刷洗食器。金文与甲骨文相似。小篆从皿从𢍱会意。隶变以后楷书写成"盡"。汉字简化之后写成"尽"。

"尽"的原义是器皿中空。延伸指完、没有了。如李商隐《无题》："春蚕到死丝方尽。"

"尽"也引伸指全部拿出、竭力做到。例如"尽心尽力"。也引伸指达到极点。如成语"山穷水尽"。

"尽"用作副词，表示统括某个范围的全部，等同于"完全""都"。

尾

尾　尾　尾
甲骨文　小篆　楷书

【原文】

尾，微也。从倒毛在尸后。古人或者饰系尾，西南夷亦然。凡尾之属皆从尾。

【译文】

尾，微细的尾巴。由倒着的"毛"字在"尸"字之后会意。古人有的装饰着尾巴,西南少数民族也是这样。凡是尾的部属全部从尾。

【按语】

"尾"是会意字。甲骨文似一个有尾巴的人面朝左而立。小篆的形体大概相同,并整齐化。隶变以后楷书写成"尾"。

"尾"的原义是人或者动物的尾巴。延伸指末尾、末端。例如《列子·汤问》:"叩石垦壤,箕畚运于渤海之尾。"也引伸指在后面。例如"尾随"。

居

金文　小篆　楷书

【原文】

居,蹲也。从尸古者,居从古。踞,俗居从足。

【译文】

居,蹲踞。由尸、古会意的缘故,就在于蹲踞是从古而来的习俗。踞,"居"的俗字,从足。

【按语】

"居"是会意字。小篆从尸,从几,会人靠几休息之意;还表示两腿开叉坐着,即"箕踞"。隶变以后楷书分别写成"凥"和"居"。如今规范化,以"居"。

"居"的原义是处、坐。延伸成居住。例如"穴居""面山而居"。也引伸为处于、处在。如成语"居安思危""居高临下"。进而延伸指停留。例如"不可久居"。

"居"也引伸为当、任。例如"以救世主自居"。也引伸为占。例如"居多"。还指积储。例如"奇货可居""囤积居奇"。

屈

金文　小篆　楷书

【原文】

屈,无尾也。从尾,出声。

【译文】

屈,(衣服短得好似)没有尾巴。从尾,出声。

【按语】

"屈"是会意兼形声字。金文从尾,从出,会尾秃无毛而翘出之意,出兼表声。隶变以后楷书写成"屈"。

"屈"的原义是尾秃无毛而翘出。由尾巴盘曲翘在身后延伸成变弯曲、盘曲。例如《易·系辞》:"尺蠖之屈,以求伸也。"

由弯曲也引伸为屈服。例如"威武不能屈"。延伸指冤枉、委屈。例如"屈打成招"。也引伸为理亏。例如"理屈词穷"。

昼

書　畫　晝　昼

金文　　小篆　　楷书(繁体)　楷书

【原文】

晝,日之出入,与夜为界。从畫省,从日。

【译文】

晝,从日出到日入的一段时间,以夜晚为界限。由畫省田、由日会意。

【按语】

"昼"是会意字。金文从日,从聿(用笔画),会白天与黑夜的界限之意。隶变以后楷书写成"晝"。汉字简化之后写成"昼"。

"昼"的原义是白天。很多动物习惯在夜间出没,捕食猎物,我们把这称为"昼伏夜出"。

"昼"延伸指中午、正午。例如"昼饭""昼时"。

屏

屏 屏

小篆　楷书

【原文】

屏，屏蔽也。从尸，并声。

【译文】

屏，隐蔽的(屋室)。从尸，并声。

【按语】

"屏"是会意兼形声字。小篆从并(并联，物联成片能起遮蔽作用)，从尸(房屋)，会遮挡门户的照壁之意，并兼表声。隶变以后楷书'写成"屏"。

"屏"的原义是照壁，读作 bīng，用作"屏营"，作谦辞用于信札中，表示惶恐。例如《水浒传》第八十九回："臣等不胜战栗屏营之至。"

"屏"又读作 píng，原义是宫殿当门的小墙。又叫"照壁"。例如《荀子·大路》："天子外屏，诸侯内屏。"延伸泛指遮挡之物、屏障。例如"屏风"。又指类似画屏那样的东西。例如"孔雀开屏"。

"屏"用作动词，延伸指掩蔽、遮挡，读作 bǐng。也引伸指抑制，抑止不出气。如魏禧《大铁椎传》："宋将军屏息观之。"

局

局 局

小篆　楷书

【原文】

局，促也。从口在尺(尺)下，复局(勹)之。一曰：博，所以行棊。象形。

【译文】

局，局促。由"口"在"尺"下、"勹"包裹着"口"表示。另一说：局是棋盘，是用来走棋的器具。象形。

【按语】

"局"是会意字。小篆从尺（表示人腿），从口（表范围），会人腿受限制而屈曲之意。隶变后写成"局"。

"局"的原义是屈曲、弯曲。延伸指限制，不能舒展。例如"局促""局限"。尔后指官署的名称。还指某些办事单位。例如"书局"。

棋盘上有不同的区域，故也引伸指棋盘。例如"棋局"。也引伸为处境、形势。例如"大局""定局"。也引伸为圈套。例如《红楼梦》第十二回的回目中有"王熙凤毒设相思局"。

屋

屋　屋　屋
甲骨文　小篆　楷书

【原文】

屋，居也。从尸；尸，所主也。一曰：尸，象屋形。从至；至，所至止。室、屋皆从至。

【译文】

屋，人们居处的地方。从尸；尸，表示人为屋主。另一说，尸似屋子的样子。从至；至，表示到了应该休止的地方。"室""屋"全部从至。

【按语】

"屋"是会意字。甲骨文从尸（房屋），从厂（山崖），从至，会在屋内止息之意。小篆从尸，从至，会人来这居住之意。隶变以后楷书写成"屋"。

"屋"的原义是古代半地穴式住室建筑的顶部覆盖物。例如《淮南子·主术训》："是故十围之木，持千钧之屋。"泛指房顶。如成语"高屋建瓴"，意思是把瓶子里的水从高层顶上往下倾倒。引喻居高临下，不可阻遏。

"屋"后来泛指房舍、房屋。

层

層　層　层

小篆　楷书（繁体）　楷书

【原文】

層，重屋也。从尸，曾声。

【译文】

層，重叠的楼层。从尸，曾声。

【按语】

"层"是会意兼形声字。小篆从尸（表房屋）从曾（表重叠）会意，曾兼表声。隶变以后楷书写成"層"。汉字简化之后写成"层"。

"层"的原义是楼房。延伸指重叠。如李白《梦游天姥吟留别》："熊咆龙吟殷岩泉，慄深林兮惊层巅。"进而延伸指重复、接连不断。例如"层现叠出"。又指构成整个事物的一个层次。例如"里层""外层"。

"层"作量词，用于重叠的、有层次的事物。

屡

屢　屢　屡

小篆　楷书（繁体）　楷书

【原文】

屢，数也。

【译文】

屢，多次。

【按语】

　　"屡"是会意兼形声字。小篆从尸,从婁,婁兼表声,隶变以后楷书写成"屢"。汉字简化之后写成"屡"。

　　"屡"的原义是多次。如成语"屡试不爽",指多次反复试验全部没出过差错。

己(巳)部

己

甲骨文　　金文　　小篆　　楷书

【原文】

　　己,中宫也。象万物辟藏诎形也。己承戊,象人腹。凡己之属皆从己。

【译文】

　　己,定位在中央。似万物因回避而收藏在土中的弯弯曲曲的形状。己承继戊,似人的腹部。凡是己的部属全部从己。

【按语】

　　"己"是象形字。甲骨文、金文、小篆的形体大概相同,全部似系在箭上用来射飞鸟的弯曲的绳索,是"弋"的早期文字。隶变以后楷书写成"己"。

　　"己"的原义是拴在箭上的丝绳。尔后其原义消失,被假借为表示自己。例如"要想人不知,除非己莫为"。

　　"己"还被假借为天干的第六位,位于甲、乙、丙、丁、戊之后。

巳

甲骨文　　金文　　小篆　　楷书

【原文】

巳,巳也。四月,阳气已出,阴气已藏,万物见,成文章,故巳为蛇,象形。凡巳之属皆从巳。

【译文】

巳,已经。巳代表四月,这时阳气已经出来,阴气已经藏匿,万物出现,形成华美的色彩和花纹。这时,蛇已出洞,所以巳字表示蛇,似蛇形。凡是巳的部属全部从巳。

【按语】

"巳"为象形字。甲骨文似在胎胞中生长的小儿。金文的形体大概相同,但是跟人的形象更接近了。小篆发生讹变。隶变以后楷书写成"巳"。

"巳"的原义是在胎胞中成长的小儿。延伸指人。

尔后"巳"的原义消失了,被借作地支的第六位,位于子、丑、寅、卯、辰之后。用以纪事,代表十二时辰之一,"巳时"即上午九时至十一时。

"巳"在十二生肖中代表蛇。王充《论衡·物势》:"巳,火也,其禽蛇也。"

导

衡 衡 導 导

金文　　小篆　　楷书(繁体)　　楷书

【原文】

導,道引也。从寸,道声。

【译文】

導,引道。从寸,道声。

【按语】

"导"是会意字。金文从行(十字路口),从首(人),从止(脚),会人在十字路口需要引导之意。隶变以后楷书写成"導"。汉字简化之后写成"导"。

"导"的原义是以手牵引、引导。延伸指疏通。例如《国语·周语上》:"为川者决之使导。"意思是,治理河水的人开决河道使水流畅通。

"导"也引伸指教导、启发。例如《荀子·儒效》:"(周公)教诲开导成王,使谕于道。"用作名词，指引路人、向导。例如"导师"。

异

甲骨文　　金文　　小篆　楷书(繁体)　楷书

【原文】

異，分也。从廾，从畀。畀，予也。凡異之属皆从異。

【译文】

異，分开。由廾、由畀会意。畀是给予的意思。凡是異的部属全部从異。

【按语】

"异"是会意字。甲骨文似一个正面站立的人，头戴异物，双手上举似捧着什么东西的样子。金文大概相同。小篆发生讹变。隶变以后楷书写成"異"。汉字简化之后写成"异"。

"异"的原义是护翼、辅助。由头戴异物延伸指奇怪、奇异。如柳宗元《捕蛇者说》："永州之野产异蛇，黑质而白章。"进而延伸指不同。例如《韩非子·五蠹》："世异则事异。"

"异"也引伸指其他、别的。例如"异类"。

工 部

工

工　　工　　工　　工
甲骨文　　金文　　小篆　　楷书

【原文】

工，巧饰也。象人有规、矩也。与巫同意。凡工之属皆从工。

【译文】

工,巧于文饰。似人手中有规、矩的样子。与"巫"字从工的构形意义相同。凡是工的部属全部从工。

【按语】

"工"是象形字。甲骨文、金文全部似古人夯筑墙时用的夯杵之形。小篆线条化,就看不出字的原型了。隶变以后楷书写成"工"。

"工"的原义是古人夯筑墙时用的夯杵。延伸指手持工具干活的人。例如《论语·卫灵公》:"工欲善其事,必先利其器。"进而延伸指精巧、精致。例如"工奇",指精巧奇特。

左

| 甲骨文 | 金文 | 小篆 | 楷书 |

【原文】

左,手相左助也。从ナ工。凡左之属皆从左。

【译文】

左,用手相辅佐、帮助。由ナ、工会意。凡是左的部属全部从左。

【按语】

"左"是会意字。甲骨文似左手之形。金文下部又加上了"工",左手执工具,会辅助、帮助干活之意。小篆形体与金文大概相同。隶变以后楷书写成"左"。

"左"的原义是辅助。此义尔后"佐"。

"左"尔后借用指"左右"的"左"。如姜夔《扬州慢》:"淮左名全部,竹西佳处,解鞍少驻初程。"也引伸为不正、邪辟。例如"旁门左道"。

巫

甲骨文　金文　小篆　楷书

【原文】

巫,祝也。女能事无形,以舞降神者也。象人两袖舞形。

【译文】

巫,巫祝。女人中能侍奉神祇,并能凭借歌舞使神祇降临的人。似人两袖起舞的样子。

【按语】

"巫"是象形字。甲骨文金文中的"一"和"Ⅰ"形,很似古代的度量工具,也有人认为似古代女巫所用的道具。隶变以后楷书写成"巫"。

"巫"的原义是能以舞降神的人。商代时,巫的地位较高。周时分男巫、女巫,司职各异,同属司巫。尔后"巫"则特指女巫。如白行简《三梦记》:"窦梦至华岳祠,见一女巫。"

巫山在四川、湖北两省边境,北与大巴山相连,形例如"巫"字,故得名。

差

金文　小篆　楷书

【原文】

无。

【按语】

"差"是会意字。金文从来(小麦),从左(两只手搓),会用手搓麦粒之意。隶变以后写成"差"。

"差"的原义是用手搓麦,读作 chā。两手前后相搓则错开,故延伸成差错。例如"差之毫厘,谬以千里"。用作名词,表示区别。例如"差异"。还指两数相减的结果。例如"时差""顺差"。用作副词,指略微、比较。例如"差强人意"。

"差"读作chà,指短缺,不足以达到标准。例如"你还差好多呢"。延伸成欠。例如"我还差你五元钱。"也引伸为档次低、质量不好。例如"这料子太差"。

由于质量不同,事物可分成三六九等,故延伸成不整齐,读作cī,例如"参差不齐"。

"差"还读作chāi,延伸成指派、派遣。例如"差遣"。也引伸指被派遣的人。例如"信差""钦差"。还延伸成被派遣去做的事。例如"出差"。

巧

巧　巧

小篆　　楷书

【原文】

巧,技也。从工,丂声。

【译文】

巧,技能。从工,丂声。

【按语】

"巧"是形声字。小篆从工(筑杵,表示建筑有技巧),丂声,隶变以后楷书写成"巧"。

"巧"的原义是技能好。延伸指灵巧、能干。例如"巧妇难为无米之炊"。

"巧"又指美好、精妙。例如《诗经·卫风·硕人》:"巧笑倩兮,美目盼兮。"还延伸指伪诈、虚浮不实。例如《论语·卫灵公》:"巧言乱德。"

"巧"用作副词,是正好的意思。例如"凑巧""碰巧"。

巩

金文　　小篆　　楷书（繁体）　楷书

【原文】

鞏，以韦束也。《易》曰：'鞏用黄牛之革。'从革，巩声。

【译文】

鞏，用皮革捆绑物体。《易经》说："捆邦物体时要用黄牛的皮革。"从革，巩声。

【按语】

"巩"是会意字。金文从丮，从工（筑杵），为人举着双手有所操持之形，会人双手执杵筑墙之意。小篆稍讹。隶变以后楷书写成"巩"。后用作"鞏"的简化字。

"巩"的原义是双手执杵进行夯筑。又指抱持。

"巩"后用作"鞏"的简化字，指用皮革捆牢。例如《周易·革卦》："巩用黄牛之革。"延伸指坚固。例如《诗经·大雅·瞻昂》："藐藐昊天，无不克巩。"

丸 部

丸

小篆　　楷书

【原文】

丸，圜，倾侧而转者。从反仄。凡丸之属皆从丸。

【译文】

丸，圆体，倾侧而回转没有凝滞的东西。由"仄"字反过来表示。凡是丸的部属全部从丸。

【按语】

"丸"是会意字。小篆似反写的"仄"字。隶变以后楷书写成"丸"。

"丸"的原义是小而圆的物体。延伸特指弹丸。例如"泥丸""铁丸"。如李白《少年子》:"金丸落飞鸟,夜入琼楼卧。"

弹丸大都全部很小,故"丸"后用来引喻地方狭小。如成语"弹丸之地"。

"丸"还用作量词。如曹植《善哉行》:"仙人王乔,奉药一丸。"

土 部

土

| 甲骨文 | 金文 | 小篆 | 楷书 |

【原文】

土,地之吐生物者也。二象地之下、地之中;丨,物出形也。凡土之属皆从土。

【译文】

土,吐生万物的土地。二,似地的下面、地的中间,"丨"似万物从土地里长出的形状。凡是土的部属全部从土。

【按语】

"土"是象形字。甲骨文、金文全部似地上凸起来的土堆之形。小篆两横表示地上、地中,一竖表示植物从土中长出,意为能生长万物的就是"土"。隶变以后楷书写成"土"。

"土"的原义是泥土。延伸指土地、耕种的田地。如柳宗元《捕蛇者说》:"退而甘食其土之有,以尽吾齿。"也引伸指疆域、领土。例如《诗经·小雅·北山》:"溥天之下,莫非王土。"

"土"也引伸指家乡。例如《论语·里仁》:"君子怀德,小人怀土。"

去

甲骨文　　金文　　小篆　　楷书

【原文】

去,人相违也。从大,凵声。凡去之属皆从去。

【译文】

去,人离开某地。从大,凵声。凡是去的部属全部从去。

【按语】

"去"是会意字。甲骨文从人、从口,会人离开了门口而去之意。金文大概相同。小篆继承甲骨文、金文。隶变以后楷书写成"去"。

"去"的原义是离开。延伸指去掉、除去。如柳宗元《捕蛇者说》:"去死肌,杀三虫。"

"去"也引伸指相距、远离。如李白《蜀道难》:"连峰去天不盈尺。"还延伸表示过去的。例如"去年"。

幸

幸　　　幸

小篆　　　楷书

【原文】

幸,吉而免凶也。

【译文】

幸,(意外地)得到好处而免去灾祸。

【按语】

"幸"是会意字。小篆从夭(头屈下来,表不直),从屰(倒过来的人,表相反),

会反屈为直之意。隶变以后楷书写成"幸"。

"幸"的原义是意外地得到好处而免去灾难。例如"幸免于难""幸亏"。

"幸"也引伸为幸运、幸福。古人常说"幸也",意思就是幸运、幸福。也引伸为高兴。例如"幸灾乐祸"。

"幸"古时候又指皇帝亲临。例如"临幸"。

坐

坐 坐

小篆　　楷书

【原文】

坐,止也。从土,从畱省;土,所止也。

【译文】

坐,(坐而)止息。由土,由畱省去田会意。土,是止息的地方。

【按语】

"坐"是会意字。小篆似两人在土上对坐;或者认为"土"指祭坛,表示两人面对土地神争论曲直。隶变以后楷书写成"坐"。

"坐"的原义是跪坐,是古时一种止息的方式。例如《尚书·太甲上》:"坐以待旦。"后泛指以臀部着物而止息。如王维《终南别业》:"行到水穷处,坐看云起时。"进而延伸指乘、乘坐。也引伸指处在、在某处。例如"坐北朝南"。

垒

垒　垒
小篆　楷书

【原文】

垒,垒墼也。从众,从土。

【译文】

垒,累叠土砖。由众、土会意。

【按语】

"垒"是会意兼形声字。小篆从土,从众(土块摞起),众兼表声。隶变以后楷书写成"垒"。

"垒"的原义是防护军营的墙壁或者建筑物。如苏轼《念奴娇·赤壁怀古》:"故垒西边,人道是,三国周郎赤壁。"

"垒"延伸指堆砌、修建。例如"垒锅台""垒墙"。进而延伸成成块、成堆的东西。例如"胸中块垒",即指心中郁结的不平之气。

墓

墓　墓
小篆　楷书

【原文】

墓,丘也。从土,莫声。

【译文】

墓,坟墓,从土,莫声。

【按语】

"墓"是形声字。小篆从土,莫声。隶变以后楷书写成"墓"。

"墓"的原义是封土成丘的坟、埋葬死人的处所。例如《古诗十九首·去者日以疏》:"古墓犁为田,松柏摧为薪。"延伸指坟地、坟茔。

"墓"用作动词,也引伸指修墓。如张溥《五人墓碑记》:"去今之墓而葬焉,其为时止十有一月耳。"意思是,距离现在修墓安葬他们,为时不过十一个月罢了。

基

甲骨文　　金文　　小篆　　楷书

【原文】

基,墙始也。从土,其声。

【译文】

基,墙的起始部分。从土,其声。

【按语】

"基"是形声字。甲骨文、金文、小篆全部从土,其(放在丌架上的簸箕)声。隶变以后楷书写作"基"。

"基"的原义是墙角、墙基。延伸泛指建筑物的根脚、底部。例如《淮南子·原道训》:"高者必以下为基。"也引伸引喻事物的根本、基础。

"基"还延伸成开始。例如《国语·晋语九》中的"基于其身"即是说从自己开始。

增

金文　　小篆　　楷书

【原文】

增,益也。从土,曾声。

【译文】

增,添益,从土,曾声。

【按语】

"增"是形声字。小篆从土,曾声。隶变以后楷书写成"增"。

"增"的原义是加多、添加。如宋玉《登徒子好色赋》:"增之一分则太长,减之一分则太短。"

"增"延伸指扩大。如范仲淹《岳阳楼记》:"乃重修岳阳楼,增其旧制。"

坊

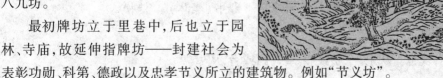

小篆　　　楷书

【原文】

坊,邑里之名。从土,方声。

【译文】

坊,街道里巷的名称。从土,方声。

【按语】

"坊"是形声字。小篆从土,方声。隶变以后楷书写成"坊"。

"坊"的原义是城市街道里巷的通称。如白居易《寄张十八》:"迢迢青槐街,相去八九坊。"

最初牌坊立于里巷中,后也立于园林、寺庙,故延伸指牌坊——封建社会为表彰功勋、科第、德政以及忠孝节义所立的建筑物。例如"节义坊"。

"坊"还延伸指小手工业者的工作场所。例如"作坊"。

域

或　域　域

金文　小篆　楷书

【原文】

或,邦也。从口,从戈,以守一。一,地也。域,或者又从土。

【译文】

或者,邦国。由口、由戈会意,"口"和"戈"是用来守护"一"的。一,即土地。域,"或"的或者体,从土。

【按语】

"域"是会意字。金义从邑(城镇)。小篆写成"或"和"域"。隶变以后楷书写成"域"。

"域"的原义是国家的疆界,也指邦国。例如《周礼·地官·大司徒》:"九州之地域。"意思是九州的疆界。延伸泛指一定范围内的较大地区。例如"领域""流域"。也引伸泛指某种范围、境界。例如"境域""音域"。

块

凷　塊　塊　块

甲骨文　小篆　楷书(繁体)　楷书

【原文】

凷,墣也。从土,一屈象形。块,凷或者,从鬼。

【译文】

凷,土块。从土,由"一"弯曲成"凵",似盛土的器具的形状。块,凷的或者体,从鬼,鬼也表声。

【按语】

"块"是会意兼形声字。甲骨文外为筐形,其内是土,会土块装在筐中之意。小篆则改为从土,鬼声。楷书写成"塊"。汉字简化之后写成"块"。

"块"的原义是土块。例如《仪礼·既夕礼》:"居倚庐,寝苫枕块。"意思是古人为父母守丧时居住在简陋棚屋里,睡在草荐上,头枕着土块。这是古时宗法所规定的居父母丧的礼节。

"块"延伸用作量词,表示整体的一部分。例如"一块蛋糕""一块肉"。

坏

金文　　小篆　　楷书

【原文】

坏,丘一成者也。一曰瓦未烧。从土,不声。

【译文】

坏,一重山丘。一说是未烧的砖瓦、陶器。从土,不声。

【按语】

"坏"是形声字。金文从土,不声。隶变以后楷书写成"坏"。现在用作"坏"的简化字,本义另借"坯"来表示;从土,丕声。

"坏"原义指尚未烧制的砖瓦等半成品。《淮南子·精神训》:"夫造化者既以我为坏矣,将无所违之矣。"又特指垒墙用的土坯。例如"一间破坏屋"。

"坏"延伸泛指半制成品。例如"线坯子""坯模"。

塌

小篆　　楷书

【原文】

无。

【按语】

“塌”是后起字，为形声兼会意字。楷书写成“塌”，从土，𦐇声，𦐇鸟翅低伏兼表低伏之意。

“塌”的原义是坍陷、倒塌。延伸指凹陷。例如“塌鼻梁”。也引伸指下垂。例如“菜秧子被晒塌了”。

“塌”又指精神萎靡不振的样子。如杜甫《垂老别》：“弃绝蓬室居，塌然摧肺肝。”其中的“塌然”便是指哀痛、失意或者落陷之貌。

圣

甲骨文　金文　小篆　楷书(繁体)　楷书

【原文】

聖，通也。从耳，呈声。

【译文】

聖，双耳畅通。从耳，呈声。

【按语】

“圣”本是会意字。甲骨文从耳，从口(嘴巴)，从人，会通达之意。金文、小篆全部由甲骨文演变而来。隶变以后楷书写成“聖”。汉字简化之后写成“圣”。

“圣”的原义是通达。延伸指聪明、才智超群。在很早的时候人们传播知识、交流经验主要通过口耳相传，于是，只有善于聆听的人才能得到这么多的知识，故“圣”延伸指博学多闻的人。例如“圣人”“诗圣”。

“圣”还延伸指神圣的、圣明的。进而也引伸指天子、帝王。例如“圣上”。

地

阝　坤　地

金文　　小篆　　楷书

【原文】

地，元气初分，轻清阳为天，重浊阴为地。万物所陈列也。从土，也声。

【译文】

地，浑沌之气刚刚分离，轻气、清气、阳气上升为天，重气、浊气、阴气下降为地。地是万物陈列的地方。从土，也声。

【按语】

"地"是会意兼形声字。金文与"隧"同源，会一豕（猪）从高崖坠地之意。小篆改为从土，也声。隶变以后楷书写成"地"。

"地"的原义是大地，与"天"相对。延伸指地面。如李白《静夜思》："床前明月光，疑是地上霜。"

"地"也引伸指地区、场所。例如"此地"。用于抽象意义，指所处的位置或者环境。例如"置之死地而后生"。又指思想、心理活动的领域。例如"很有见地"。

坠

墜　墜　坠

小篆　　楷书（繁体）　　楷书

【原文】

墜，陊也。从土，隊声。

【译文】

墜，从高处落下。从土，隊声。

国学经典文库

说文解字

《说文解字》原文释义

图文珍藏版

【按语】

"坠"是会意兼形声字。小篆从土,从隊,会豕从高处落下之意,隊兼表声。隶变以后楷书写作"墜"。汉字简化之后写成"坠"。

"坠"的原义是从高处落下。例如"天花乱坠"。延伸指垂挂,因分量重而下垂。例如"往下坠"。

"坠"用作名词,延伸特指系挂在器物上垂着的装饰物品。例如"扇坠儿""耳坠儿"。

均

金文　小篆　楷书

【原文】

均,平徧也。从土,从匀,匀亦声。

【译文】

均,平均、普遍。由土、匀会意,匀也表声。

【按语】

"均"是会意兼形声字。金文和小篆全部从土,从匀,会土地均平之意,匀兼表声。隶变以后楷书写成"均"。

"均"的原义是均匀,各方全部一样。例如《论语·季氏》:"不患寡而患不均。"延伸指衡量、比较。例如《史记·廉颇蔺相如列传》:"均之二策,宁许以负秦曲。"

"均"用作副词,表示全没有差别、全部。例如"均已办妥"。

场

小篆　楷书(繁体)　楷书

【原文】

无。

【按语】

"场"是形声字。小篆从土，易声。隶变以后楷书写成"塲"。汉字简化之后写成"场"。

"场"的原义是古代祭神用的平地，读作 cháng。后延伸指收打庄稼、翻晒粮食的平坦空地。例如"打麦场"。

"场"作量词时，通常用于事情的经过。例如"下了场雨""闹了一场"。

打谷场是人聚集的地方，故也引伸泛指某种活动领域，读作 chǎng。延伸指事情发生的地点、环境。例如"场合""现场"。也引伸指表演、比赛的舞台或者处所。例如"上场"。

坞

隖 隖 塢 坞

小篆　　楷书（繁体）楷书（繁体）　楷书

【原文】

隖，小障也。一曰：庳城也。从阜，乌声。

【译文】

隖，村庄外围防守用的小堡。另一义说：坞是庳城。从阜，乌声。

【按语】

"坞"是形声字。小篆从阜（阝），乌声。隶变以后楷书写成"隖"和"塢"。汉字简化之后写作"坞"。

"坞"的原义是村庄外围防守用的小堡、延伸泛指四面高中央低的地方，山坞。如唐寅《桃花坞》："桃花坞里桃花庵，桃花庵下桃花仙。桃花仙人种桃树，又摘桃花

换酒钱。"

　　"坞"也引伸指四面挡风的湾地或者建筑物，用于停船或者修造船只。例如《红楼梦》第四十回："命小厮传驾娘们，到船坞里撑出两只船来。"

坏

壞　壞　坏

小篆　楷书（繁体）　楷书

【原文】

壞，败也。从土，襄声。

【译文】

壞，破败。从土，襄声。

【按语】

　　"坏"是形声字。小篆从土，不声，读 pī。隶变以后楷书写成"坏"，现在用作"壞"的简化字。汉字简化之后写成"坏"。

　　"坏"的原义是墙壁倒塌、破败。延伸指使糟糕、使变得不好。例如"成事不足，坏事有余"。也引伸泛指不好的、受损的，变成没有用的或者有害的。例如"坏习惯"。也引伸指品质恶劣的。例如"坏人坏事"。还指坏主意、坏手法。例如"使坏"。

　　"坏"放在动词、形容词后，表示程度深。例如"饿坏了""乐坏了"。

坚

堅　堅　坚

小篆　楷书（繁体）　楷书

【原文】

堅，刚也。从臤，从土。

【译文】

坚，刚硬的土。由臤、土会意。

【按语】

"坚"是会意兼形声字。小篆从土，从臤（牢固），会土坚硬之意，臤兼表声。隶变以后楷书写成"堅"。汉字简化之后写成"坚"。

"坚"的原义是田土硬、板结。延伸泛指硬。也引伸指结实、牢固。例如《论语·子罕》："仰之弥高，钻之弥坚。"也延伸指坚固的事物。例如"披坚执锐""无坚不摧"。

"坚"用于抽象意义，指（立场、意志等）不动摇。例如"坚定""坚强"。

垦

壼　壼　垦

小篆　楷书（繁体）　楷书

【原文】

无。

【按语】

"垦"是会意兼形声字。小篆从土从貇会意，貇兼表声。隶变以后楷书写成"墾"。汉字简化后写成"垦"。

"垦"的原义是翻土耕地。例如《管子·轻重甲》："今君躬犁垦田，耕发草木，得其谷矣。"

"垦"延伸指开辟荒地。例如《列子·汤问》："叩石垦壤，箕畚运于渤海之尾。"

培

培　培

小篆　楷书

【原文】

培，培敦。土田山川也。从土，音声。

【译文】

培，加厚。是指土地、田园、山川等等而言。从土，音声。

【按语】

"培"是形声字。小篆从土，音声。隶变以后楷书写成"培"。

"培"的原义指给植物或者墙、堤等的根基加土。例如《礼记·中庸》："故栽者培之，倾者覆之。"延伸指培育、扶植。例如"培养""培训"。

"培"也引伸指把东西埋在灰、沙中保存。例如"放在沙中培着"。

填

填　填

小篆　楷书

【原文】

无。

【按语】

"填"是形声字。小篆从土，真声。隶变以后楷书写成"填"。

"填"的原义是充塞。例如《资治通鉴》："遇泥泞，道不通，天又大风，悉使羸兵负草填之。"延伸指充满。如袁枚《祭妹文》："旧事填膺，思之凄梗。"

"填"也引伸指补充、补偿。例如"填空补缺""填充"。进而延伸指填写，即按照要求的格式写上。如龚自珍《定盦词》："按拍填词，拈箫谱字。"

境

境　境

小篆　楷书

【原文】

无。

【按语】

"境"是会意兼形声字。小篆从土从竟会意,竟兼表声。隶变以后楷书写成"境"。

"境"的原义是疆界、边界。例如《礼记·曲礼上》:"入境而问禁,入国而问俗。"延伸泛指地方、处所、区域。如陶渊明《饮酒》:"结庐在人境,而无车马喧。"

"境"进而延伸指某一范围的情况,境界。例如《宋史·舒璘传》:"栉风沐雨,反为美境。"

壤

壤　壤
小篆　楷书

【原文】

壤,柔土也。从土,襄声。

【译文】

壤,柔软的土。从土,襄声。

【按语】

"壤"是形声兼会意字。小篆从土,襄声,襄兼表耕作之意。隶变以后楷书写成"壤"。

"壤"的原义是土壤。延伸指大地。如李白《南全部行》:"陶朱与五羖,名播天壤间。"又延伸指疆域、地区。例如《史记·平原君虞卿列传》:"汤以七十里之地王天下,文王以百里之壤而臣诸侯。"进而延伸指毗连、连接。例如"接壤"。

墙

甲骨文　　金文　　小篆　　楷书（繁体）　　楷书

【原文】

牆，垣蔽也。从啬，爿声。

【译文】

牆，墙垣蔽障。从啬，爿声。

【按语】

"墙"是会意兼形声字。甲骨文从啬（表示收藏谷物），从爿（表示筑墙），会筑起外围屏障收藏粮食之意，爿兼表声。金文与甲骨文基本相同。小篆减省并整齐化。隶变以后楷书写成"牆"。汉字简化之后写成"墙"。

"墙"的原义是用土木、砖石等筑起来的收藏食物的外围屏障。例如《诗经·郑风·将仲子》："将仲子兮，无逾我墙。"

"墙"延伸泛指起遮蔽、支撑或者隔开作用的屏障、垣壁。如杜甫《石壕吏》："老翁逾墙走，老妇出门看。"

垣

小篆　　楷书

【原文】

垣，墙也。从土，亘声。

【译文】

垣，墙。从土，亘声。

【按语】

"垣"是会意兼形声字。小篆从土（洄水），会环绕的围墙之意。隶变以后楷书写成"垣"。

"垣"的原义是围墙、矮墙。例如《尚书·费誓》："踰垣墙，窃马牛。"泛指墙。如成语"断壁残垣"，就是断了的墙壁、倒了的短墙。

古时的城池或者官署全部会有院墙，故延伸成城池，或者某些官署的代称。如杜甫《春宿左省》："花隐掖垣暮，啾啾栖鸟过。"

坦

坦　　坦

小篆　　楷书

【原文】

坦，安也。从土，旦声。

【译文】

坦，（土地平坦而）行步安舒。从土，旦声。

【按语】

"坦"是形声字。小篆从土，旦声。隶变以后楷书写成"坦"。

例如《广雅》："坦坦，平也。"

"坦"的原义是土地平坦。例如《易·履》："道坦坦。"

"坦"延伸成心安、宽舒。例如"坦然自若"。也引伸为直爽、无隐瞒。例如《论语·乡党》："君子坦荡荡。"还延伸成敞开。如杜甫《江亭》："坦腹江亭暖，长吟野望时。"

城

城　　城　　城

金文　　小篆　　楷书

"城"是会意字。金文左边中间的圆圈表示城围,上下两端表示两座城楼对峙;右边是似戈一样的武器,表示用武器保卫城池。隶变以后楷书写成"城"。

《说文·土部》:"城,以盛民也。从土,从成,成亦声。"(城,用来盛受容纳臣民。由土、成会意,成也表声。)

"城"的原义是城墙。如李白《送友人》:"青山横北郭,白水绕东城。"延伸指城市。如苏洵《六国论》:"今日割五城,明日割十城,然后得一夕安寝。"

坛

壇　壇　坛

小篆　楷书(繁体)　楷书

【原文】

壇,祭场也。从土,亶声。

【译文】

壇,在扫除草秽的地上筑起的用于祭祀的土台。从土,亶声。

【按语】

"坛"是形声字。从土,亶声。隶变以后楷书写成"壇"。汉字简化之后写成"坛"。

"坛"的原义是土筑的高台,用于祭祀会盟。例如"天坛""地坛"。由此延伸成宗教活动的场所。例如"法坛""乩坛"。由高台延伸成土堆的台子。例如"花坛"。尔后也引伸为某种活动的场所或者范围。例如"诗坛""歌坛"。又表示小口大腹的陶器。例如"酒坛子""醋坛子"。

址

阯　阯　址

小篆　楷书(繁体)　楷书

【原文】

阯,基也。从阜,止声。

【译文】

阯,地基。从阜,止声。

【按语】

"址"是会意兼形声字。小篆从阜,从止,会地基之意,止兼表声。隶变以后楷书写成"阯"。汉字简化之后写成"址"。

"址"的原义是地基、基部。如苏轼《奖喻敕记》:"自城中附城为长堤,壮其址。"延伸为基础、根本。

"址"也引伸为地点、地址、处所。例如"厂址""住址"。

埋

甲骨文　小篆　楷书

【原文】

无。

【按语】

"埋"是会意字。甲骨文下部的曲线表示一个土坑,中间是"牛",两侧的四点,表示填的土,会把牛埋于地下之意。隶变以后楷书写成"埋"。

"埋"的原义是藏在土中。延伸成埋葬。如陆游《出西门》:"青山是处可埋骨,白发向人羞折腰。"东西被埋了,就看不见、听不见了,故"埋"延伸成泯灭、隐藏、掩盖。例如"隐姓埋名"。

坡

小篆　楷书

【原文】

坡，阪也。从土，皮声。

【译文】

坡，斜坡。从土，皮声。

【按语】

"坡"是形声字。小篆从土，皮声。隶变以后楷书写成"坡"。

"坡"的原义是山地倾斜的地方。例如《宋史·苏轼传》："轼与田父野老，相从溪山间，筑室于东坡，自号东坡居士。"

"坡"也指平原、原野。如韩拙《山水纯》："小堆曰阜，平原曰坡，坡高曰陇。"

堤

堤　堤

小篆　楷书

【原文】

堤，滞也。从土，是声。

【译文】

堤，阻滞。从土，是声。

【按语】

"堤"是形声字。小篆从土，是声。隶变以后楷书写成"堤"。

"堤"的原义是河堤。如李白《赠清漳明府侄聿》："河堤绕绿水，桑柘连青云。"泛指江河湖海中拦水的土坝。例如"堤坝"。

塔

塔　塔

小篆　楷书

【原文】

塔,西域浮屠也。从土,荅声。

【译文】

塔,西域佛塔。从土,荅声。

【按语】

"塔"是形声字。小篆从土,荅声。隶变以后写成"塔"。

"塔"的原义是佛塔,初为藏佛骨的地方,后世也藏经其中。如苏轼《和子由渑池怀旧》:"老僧已死成新塔,坏壁无由见旧题。"

"塔"延伸泛指形状似塔的事物。例如"聚沙成塔"。

垫

埶 墊 垫

小篆　楷书（繁体）　楷书

【原文】

墊,下也。《春秋传》曰:'墊隘。'从土,执声。

【译文】

墊,下陷。《春秋左氏传》说:"下陷而窄小。"从土,执声。

【按语】

"垫"是形声字。小篆从土,执声。隶变以后楷书写成"墊"。汉字简化之后写成"垫"。

"垫"的原义是土地下陷。延伸成填补、支衬。例如"把床垫高点"。也指填补胃里的空虚。如:"这儿有点吃的,你先垫一垫。"还特指衬垫的东西。例如"靠垫""坐垫"。

壁

壁 壁

<small>小篆　楷书</small>

【原文】

壁,垣也。从土,辟声。

【译文】

壁,墙壁。从土,辟声。

【按语】

"壁"是形声字。小篆从土,辟声。隶变以后楷书写成"壁"。

"壁"的原义是墙、墙壁。例如"家徒四壁"。延伸指物体、身体或者生物体等外围结构的物质层。例如"腹壁""细胞壁"。又特指陡峭的山崖。如张载《剑阁铭》:"是曰剑阁,壁立千仞,穷地之险,极路之峻。"也引伸指营垒、军营的围墙。

"壁"还是星宿名,二十八宿之一。

堆

阜 堆

<small>小篆　楷书</small>

【原文】

无。

【按语】

"堆"是形声字。小篆写成"阜"。隶变以后楷书写成"堆",从土,佳声。

"堆"的原义是土墩、沙墩或者水中聚集的礁石。如李康《运命论》:"堆出于岸,流必湍之。"延伸指积聚、累叠在一起的东西。如谭铢《题九华山》:"或接白云堆,或者映红霞天。"

"堆"用作动词,指累叠、积聚起来。例如"堆砌"。

"堆"用作量词,用于成堆的人或者东西;也可用于抽象事物,形容数量多。

执

执

甲骨文　金文　小篆　楷书（繁体）　楷书

【原文】

執,捕罪人也。从丮,从幸,幸亦声。

【译文】

執,拘捕罪人。由丮、由幸会意,幸也表声。

【按语】

"执"是会意兼形声字。甲骨文会捕捉罪人之意。金文大概相同。小篆整齐化。隶变以后楷书写成"執"。汉字简化之后写成"执"。

"执"的原义是捕捉。例如《左传·僖公五年》:"(虢)遂袭虞,灭之,执虞公。"延伸成拿着、握着。例如《左传·哀公十七年》:"诸侯盟,谁执牛耳?"古代诸侯订立盟约,要割牛耳歃血,由主盟国的代表拿着盛牛耳朵的盘子,故称主盟国为"执牛耳"。

"执"也引伸为从事,例如"执勤""执教"。进而延伸成坚持。例如"各执己见"。

"执"用作名词,指可拿作证明的凭据。例如"回执""收执""执照"。

扫

扫

甲骨文　小篆　楷书（繁体）　楷书

【原文】

埽,弃也。从土,从帚。

国学经典文库

说文解字

《说文解字》原文释义

图文珍藏版

【译文】

埽,用扫除的方式弃除尘秽。由土、帚会意。

【按语】

"扫"是会意字。隶变以后楷书写成"掃",从手从帚会意。汉字简化之后写成"扫"。

"扫"的原义是用笤帚清除尘土、垃圾。例如《诗经·唐风·山有枢》:"子有廷内,弗洒弗扫。"延伸成平定、整治。例如《后汉书·陈蕃传》:"大丈夫处世,当扫除天下。"

"扫"也引伸指似扫除一样快速移过、掠过。例如"扫射""扫视"。也引伸为祭拜。例如"祭扫""扫墓"。

扶

金文　小篆　楷书

【原文】

扶,左也。从手,夫声。

【译文】

扶,佐助。从手,夫声。

【按语】

"扶"是会意兼形声字。金文从手,从夫(人),会用手搀扶人之意,夫兼表声。篆左右调换,并整齐化。隶变以后楷书写成"扶"。

"扶"的原义是扶持、搀扶。例如《论语·季氏》:"危而不持,颠而不扶,则将焉用彼相矣?"延伸成扶植、扶持。

例如《荀子·劝学》:"蓬生麻中,不扶而直。"人被搀扶或者救助,就有了依靠,故也引伸为靠着、手按着。例如"扶着椅子"。

用作介词,指沿着。如陶渊明《桃花源记》:"得其船,便扶向路,处处志之。"

搭

搭 搭
小篆　楷书

【原文】

无。

【按语】

"搭"是后起字,为形声字。楷书写成"搭",从手,荅声。

"搭"的原义是披、挂。如:"见他屋檐下,有一条搭衣的绳子。"搭放东西需要支撑起物体,故延伸指支起、架设。例如"搭桥""搭台子"。

搭则会产生接触,故也引伸指连接、接触。例如"前言不搭后语""搭讪"。进而延伸指结合在一起,凑一块儿。例如"搭伙做饭""搭个伴"。

拯

拼 拼 拯
小篆　楷书(繁体)　楷书

【原文】

拼,上举也。从手,升声。

【译文】

拼,向上举。从手,升声。

【按语】

"拯"是形声兼会意字。小篆从手,从升,会手上举之意,升兼表声。隶变以后楷书写成"拼"和"拯"。如今规范化,以"拯"为正体。

"拯"的原义是向上举。例如《易·艮》:"艮期腓,不拯其随。"孔颖达疏:"拯,举也。"

"拯"延伸指援助、救济。例如《吕氏春秋·察微》:"子路拯溺者,其人拜之以牛,子路受之。"

抚

撫 撫 抚

小篆　楷书（繁体）　楷书

【原文】

撫，安也。从手，無声。一曰循也。

【译文】

撫，安抚。从手，無声。另一义说，抚是抚摩的意思。

【按语】

“抚”是形声字。小篆从手，無声。隶变以后楷书写成“撫”。汉字简化之后写成“抚”。

“抚”的原义是抚摩。如魏学洢《核舟记》：“东坡右手执卷端，左手抚鲁直背。”延伸成安抚、安慰。例如《三国志·蜀书·诸葛亮传》：“西和诸戎，南抚夷越。”也引伸为轻击、拍。如李白《蜀道难》：“扪参历井仰胁息，以手抚膺坐长叹。”进而延伸成弹奏。例如“抚琴”。

扰

擾 擾 扰

小篆　楷书（繁体）　楷书

【原文】

擾，烦也。从手，夒声。

【译文】

擾,烦劳。从手,夒声。

【按语】

"扰"是会意兼形声字。小篆从手,从夒(猴类动物,好动),会烦劳不宁之意,夒兼表声。隶变以后楷书写成"擾"。汉字简化之后写成"扰"。

"扰"的原义是烦劳不宁。例如《汉书·食货志下》:"莽性躁烦,不能无为。"延伸成搅乱、侵扰、扰乱。例如"扰民""干扰"。也引伸为叨扰、添麻烦。如司马光《书仪》:"凡吊及送丧葬者,必助其丧事而勿扰也。"

掳

擄 擄 掳

小篆　楷书〔繁体〕　楷书

【原文】

无。

【按语】

"掳"是会意兼形声字。楷书繁体写成"擄",从手从虏会意,虏兼表声。汉字简化之后写成"掳"。

"掳"的原义是俘获、抓获。如司马光《涑水纪闻》:"兵民死者十万余口,掳妇女小弱者七八万口。"延伸指抢取,舞弊敛财。例如"掳夺"。

掠

掠 掠

小篆　　楷书

【原文】

掠,夺取也。从手,京声。

【译文】

掠,抢夺,夺取。从手,京声。

【按语】

"掠"是形声字。小篆从手,京声。隶变以后楷书写成"掠"。

"掠"的原义是抢夺、夺取。如杜牧《阿房宫赋》:"几世几年,剽掠其人,倚叠如山。"

抢掠通常行动迅速,由此延伸指轻轻拂过、擦过。例如"浮光掠影"。

拒

拒

小篆　　楷书

【原文】

无。

【按语】

"拒"是形声字。隶变以后楷书写成"拒",从手,巨声。

"拒"的原义是抵御、抵抗。例如《荀子·君道》:"内以固城,外以拒难。"延伸成拒绝、抵制、不接受。《孟子·尽心下》:"往者不追,来者不拒。"

"拒"还延伸成违抗、违逆。例如"拒捕"。

措

措

小篆　　楷书

【原文】

措,置也。从手,昔声。

【译文】

措,放置。从手,昔声。

【按语】

"措"是形声字。小篆从手,昔声。隶变以后楷书写成"措"。

"措"的原义是放置、安放。例如《论语·子路》:"刑罚不中,则民无所措手足。"延伸指废弃、搁置。例如《礼记·中庸》:"学之弗能,弗措也。"意思是学习没有达到能的地步,就不要放置到一边不去学了。

"措"也引伸指处理、安排。例如"惊慌失措""措手不及"。也引伸指筹划办理、筹集。例如"筹措"。

捻

捻 小篆　捻 楷书

【原文】

捻,指捻也。从手,念声。

【译文】

捻,用手指搓转。从手,念声。

【按语】

"捻"是形声字。小篆从手,念声。隶变以后楷书写成"捻"。

"捻"的原义是用手指搓转。如白居易《琵琶行》:"轻拢慢捻抹复挑,初为霓裳后六幺。"延伸成聚合成股。例如"捻分子",就是指凑份子。

"捻"还延伸指拿、捏、提、举。如杜牧《杜秋娘》:"金阶露新重,闲捻紫箫吹。"

"捻"用作名词,指用线、纸等搓成的条状物。例如"灯捻"。

掐

掐

小篆　楷书

【原文】

掐，爪刺也。从手，臽声。

【译文】

掐，用指甲刺入。从手，臽声。

【按语】

"掐"是形声字。小篆从手，臽声。隶变以后楷书写成"掐"。

"掐"的原义是用指甲按或者切入。例如《晋书·王戎列传》："因遣掐其鼻，灸其眉头。"引申为用手指甲切断、截取、摘。例如"掐花"。也引伸指镶嵌。例如《红楼梦》第四十九回："黛玉换上掐金挖云红香羊皮小靴……上罩了雪帽，二人一齐踏雪行来。"

"掐"还延伸成用手的虎口卡住。例如"掐脖子"。也引伸指用拇指点着别的手指进行暗记或者推算。例如"掐指一算"。

掂

掂

小篆　楷书

【原文】

无。

【按语】

"掂"是后起字，为形声字。楷书写成"掂"，从手，店声。

"掂"的原义是以手托着东西估量轻重。例如《红楼梦》第五十一回："麝月听了，便放下戥子，拣了一块掂了一掂。"延伸指拿着、提着。例如"他手里掂着个鸟笼子"。

掖

掖

<small>小篆　　楷书</small>

【原文】

掖,以手持人臂也。从手,夜声。

【译文】

掖,用手挟持人的臂膀。从手,夜声。

【按语】

"掖"是形声字。小篆从手,夜声。隶变以后楷书写成"掖"。

"掖"的原义是用手扶着别人的胳膊,读作 yè。例如《左传·僖公二十五年》:"二礼从国子巡城,掖以赴外,杀之。"延伸引喻扶助、提携。例如"奖掖后进",就是提携后辈之意。

"掖"还读作 yē,延伸指(把东西)塞进,或者插入腰间。例如《红楼梦》第五十一回:"你来把我这边的被掖掖罢。"进而延伸指藏。例如"藏着掖着"。

掷

擿 擿 擲 掷

<small>小篆　楷书（繁体）楷书（繁体）　楷书</small>

【原文】

擿,搔也。从手,適声。一曰:投也。

【译文】

擿,搔。从手,適声。另一义说,掷是投掷的意思。

【按语】

"掷"是形声字。小篆从手,適声。隶变楷书后写成"擿"和"擲"。汉字简化之后写成"掷"。

"掷"的原义是搔、挠。又表示扔、投。例如《史记·刺客列传》:"荆轲废,乃引其匕首以掷秦王。"也引伸指腾跃、跳跃。如周贺《晚题江馆》:"澄波月上见鱼掷,晚径叶多闻犬行。"

由扔开也引伸指抛弃。如陶渊明《杂诗十二首》其二:"日月掷人去,有志不获骋。"

掸

甲骨文　　小篆　　楷书(繁体)　　楷书

【原文】

撢,提持。从手,單声。

【译文】

撢,提持。从手,單声。

【按语】

"掸"是会意兼形声字。甲骨文从手从單会意,單兼表声。小篆整齐化。隶变楷书后写成"撢"。汉字简化之后写成"掸"。

"掸"的原义是提持。又表示轻轻地拂去。例如"掸去风尘"。

掺

小篆　　楷书(繁体)　　楷书

【原文】

无。

【按语】

"掺"是形声字。楷书繁体写成"摻",从手,参声。汉字简化之后写成"掺"。

"掺"的原义是握持,读作 shǎn。例如《诗经·郑风·遵大路》:"遵大路兮,掺执子之手兮。"

"掺"读作 chān,指把一种东西加入到另一种东西里去,拌合。例如"掺沙子""掺水"。

"掺"读作 càn,同"参",古时候的一种鼓曲名。例如《乐府诗集·横吹曲辞》:"镗鎝《渔阳掺》,怨抑胡笳断。"

捺

小篆　　楷书

【原文】

无。

【按语】

"捺"是后起字,为形声字。楷书写成"捺",从手,奈声。

"捺"的原义是用手重按。例如《太平广记·诙谐》:"唐散乐高崔嵬善弄痴,太宗命给使捺头向水下,良久出而笑之。"延伸指压制、抑制。如董解元《西厢记诸宫调》卷一:"打拍不知个高下,谁曾惯对人唱他说他? 好弱高低且按捺。"

"捺"也引伸指搁置、耽搁。例如《儒林外史》第十三回:"这事断断破不得,既承头翁好心,千万将呈子捺下。"用作名词,指汉字笔画的一种。

捶

小篆　　楷书

【原文】

捶,以杖击也。从手,垂声。

【译文】

捶,用棍棒击打。从手,垂声。

【按语】

"捶"是形声字。小篆从手,垂声。隶变以后楷书写成"捶"。

"捶"的原义是用棍棒或者拳头击打。例如"捶鼓""捶胸顿足"。延伸指舂、捣。例如"捶骨沥髓",意思是捣碎骨头来沥出骨髓,引喻残酷搜刮民财。

"捶"用作名词,延伸指马杖。此义后作"箠"。

扔

甲骨　小篆　楷书

【原文】

扔,因也。从手,乃声。

【译文】

扔,依旧。从手,及声。

【按语】

"扔"是形声字。甲骨文从手,乃声。小篆整齐化、线条化。隶变以后楷书写成"扔"。

"扔"的原义是牵引、拉。例如《道德经》第三十八章:"攘臂而扔之。"意思是举起胳膊来,指引人们遵守礼节。延伸成挥动手臂把东西抛出、投掷。例如"扔铁饼""扔石头"。进而延伸成丢弃。例如"这些破旧无用的设备早该扔了"。

扬

揚（金文）　揚（小篆）　揚　楷书（繁体）　扬　楷书

金文　　小篆　　楷书（繁体）　楷书

【原文】

扬，飞、举也。从手，昜声。

【译文】

扬，飞起;举起。从手，昜声。

【按语】

"扬"是会意兼形声字。金文，似一人双手举璧之形。隶变以后楷书分别写成"揚"与"敭"。汉字简化之后写成"扬"。

"扬"的原义是举。例如"扬鞭"，指举起鞭子。延伸成升高。例如"扬帆远航"。

"扬"用于抽象意义，指精神、情绪高涨。例如"趾高气扬""斗志昂扬"。也引伸指显露、传布。例如"臭名远扬""家丑不可外扬"。还表示称赞。例如"颂扬"。也引伸指容貌出众。如"其貌不扬"。

"扬"用作地名，指江苏省扬州市。例如"淮扬""扬剧"。

报

甲骨文　金文　小篆　楷书（繁体）　楷书

【原文】

報，当罪人也。从幸，从𠬝。𠬝，服罪也。

【译文】

報，判决罪人。由幸、由𠬝会意。𠬝，按罪定刑。

【按语】

　　"报"是会意字。甲骨文和金文左边是一个刑具,右边是一只手抓住一个人给其加上刑具的样子,会给人治罪之意。小篆整齐化。隶变以后楷书写成"報"。汉字简化之后写成"报"。

　　"报"的原义是按律判决罪人。例如《韩非子·五蠹》:"报而罪之。"意思是判决而治他的罪。判决罪人需要告知上级审批,故延伸指告诉、告知。例如"通报""报警"。也引伸为报答。例如"投桃报李"。

　　好的回报是报答,但恶的回报就是报复了,所以"报"又指报复。例如"报仇雪耻"。也引伸指由某种行为得到的结果。例如"善有善报"。

担

儋　　　擔　　　担

小篆　　楷书(繁体)　楷书

【原文】

无。

【按语】

　　"担"是形声字。小篆从人,詹声。隶变以后楷书写成"儋"和"擔",改为从手。汉字简化后借"担"来表示,"儋"则另表他义。

　　"担"的原义是拂拭,读作 dǎn。此义后作"掸"。

　　"担"作"儋"和"擔"的简化字时,指用肩挑,读作 dān。延伸成背负。也引伸为承当、承受。例如"承担""担负"。

　　"担"读 dàn,指扁担、担子,是竹木制成的放在肩上用来挑或者抬东西的扁而长的工具。例如"扁担""担子"。

拔

甲骨文　　小篆　　楷书

【原文】

拔,擢也。从手,犮声。

【译文】

拔,抽引。从手,犮声。

【按语】

"拔"是形声字。甲骨文似两只手拔出植物之形。小篆字形变化较大。隶变以后楷书写成"拔"。

"拔"的原义是拽、连根拉出。例如"拔苗助长"。由拔起延伸成高出、超出。例如"出类拔萃""拔尖儿"。也引伸为选取、提拔。例如《汉书·李寻传》:"闭绝私路,拔进英隽。"也引伸为攻克、夺取。如成语"攻城拔寨"。物体拔出有移动,所以也引伸为动摇、移动。例如"坚定不拔"。

扳

小篆　　楷书

【原文】

无。

【按语】

"扳"是后起字,为形声字。楷书写成"扳",从手,反声。

"扳"的原义是攀援、攀附,读作 pān。如严忌《哀时命》:"往者不可扳援兮,徕者不可与期。"延伸指纠缠。如谢灵运《还旧园作见颜范二中书诗》:"感深操不固,质弱易扳缠。"

"扳"又读作 bān，延伸表示拉、拨动。如王安石《伤仲永》："父利其然也，日扳仲永环谒于邑人。"也引伸指扭转、背转。例如《新唐书·则天武皇后传》："帝谓能丰己，故扳公议立之。"

抡

抡
小篆　　楷书

【原文】

掄，择也。从手，侖声。

【译文】

掄，选择。从手，侖声。

【按语】

"抡"是形声字。小篆从手，侖声。隶变以后楷书写成"掄"。汉字简化之后写成"抡"。

"抡"的原义是选择，读作 lún。例如《周礼·山虞》："凡邦工入山林而抡材，不禁。"意思是，邦国工匠在特定时节进入山林挑选木材，对此不禁止。

"抡"又读作 lūn，表示用力挥动或者挥舞。例如《水浒传》第一回："王进托地拖了棒便走，那后生抡着棒又赶入来。"

拟

拟
小篆　　楷书（繁体）　　楷书

【原文】

擬，度也。从手，疑声。

【译文】

擬，揣度。从手，疑声。

【按语】

"拟"是形声字。小篆从手，疑声。隶变以后楷书写成"擬"。汉字简化之后写成"拟"。

"拟"的原义是忖度、揣测。例如《周易·系辞上》："拟之而后言，议之而后动。"延伸指相比、类似。例如"无可比拟"。也引伸指照着做、模仿。例如"拟作"，就是摹仿别人风格进行的创作。还延伸指打算、计划。例如"拟定""拟旨"。

拓

獯　拓

小篆　　楷书

【原文】

拓，拾也。从手，石声。

【译文】

拓，拾取。从手，石声。

【按语】

"拓"是形声字。小篆从手，石声。隶变以后楷书写成"拓"。

"拓"的原义是拾取，此义尔后作"摭"。借用以表示开辟、扩展。例如"开拓""拓展"。

"拓"读作 tà，指拓印，是在刻铸有文字或者图似的器物上蒙一层纸，捶打后使凹凸分明，再涂上墨，显出文字图似来。如王建《原上新居十三首》之十一："古碣凭人拓，闲诗任客吟。"

拄

柱 拄

<small>小篆　　楷书</small>

【原文】

无。

【按语】

"拄"是后起字，为形声字。楷书写成"拄"，从手，主声。

"拄"的原义是支撑、顶着。如孟郊《劝善吟》："藏书拄屋脊，不惜与凡聋。"又指执持、靠。例如《红楼梦》第五十八回："宝玉听说，只得拄了一支杖，趿着鞋，走出院外。"

拧

擰 擰 拧

<small>小篆　　楷书（繁体）　　楷书</small>

【原文】

无。

【按语】

"拧"是后起字，为形声字。楷书繁体写成"擰"，从手，寧声。汉字简化之后写成"拧"。

"拧"的原义是乱。此义今已不用。

"拧"表示抓住东西向相反的方向扭转，读作 níng。例如"拧耳朵"。延伸指扭住、绞住。例如"拧成一股绳"。也引伸指用两三个手指夹住皮肉扭动。例如《红楼梦》第八回："宝钗也忍不住笑着，把黛玉腮上一拧。"

"拧"读作 nǐng，由朝相反方向扭绞，延伸指用力扭转。如俗语"胳膊拧不过大腿"。进而延伸指相反、错。例如"你把话听拧了"。

读作 nìng，延伸指性格、脾气执拗，倔强。例如"他是个拧脾气"。

拂

拂 拂
<small>小篆　　楷书</small>

【原文】

拂，过击也。从手，弗声。

【译文】

拂，飞掠而击。从手，弗声。

【按语】

"拂"是形声字。小篆从手，弗声。隶变以后楷书写成"拂"。

"拂"的原义是掠击、拍。延伸指掠过、轻轻擦过。例如"春风拂面"。也引伸指擦拭、掸去灰尘。如杜甫《从事行赠严二别驾》："乌帽拂尘青骡粟，紫衣将炙绯衣走。"

"拂"用作名词，特指掸除尘埃的用具。如杜光庭《虬髯客传》："一妓有殊色，执红拂，立于前。"也引伸指甩动、挥动。例如"拂袖而去"。

"拂"还延伸指接近、触到。"拂晓"，指接近天明的时候。

拙

拙 拙
<small>小篆　　楷书</small>

【原文】

拙，不巧也。从手，出声。

【译文】

拙,不灵巧。从手,出声。

【按语】

"拙"是形声字。小篆从手,出声。隶变以后楷书写成"拙"。

"拙"的原义是笨、不灵巧。例如"大巧若拙"。延伸指粗劣。例如"眼拙",就是见识粗劣。还用作谦辞,称自己或者跟自己有关的人和物。如李白《题嵩山逸人元丹邱山居》:"拙妻好乘鸾,娇女爱飞鹤。"

"拙"也引伸指不顺、倒霉。如成语"时乖运拙",即指时运不顺,命运不佳,表示处境不顺利。也引伸表示质朴无华。例如《韩非子·说林》:"巧诈不如拙诚。"

拗

拗
小篆　　楷书

【原文】

拗,手拉也。从手,幼声。

【译文】

拗,用手折断。从手,幼声。

【按语】

"拗"是形声字。小篆从手,幼声。隶变以后楷书写成"拗"。

"拗"的原义是折断,读作 ǎo。例如"竹竿拗断了。"

"拗"读作 ào,指违反、不服从。如韩愈《答孟郊》:"古心虽自鞭,世路终难拗。"延伸作旧诗时平仄不依常格,不顺口。如元稹《哭女樊四十韵》:"和蛮歌字拗,学妓舞腰轻。"

"拗"读作 niù,指固执。例如"执拗"。

抒

抒 抒

小篆　　楷书

【原文】

抒，挹也。从手，予声。

【译文】

抒，舀。从手，予声。

【按语】

"抒"是形声字。小篆从手，予声。隶变以后楷书写成"抒"。

"抒"的原义是舀出、汲出。例如《管子·禁藏》："钻燧易火，抒井易水，所以去兹毒也。"

"抒"延伸指表达、倾吐、发泄。如成语"各抒己见"，就是每个人充分抒发自己的意见。

抠

摳 摳 抠

小篆　　楷书（繁体）　　楷书

【原文】

摳，繑也。一曰：抠衣升堂。从手，區声。

【译文】

摳，操结裤纽。另一义说：抠是提起衣裳登上堂屋。从手，區声。

【按语】

"抠"是形声字。小篆从手，區声。隶变楷书后写成"摳"。汉字简化之后写成"抠"。

"抠"的原义是提起。如王安石《奉酬永叔见赠》："抠衣最出诸生后,倒屣尝倾广座中。"其中的"抠衣"指提起衣服前襟,这是古人迎趋时的动作,表示恭敬。

"抠"延伸指用手或者尖细的东西挖或者掏。例如"抠墙缝"。进而延伸指雕刻。例如"墙砖上全部抠着图案"。也引伸指向狭窄的方面探求、探究。例如"抠字眼儿"。

"抠"在方言中,又指吝啬。如:"这人真抠!"

扼

小篆　　楷书

【原文】

搤,把也。从手,鬲声。

【译文】

搤,把握。从手,鬲声。

【按语】

"扼"是形声字。小篆从手,从厄,厄兼表声。隶变楷书后写成"扼",异体作"搤"。如今规范化,以"扼"为正体。

"扼"的原义是用力把持、握住。例如"扼腕叹息"。延伸指抓住、掐住。例如"扼住命运的咽喉"。也引伸为控制要害、把守。例如《宋史·冯拯传》:"备边之要,不扼险以制敌之冲,未易胜也。"

探

甲骨文　　金文　　小篆　　楷书

【原文】

探,远取之也。从手,罙声。

【译文】

探,深入摸取。从手,罙声。

【按语】

"探"是会意兼形声字。小篆从手从罙(人持火把入深洞探寻)会意,罙兼表声。隶变以后楷书写成"探"。

"探"原义是把手伸进去摸取。如成语"探囊取物"。延伸成探测。例如《商君书·禁使》:"探渊者知千仞之深。"也引伸为发现、寻求。例如"探本穷源""探口风"。

"探"也引伸为暗中考察、侦察。例如"探探虚实"。进而延伸成做侦察工作的人。例如"探子""密探"。还表示看望、访问。例如"探问""探访"。

搜

甲骨文　小篆　楷书

【原文】

搜,求也。从手,叟声。

【译文】

搜,求索。从手,叟声。

【按语】

"搜"是会意兼形声字。小篆从手从叟会意,叟兼表声。隶变以后楷书写成"搜"。

"搜"的原义是搜索。例如《庄子·秋水》:"搜于国中三日三夜。"延伸成寻找。例如"搜寻""搜罗""搜集"。

搏

金文　小篆　楷书

【原文】

搏，索持也。一曰至也。从手，尃声。

【译文】

搏，用搜索的方式捕捉。另一义说：搏是至的意思。从手，尃声。

【按语】

"搏"是形声字。金文从干或者从戈，尃声。小篆改为从手。隶变以后楷书写成"搏"。

"搏"的原义是搏斗。例如《左传·僖公二十八年》："晋侯梦与楚子搏。"延伸成抓取。如《魏书·古弼传》："以手搏其耳，以拳殴其背。"也引伸为跳动。例如"脉搏""起搏器"。

找

小篆　楷书

【原文】

无。

【按语】

"找"是后起字，为会意字。隶变以后楷书写成"找"，从手，从戈，会用手拾之意。

"找"的原义是觅取、寻求。例如"找人""找碴儿"。

既然是把没有了的东西找回来，由此延伸成退有余。例如"他找我一块钱"。

进一步延伸指"补不足"。例如《警世通言》:"当下先秤了一半船钱,那一半直待到县时找足。"

摔

摔 摔

小篆　　楷书

【原文】

无。

【按语】

"摔"是后起字,为形声字。隶变以后楷书写成"摔",从手,率声。

"摔"的原义是用力扔在地上。例如"摔碎"。延伸指摆脱。例如《红楼梦》第六十六回:"那三姐一摔手,便自去了。""摔手"就是指手用力向下甩,表示抽身欲去。

"摔"也引伸指跌倒。例如"摔了一跤"。也引伸指摆出。例如"摔脸子",就是指人动不动就摆脸色。

撕

撕 撕

小篆　　楷书

【原文】

无。

【按语】

"撕"是后起字。为会意兼形声字,楷书写成"撕",从手,斯声,斯兼表声。

"撕"的原义是用手把东西扯裂。例如《红楼梦》第三十一回:"晴雯果然接过来,'嗤'的一声,撕了两半。"特指零购布帛。例如"到商店撕了八尺布"。

国学经典文库

说文解字

《说文解字》原文释义

图文珍藏版

撞

撞 撞

小篆　　　楷书

【原文】

撞，卂捣也。从手，童声。

【译文】

撞，迅疾而捣。从手，童声。

【按语】

"撞"是形声字。小篆从手，童声。隶变以后楷书写成"撞"。

"撞"的原义是手持物体猛然碰击、打击。延伸指两物猛烈碰击。例如"撞车"。

"撞"也引伸指不期而遇、迎头碰上。如孔尚任《长生殿》："今日清明佳节，出门散步一回，却好撞着风雨。"

"撞"进而延伸指瞎闯、猛冲或者突然直下。如成语"横冲直撞"。也引伸指诈骗。如成语"招摇撞骗"，就是指假借名义，进行蒙骗欺诈。

撇

撇 撆 撇

小篆　　楷书（繁体）　　楷书

【原文】

撆，别也。一曰：击也。从手，敝声。

【译文】

擎,用手分离开。另一义说:擎是击的意思。从手,敝声。

【按语】

"撇"是形声字。小篆从手,敝声。隶变以后楷书写成"擎",俗作"撇"。如今规范化,以"撇"为正体。

"撇"的原义是抛弃、丢开。例如"撇开"。延伸指由液体表面舀取,以去掉泡沫或者浮渣。如"撇油""撇沫儿"。延伸指平着扔出去。如王实甫《吕蒙正风雪破窑记》:"瓦片将来水上撇,有如步步踏青波。"还特指汉字的笔画,向左斜下,形状是"丿"。

"撇"用作量词,用于似汉字中撇的形状的东西。例如"两撇八字胡"。

携

攜 攜 携

小篆　楷书(繁体)　楷书

【原文】

攜,提也。从手,雟声。

【译文】

攜,牵引、延引。从手,雟声。

【按语】

"携"是形声字。小篆从手,雟声。隶变以后楷书写成"攜"。汉字简化之后写成"携"。

"携"的原义是提着。如王维《偶然作》其四:"白衣携壶觞,果来遗老叟。"延伸指拿着、持。如李贺《金铜仙人辞汉歌并序》:"携盘独出月荒凉,渭城已远波声小。"

"携"也引伸指牵挽、挽扶。如林觉民《与妻书》:"吾与汝并肩携手,低低切切,何事不语,何情不诉!"也引伸指带着、带领。例如《庄子·让王》:"于是夫负妇戴,携子入于海。"

摧

摧　　　　　　　　摧　　　　　　　　摧
甲骨文　　　　　小篆　　　　　楷书

【原文】

摧，挤也。从手，崔声。一曰：挏也。一曰：折也。

【译文】

摧，推挤。从手，崔声。一说：摧是推动的意思。另一说：摧是折断的意思。

【按语】

"摧"是会意兼形声字。甲骨文从攴（手持棍），从隹，会扑打鸟之意。小篆改为从手，崔声。隶变以后楷书写成"摧"。

"摧"的原义是破坏、折断。例如"无坚不摧"。延伸成倒塌、崩裂。如李白《梦游天姥吟留别》："列缺霹雳，丘峦崩摧。"也引伸指伤痛。例如"摧心""摧怆"。

播

播　　　　　　　　播　　　　　　　　播
金文　　　　　小篆　　　　　楷书

【原文】

播，种也。一曰：布也。从手，番声。

【译文】

播，下种。另一义说：播是传布的意思。从手，番声。

【按语】

"播"是形声兼会意字。金文从攴，从采（野兽足迹），会散乱之意。小篆改为从手，番声，番兼表散乱之意。隶变以后楷书写成"播"。

"播"的原义是撒种。例如"播种"。延伸成传扬、传布。例如"传播""播放"。还延伸成表现。例如《国语·晋语》:"夫人美于中,必播于外。"意思是人内在美好,就一定会通过外在表现出来。

擦

小篆　　楷书

【原文】

无。

【按语】

"擦"是形声字。隶变以后楷书写成"擦",从手,察声。

"擦"的原义是摩擦。例如"摩拳擦掌"。延伸指揩拭。例如"擦桌子""擦脸"。也引伸指涂抹。例如"涂脂擦粉"。进而延伸指挨近。例如"天擦黑""擦边"。也引伸指把瓜果等放在礤床上刨成细丝。例如"擦萝卜"。

捍

小篆　　楷书

【原文】

无。

【按语】

"捍"是形声兼会意字。小篆从手,干声,干兼表防卫之意。隶变以后楷书写成"捍",从手,旱声。

"捍"的原义是保卫、护卫。《左传·成公十二年》:"此公侯之所以捍城其民也。"延伸指抵御、抵挡。例如《列子·杨朱》:"人者,爪牙不足以供守卫,肌肤不足以自捍御。"

护

護　護　护

【原文】

護，救视也。从言，蒦声。

【译文】

護，救护；监视。从言，蒦声。

【按语】

"护"是形声字。小篆从言，蒦声，表示用言语监督。隶变以后楷书写成"護"。汉字简化之后写成"护"。

"护"的原义是保护。例如《史记·李将军列传》："有白马将出护其兵，李广上马与十余骑奔射杀胡白马将。"延伸指尽力照顾，使不受损害或者伤害。例如"看护""掩护"。保护程度加深，即是偏袒、包庇。如曹丕《与吴质书》："观古今文人，类不护细行。"

援

援　援

【原文】

援，引也。从手，爰声。

【译文】

援，拉引。从手，爰声。

【按语】

"援"是会意兼形声字。小篆从手从爰会意，爰兼表声。隶变以后楷书写成"援"。

"援"的原义是拉引、牵引。例如《礼记·缁衣》："不援其所不及，不烦其所不知。"延伸指攀援。如李白《蜀道难》："黄鹤之飞尚不得，猿猱欲度愁攀援。"

"援"也引伸指举荐、提拔。如苏轼《答曾舍人启》："今乃援而进之，论者惜其晚矣。"也引伸指帮助。例如"一方有难，八方支援"。也指引用。例如"援古证今""有例可援"。

捆

捆 捆

小篆　楷书

【原文】

无。

【按语】

"捆"是形声字。小篆从手，困声。隶变以后楷书写成"捆"。

"捆"的原义是叩击使牢固。古代织履时，要用力叩击，使其细密而结实，故称之为捆。如《孟子·滕文公上》："其徒数十人，皆衣褐，捆屦、织席以为食。"延伸成用绳子、链子或者带子系、拴紧。例如《红楼梦》第七回："贾蓉忍不得便骂了几句，叫人捆起来。"

"捆"用作量词，表示捆扎在一起的东西，以便携带和搬运。例如"一捆柴禾"。

捐

捐 捐

小篆　楷书

【原文】

捐,弃也。从手,肙声。

【译文】

捐,舍弃。从手,肙声。

【按语】

"捐"是形声字。小篆从手,肙声。隶变楷书后写成"捐"。

"捐"的原义是舍弃。例如《后汉书·列女传》:"羊子大惭,捐金于野。"

由舍弃之意延伸成拿出财物。例如"捐纳""捐款"。还延伸成除去、废除。例如"捐甲",指脱去铠甲;"捐书",指废书不读。

"捐"还是旧时一种税收的名称。例如"苛捐杂税"。

捞

小篆　楷书（繁体）　楷书

【原文】

无。

【按语】

"捞"是形声字。楷书繁体写成"撈",从手,劳声。汉字简化之后写成"捞"。

"捞"的原义是从水中取物。例如"大海捞针""水底捞月"。

"捞"延伸指获取、夺取(多含贬义)。例如"捞油水""捞外快"。

捕

小篆　楷书

【原文】

捕,取也。从手,甫声。

【译文】

捕,捉取。从手,甫声。

【按语】

"捕"是形声字。小篆从手,甫声。隶变以后楷书写成"捕"。

"捕"的原义是捕捉、捉拿。如陶渊明《桃花源记》:"晋太元中,武陵人捕鱼为业。"

旧时衙门里负责缉捕的差役称为"捕快"。

批

小篆　楷书

【原文】

批,反手击也。从手,比声。

【译文】

批,反手击打。从手,比声。

【按语】

"批"是形声字。小篆从手,毘声。隶变以后楷书写成"批",改为比声。

"批"的原义是反手打。例如"批颊"。延伸成评判、分析、披露。例如《红楼梦》第三回:"后人有《西江月》二词,批宝玉极恰。"

"批"用作名词,指评语。例如"批注""眉批"。也引伸为批示。例如"审批""批复"。

"批"用作量词,表示众多人或者大批货物。例如"一批游客""大批货物"。

挎

挎

小篆　楷书

【原文】

无。

【按语】

"挎"是形声字。楷书写成"挎",从手,夸声。

"挎"的原义是用手指勾着。现在延伸成胳膊弯起来挂住东西。例如"挎着篮子"。

"挎"延伸指把东西挂在肩头、颈中或者腰间。例如"战士们挎着水壶""挎包"。

捎

捎 捎

小篆　楷书

【原文】

捎,自关以西,凡取物之上者为挢捎。从手,肖声。

【译文】

捎,从关往西,凡是选取物品中上等的,就叫挢捎。从手,肖声。

【按语】

"捎"是形声字。小篆从手,肖声。隶变以后楷书写成"捎"。

"捎"读作 shào,原义是割取物的上梢。例如"用镰刀捎草"。

"捎"延伸成后退。例如"往后捎"。还延伸成窥伺、瞻顾。如:"眼睛向后捎着点。"

"捎"读作 shāo,指捎带、顺带。例如"捎个话""捎带着"。也引伸为掠拂。如张耒《春阴》:"风捎檐滴难开幌。"

捷

捷 捷

小篆 楷书

【原文】

捷，猎也。军获得也。从手，疌声。《春秋传》曰：'齐人来献戎捷。'

【译文】

捷，似追逐禽兽一样而捕得；在军事行动中获得。从手，疌声。例如《春秋左氏传》说："齐国人来进献攻打山戎的战利品。"

【按语】

"捷"是会意兼形声字。小篆从手从疌（动作快）会意，疌兼表声。隶变以后楷书写成"捷"。

"捷"的原义是战利品。例如《春秋·庄公三十一年》："六月，齐侯来献戎捷。"也指胜利。例如《诗经·小雅·采薇》："岂敢定居，一月三捷。"

"捷"也引伸指敏捷、迅速。例如《诗经·大雅·烝民》："征夫捷捷，每怀靡及。"

撩

撩 撩

小篆 楷书

【原文】

撩，理也。从手，尞声。

【译文】

撩，料理。从手，尞声。

【按语】

"撩"是形声字。小篆从手，尞声。隶变楷书后写成"撩"。

"撩"的原义是料理、处理、整理,读作 liáo。此义古时多作"料"。例如"撩虎须"。引申指挑、逗、招引。例如《北齐书·陆法和传》:"凡人取果,宜待熟时,不撩自落。"

"撩"读作 liāo,指提起、掀起。例如"撩衣"。又指用手舀水泼洒出去。例如"撩水洗手"。

"撩"读作 liào,指扔、撂。例如"撩开手""撩荒"。

"撩"同"撂",意思是放倒、摔倒。例如"一枪撩倒一个"。

捏

捏 捏
小篆　楷书

【原文】

无。

【按语】

"捏"是形声字。楷书写成"捏",从手,呈声。

"捏"的原义是用手按,或者用拇指与别的指头夹住。例如"捏笔""捏了一下"。特指按摩的一种手法。例如"捏肩""捏脚"。

"捏"也引伸为握。如郑德辉《驹梅香》:"俺捏住这玉佩慢慢的行将去。"

"捏"延伸成用手指把软的东西捻成一定的形状。例如"捏泥人""捏娃娃"。也引伸为假造、虚构。例如"捏造事实"。

抢

搶 搶 抢
小篆　楷书(繁体)　楷书

【原文】

无。

【按语】

"抢"是形声字。楷书繁体写成"搶",从手,倉声。汉字简化之后写成"抢"。

"抢"的原义是迅速地撞碰,读作 qiǎng。延伸成抢夺、争抢。例如"抢东西""抢亲"。要想抢到东西,动作就要快,故也引伸为争先。例如"抢着办""抢先一步"。也引伸为赶紧。例如"抢收""抢险"。

"抢"读作 qiāng,意为撞碰。成语"哭天抢地",就是嘴里喊着天,头撞着地,大声哭叫。

抗

艽 抗

小篆　楷书

【原文】

抗,扞也。从手,亢声。

【译文】

抗,捍御。从手,亢声。

【按语】

"抗"是形声字。小篆从手,亢声。隶变楷书后写成"抗"。

"抗"的原义是抵抗、捍卫、抵御。例如"抗震""抗灾"。延伸成抗拒、拒绝。如文天祥《指南录后序》:"抗辞慷慨。"

"抗"延伸成匹敌、抗衡、对等。如成语"分庭抗礼"。敢于同强大的势力抗衡,也引伸出刚正不阿、高尚的意思。如邹阳《狱中上梁王书》:"辞虽不逊,然其比物连类,有足悲者,亦可谓抗直不挠矣。"

抖

抖

小篆　楷书

【原文】

无。

【按语】

"抖"是形声字。小篆从手,斗声。隶变以后楷书写成"抖"。

"抖"的原义是振动、甩开。例如"抖动的翅膀"。延伸成发抖、颤动、哆嗦。例如"吓得浑身乱抖""发抖"。

人在打颤之后,精神会出现短暂的振奋,故延伸指振作。如龚自珍《己亥杂诗》:"我劝天公重抖擞,不拘一格降人才。"

"抖"也引伸为揭露。例如"抖漏""抖风"。

抑

甲骨文　　金文　　小篆　　楷书

【原文】

抑,按也。从反印。抑,俗从手。

【译文】

抑,按压。由"印"字反过来会意。抑,俗字从手。

【按语】

"抑"是会意兼形声字。甲骨文从爪,从卩,会用手按一人使其跪下之意。金文大概相同。小篆从反印;或者另加义符"手",以突出按压之意,印兼表声。如今规范化,以"抑"为正体。

"抑"的原义是按压。如曹植《与吴质书》:"思欲抑六龙之首。"延伸成压制、克服、约束。例如《晋书·桓伊传》:"安恶其为人,每抑制之。"

"抑"还表示贬斥、贬损。例如《汉书·董仲舒传》:"推明孔氏,罢黜百家。"

"抑"作选择性连词,指抑或者、还是。例如《大戴礼记·五帝德》:"请问黄帝者,人邪？抑非人邪？"

"抑"作转折连词,指然而。如诸葛亮《草庐对》:"非惟天时,抑亦人谋也。"

投

甲骨文　　小篆　　楷书

【原文】

投,擿也。从手,从殳。

【译文】

投,投掷。由手、由殳会意。

【按语】

"投"是形声兼会意字。甲骨文从殳,豆声。小篆整齐化;或者从手从殳(手持器械)会意。如今规范化,以"投"为正体。

"投"的原义是扔、掷。例如《诗经·小雅·巷伯》:"取彼谮人,投畀豺虎。"

"投"延伸成递、寄出去。例如"投递""投稿"。也引伸为投靠、投宿。例如《南史·王懿传》:"有远来相投者,莫不竭力营赡。"还表示双方相合、迎合。例如"情投意合""投其所好"。

"投"还表示方位、方向,等同于"朝""向"。例如"他一路投北京去了。"

折

甲骨文　　金文　　小篆　　楷书

【原文】

折,断也。从斤断草,谭长说。

【译文】

折,断。(字形结构是)用斧斤砍断草,这是谭长的说法。

【按语】

"折"是会意字。甲骨文从斤(斧),从(断)木,会用斤砍断树木之意。金文变为断草。小篆继承金文,并整齐化。由于断草上下叠放之形与小篆 ৺(手)形近,故讹为手。隶变以后楷书写成"折"。

"折"的原义是折断,读作 zhé。延伸成减损、损失。成语"损兵折将"。

"折"还表示挫败、阻止。如成语"百折不挠",意思是不管受多少挫折全部不退缩,形容意志坚强。

"折"又可延伸成死亡。例如"夭折"。也可以表示服、使心服。例如"令人心折"。还延伸成曲或者弯。如李白《梦游天姥吟留别》:"安能摧眉折腰事权贵,使我不得开心颜。"

"折"还念 shé,指断。例如"这个锹把折了"。

摸

擜　　摸

小篆　　楷书

【原文】

无。

【按语】

"摸"是形声字。楷书写成"摸",从手,莫声。

"摸"的原义是用手轻触、抚摩。例如《后汉书·蔡邕传》:"(蔡)邕读曹娥碑,能手摸其文读之。"延伸指暗中用手探取、抓取。如方苞《左忠毅公逸事》:"因摸地上刑械作投击势,史噤不敢发声。"

"摸"也引伸指在暗中摸索行进。例如"摸哨""摸黑儿"。也引伸指探寻、揣测、试探。例如"摸底""约摸"。

揭

揭 揭

小篆　　楷书

【原文】

揭,高举也。从手,曷声。

【译文】

揭,高举。从手,曷声。

【按语】

"揭"是形声字。小篆从手,曷声。隶变楷书后写成"揭"。

"揭"的原义是高举。如贾谊《过秦论》:"斩木为兵,揭竿为旗。"延伸指掀开、撩开、分开。例如"揭开帘子"。

揭开则会显露,故也引伸指使显露,公布。例如"揭老底""揭晓"。

插

插 插

小篆　　楷书

【原文】

插,刺肉也。从手,从臿。

【译文】

插,刺入。从手,臿声。

国学经典文库

说文解字

《说文解字》原文释义

图文珍藏版

【按语】

"插"是会意兼形字。小篆从手,从臿(用杵捣臼),会春去麦皮之意。臿兼表声。隶变以后楷书写成"插"。

"插"的原义是刺入,挤放进去。如白居易《琵琶行》:"沉吟放拨插弦中。"

"插"延伸指把秧苗、枝条移栽到田地中去。例如"有心栽花花不发,无心插柳柳成荫"。

"插"又泛指加进,参与到……中间。如高明《琵琶记·报告戏情》:"休论插科打诨,也不寻宫数调,只看子孝与妻贤。"

撑

崿　撑

小篆　楷书

【原文】

无。

【按语】

"撑"是会意字。小篆从手,从掌,会用手支撑之意。

"撑"的原义是支撑、支住。如李白《扶风豪士歌》:"白骨相撑如乱麻。"延伸指用篙抵住岸或者河床使船前进。如成语"宰相肚里好撑船"。

"撑"也引伸指支持或者维持。例如"撑门面""撑腰"。也延伸指使张开。例如"撑伞"。

"撑"还延伸指饱胀到容不下的程度。如俗语"吃饱了撑的",形容人没有把多余的精力用到正地方,或者者用到了不该用的地方。

揪

揪

小篆　楷书

【原文】

揪，束也。从手，秋声。

【译文】

揪，扎束。从手，秋声。

【按语】

"揪"是形声字。小篆从手，秋声。隶变以后楷书写成"揪"。

"揪"的原义是收聚、扎束。例如"两揪小辫子"。扎束时需要用手抓住，故延伸指用手紧紧抓住。如王安石《秋风》："揪敛一何饕，天机亦自劳。"

撤

小篆　　　楷书

【原文】

无。

【按语】

"撤"为会意兼形声字。小篆从手，从敖，会撤下食具之意，敖兼表声。隶变以后楷书写成"撤"。

"撤"的原义是撤去、去掉宴后的余席。例如《论语·乡党》："不撤姜食，不多食。"泛指除去、消除。如林嗣环《口技》："撤屏视之，一人、一桌、一椅、一扇、一抚尺而已。"

"撤"也引伸指退回、收回。如邵长蘅《青门剩稿·阎典史传》："斩四门首事各一人，即撤围。"也引伸指减轻、减退。例如"撤分量""撤火"。

操

操　操

小篆　楷书

【原文】

操,把持也。从手,喿声。

【译文】

操,握持。从手,喿声。

【按语】

“操”是形声字。小篆从手,喿声。隶变以后楷书写成“操”。

“操”的原义是拿着、握持。例如“同室操戈”,意思是自家人动刀枪。泛指内部斗争。由操持延伸指掌握。例如《韩非子·定法》:“操杀生之柄,课群臣之能者也。”

“操”用于抽象意义,指品行、气节。例如《淮南子·主术训》:“穷不易操,通不肆志。”

“操”延伸指运用、驾驭。例如《庄子·达生》:“津人操舟若神。”也引伸指从事。《汉书·五行地志中之下》:“匹马觭轮无的反者,操之急矣。”成语“操之过急”即出于此。

挺

挺　挺

小篆　楷书

【原文】

挺,拔也。从手,廷声。

【译文】

挺,引拔出来。从手,廷声。

【按语】

"挺"是形声字。小篆从手从廷会意,廷兼表声。

"挺"的原义是拔出。例如《战国策·魏策四》:"(唐雎)挺剑而起,秦王色挠。"延伸指笔直、突出。例如"笔挺""挺拔"。

"挺"也引伸指伸直、撑直。例如《荀子·劝学》:"虽有槁暴,不复挺者,輮使之然也。"也引伸指支撑、支持。例如"挺得住""挺过去"。

"挺"作副词,多用在口语中,表示很、非常、等同。例如"今天挺冷""天气挺好"。

扒

扒　扒
小篆　楷书

【原文】

无。

【按语】

"扒"是会意兼形声字。楷书写成"扒",从手从八会意,八兼表声。

"扒"的原义是拔掉,读作 bā。此义今已不用。延伸指刨、挖。例如"扒坑""扒土"。也引伸指抓住、把着。例如"扒墙头"。进而延伸指强行拆除、剥掉。例如"扒房子"。

"扒"又读作 pá,指用手或者用工具把东西聚拢或者散开。例如"吃里扒外"。特指从别人身上摸窃财物。例如"扒手",泛称一般偷东西的人。又指煨烂或者用微火炖。例如"扒羊肉""扒鸡"。

把

把　把
小篆　楷书

【原文】

把，握也。从手，巴声。

【译文】

把，握持。从手，巴声。

"把"是会意兼形声字。小篆从手，从巴（蛇），会似蛇缠绕一样握持之意，巴兼表声。隶变后楷书写成"把"。

"把"的原义是握持、执。如范仲淹《岳阳楼记》："把酒临风，其喜洋洋者矣。"

"把"延伸指控制、把守、看守。例如《晏子春秋·谏下》："然则后世孰将把齐国？"

"把"作量词，用于有柄的器具。例如"一把椅子"。也指一手抓起的数量。例如"一把米"。也指一握或者一小捆。例如"一把菜""一把柴"。

打

打

小篆　楷书

【原文】

达，击也。从手，丁声。

【译文】

达，击打。从手，丁声。

【按语】

"打"是会意兼形声字。小篆从手，从丁（钉子），用敲击钉子会敲打、撞击之意，丁兼表声。

"打"的原义是敲击、撞击，读作 dǎ。如辛弃疾《永遇乐·京口北固亭怀古》："舞榭歌台，风流总被雨打风吹去。"又表示攻打、进攻、殴打。例如《水浒传》中的"三打祝家庄"。

"打"作动词,表示有具体意义的动作。例如"打酒""打交道""打官腔"。

"打"作介词,用于处所、时间,表示经由、从。例如"打东往西""打明儿起"。

"打"用作量词,表示十二个,又读作 dá。例如"一打毛巾"。

扩

擴　擴　扩

小篆　楷书(繁体)　楷书

【原文】

无。

【按语】

"扩"是会意兼形声字。楷书繁体写成"擴",从手,从廣(宽大),会张大之意。廣兼表声。汉字简化之后写成"扩"。

"扩"的原义是张大、增大。例如《孟子·公孙丑上》:"凡有四端于我者,知皆扩而充之矣。"延伸指广阔。例如《论衡·感虚》:"王者何修身正行,扩施善政?"

技

技　技

小篆　楷书

【原文】

技,巧也。从手,支声。

【译文】

技,技巧。从手,支声。

【按语】

"技"是形声字。小篆从手,支声。隶变以后楷书写成"技"。

"技"的原义是技巧、技能。如成语"黔驴技穷",引喻有限的一点本领已经用完了。讽刺一些虚有其表、外强中干的人。延伸指歌舞,也指以歌舞为业的艺人。

例如《新唐书·元载传》:"名姝异技,虽禁中不逮。"也引伸指工匠或者有才艺的人。例如《荀子·富国》:"故百技所成,所以养一人也。"

抱

小篆　楷书

【原文】

捊,引取也。从手,孚声。抱,捊或者,从包。

【译文】

捊,引物相聚。从手,孚声。抱,捊的或者体,从包声。

【按语】

"抱"是会意兼形声字。小篆从手,从包,会以手包聚之意,包兼表声。

"抱"的原义是用手臂围住、包持。如白居易《琵琶行》:"千呼万唤始出来,犹抱琵琶半遮面。"延伸指捧着。例如《韩非子·和氏》:"和乃抱其璞而哭于楚山之下。"

由围住延伸指环绕。如杜甫《江村》:"清江一曲抱村流。"也引伸指两臂合围丈量。例如《老子》第六十四章:"合抱之木,生于毫末。"又指领养孩子。例如"抱养""抱领"等。

抵

小篆　楷书

【原文】

抵,挤也。从手,氐声。

【译文】

抵,因排挤(而相抗拒)。从手,氐声。

【按语】

"抵"是形声字。小篆从手,氏声。隶变以后楷书写成"抵"。

"抵"的原义是推、挤。例如《后汉书·桓谭传》:"而喜非毁俗儒,由是多见排抵。"延伸指抵偿、顶替。如杜甫《春望》:"烽火连三月,家书抵万金。"也引伸指抗拒、抵挡。如"抵制""抵挡"。又表示到达、至。例如"抵达""抵京"。

拥

拥 擁 雝

小篆　　楷书〔繁体〕　　楷书

【原文】

无。

【按语】

"拥"是会意兼形声字。小篆从手从雍会意,雍兼表声。隶变以后楷书写成"擁"。汉字简化后写成"拥"。

"拥"的原义是抱。例如"拥柱而歌"。延伸成环抱、围着、簇拥。如董解元《西厢记诸宫调》:"回首孤城,依约青山拥。"

由众人聚集在某一人身边延伸成拥戴、保护。例如"拥立""拥政爱民"。

抹

抹 抹

小篆　　楷书

【原文】

无。

【按语】

"抹"是形声字。楷书写成"抹",从手(扌),末声。

"抹"读作 mǒ 时,原义是勾销。例如"抹杀""抹脖子"。延伸成擦去。例如

"抹眼泪"。也引伸为敷上、涂抹。如杜甫《北征》:"学母无不为,晓妆随手抹。"

"抹"读作 mò 时,延伸成把和(huó)好的泥或者灰涂上后弄平。例如"抹墙""抹灰"。延伸成轻按,是弹奏弦乐器的一种指法。如白居易《琵琶行》:"轻拢慢捻抹复挑。"也引伸为紧贴、紧束。例如"抹额""抹胸"。延伸成紧挨着绕过。例如"转弯抹角"。

"抹"读作 mā 时,表示擦拭。例如"抹桌子"。延伸指手按着移动,捋。例如"把袖子抹上去"。

拢

小篆　　楷书(繁体)　楷书

【原文】

无。

【按语】

"拢"是形声字。小篆从手,龍声。隶变以后楷书写成"攏"。汉字简化之后写成"拢"。

"拢"的原义是聚集、收束。如郭璞《江赋》:"拢万川乎巴梁。"延伸成梳理、整理。如《红楼梦》第三十八回:"(湘云)便在石蹬上重新匀了脸,拢了鬓。"

"拢"延伸成傍靠、接近。例如"拢岸""拢边"。也引伸为总计、合计。例如"拢一拢帐"。

"拢"又指弹奏弦乐器的一种指法,用指在弦上上下按捺。如白居易《琵琶行》:"轻拢慢捻抹复挑。"

押

押 牌
小篆　楷书

【原文】

无。

【按语】

"押"是形声字。小篆从手,甲声。隶变以后楷书写成"押"。

"押"的原义是在公文或者契约上签字或者画符号作为凭信。例如"押一纸公文"。延伸成约束、拘禁。例如"押解""看押"。延伸成保护监督。例如"押车""押运"。也引伸为抵押、典当。例如《红楼梦》第七十二回:"暂且押四百两银子。"同"压",指诗赋叶(xié)韵。例如"押韵"。

抽

抽 榴 抽
小篆　楷书(繁体)　楷书

【原文】

榴,引也。从手,留声。抽,榴或者从由。

【译文】

榴,引出。从手,留声。抽,榴的或者体,从由。

【按语】

"抽"是形声字。小篆从手,由声;或者从手,留声,写成"榴"。如今规范化,以"抽"为正体。

"抽"的原义是引、引出。例如"抽茧""抽搐"。延伸成长出。例如"抽条""抽穗"。也引伸为拔出,把夹在中间的东西取出。例如"抽刀断水水更流"。

"抽"也引伸为从全部里取出一部分,拔除,挑选。例如"抽空儿""抽身"。也引伸为吸。例如"抽水""抽烟"。也引伸为用长条的东西打。例如"鞭子一抽,牲口就走快了"。

拖

拖
小篆　楷书

【原文】

无。

【按语】

"拖"是会意兼形声字。小篆从手,从它(蛇)会意,它表声。隶变以后楷书写成"拖"。

"拖"的原义是曳引。例如《汉书·南越传》:"拖舟而入水。"延伸成不及时做。例如"拖延"。还延伸成沉重或者困难地负担着。例如"拖了一身债"。

拍

拍
小篆　楷书

【原文】

无。

【按语】

"拍"是形声字。楷书写成"拍",从手,白声。

"拍"的原义是用手拍打。例如"拍案叫绝""拍案而起"。

有节奏地拍手,听起来便有了韵律感,故而延伸成音乐的节拍。如成语"一拍即合",指一打拍子就合于乐曲的节奏。引喻一下子就能互相吻合。其中的"拍",意思是按照乐曲打节拍,即打拍子。

持

半 犢 持
金文　小篆　楷书

【原文】

持，握也。从手，寺声。

【译文】

持，握住。从手，寺声。

【按语】

"持"是会意兼形声字。金文写成"寺"，表示操持。小篆另加义符"手"，从手从寺会意，寺兼表声。隶变以后楷书写成"持"。

"持"的原义是握着、拿着。例如《战国策·燕策》："起，取武阳所持图。"延伸成支持、保持。例如《后汉书·列女传》："持久者知止足也。"也引伸指掌握、控制、料理。例如《韩非子·五蠹》："夫仁义辩智，非所以持国也。"也引伸指扶助、支持。例如《论语·季氏》："危而不持，颠而不扶，则将焉用彼相矣？"

由各持一端延伸指对立、对抗。例如《资治通鉴》："今寇众我寡，难与持久。"

拘

拘 拘
小篆　楷书

【原文】

拘，止也。从句，从手，句亦声。

国学经典文库

说文解字

《说文解字》原文释义

图文珍藏版

【译文】

拘，用手制止。由句、手会意，句也表声。

【按语】

"拘"是会意兼形声字。小篆从句，从手，会制止之意，句兼表声。隶变以后楷书写成"拘"。

"拘"的原义是制止。延伸成扣押、使不自由。例如《周易》："盖文王拘而演周易。"

"拘"也引伸指束缚、限制。例如《庄子·秋水》："井蛙不可以语于海者，拘于虚也。"

一旦被束缚住了，就很难变通，故延伸指拘守、拘泥于。如成语"不拘一格"。

拉

拉

小篆　　楷书

【原文】

拉，摧也。从手，立声。

【译文】

拉，摧折。从手，立声。

【按语】

"拉"是会意兼形声字。小篆从手，从立，用将人扳倒会摧折之意，立兼表声。隶变以后楷书写成"拉"。

"拉"的原义是用手摧折，读作 lā。如成语"摧枯拉朽"。延伸成牵、引、扯、拽。如刘禹锡《花下醉中联句》："谁能拉花住，争换得春回。"

"拉"延伸成用车运。例如"拉车"。还延伸成使延长。例如"拉长距离"。也引伸为拉拢、联络。如"拉交情"。也引伸为抚养、帮助。例如"把两个孩子拉扯大"。

"拉"还读作 lá，指割开、划破。例如"把这块皮子拉开"。

"拉"又读作 là，指物件、地域被分割开或者划分开的部分，等同于块、边。例如"这半拉是炼钢厂"。

拦

攔 攔 拦

小篆　楷书（繁体）　楷书

【原文】

无。

【按语】

"拦"是形声字。楷书繁体写成"攔"，从才、从手从阑会意，阑兼表声。汉字简化之后写成"拦"。

"拦"的原义是阻挡、遮拦。如杜甫《兵车行》："牵衣顿足拦道哭，哭声直上干云霄。"

"拦"又表示方向，等同于当、对着。例如《红楼梦》第八十一回："倒似背地里有人把我拦头一棍，疼的眼睛前头漆黑。"

挂

挂 挂

小篆　楷书

【原文】

挂，画也。从手，圭声。

【译文】

挂，划分。从手，圭声。

【按语】

"挂"是形声字。小篆从手，圭声。隶变以后楷书写成"挂"。

"挂"的原义是区别、区分。例如《淮南子·氾论训》："伯余之初作衣也，緂麻索缕，手经指挂。"延伸指涂画、涂抹。例如"挂色""挂釉"。延伸指悬挂、下垂。如李白《行路难》:"长风破浪会有时,直挂云帆济沧海。"也引伸指钩住、放置。如杜甫《茅屋为秋风所破歌》:"高者挂罥长林梢。"

"挂"也引伸指牵挂、惦记。如李珣《渔歌子》:"酒盈杯,书满架,名利不将心挂。"也引伸指带。例如"脸上挂笑""挂彩"。用作量词,指穿在绳上的一串东西,尤指穿满的一串。如"一挂鞭炮"。

挡

擋　擋　挡

小篆　楷书(繁体)　楷书

【原文】

无。

【按语】

"挡"是形声字。小篆从手,当声。隶变以后楷书写成"擋"。汉字简化之后写成"挡"。

"挡"的原义是阻拦、抵拦。例如"兵来将挡,水来土掩",引喻不管对方使用什么手段,总有相应的对付方法。延伸指遮蔽。例如"遮风挡雨""挡箭牌"。

"挡"又指用于调节机械运行速度及控制方向的装置,即排挡。例如"挂挡""前进挡"。还指用某些仪器和测量装置表明光、电、热等量的等级。例如"第一挡"。

挨

挨

小篆　楷书

【原文】

挨，击背也。从手，矣声。

【译文】

挨，朝背部推击。从手，矣声。

【按语】

"挨"是形声字。小篆从手，矣声。隶变以后楷书写成"挨"。

"挨"的原义是以手击背，读作 āi。例如《列子·黄帝》："挡扒挨抏，亡所不为。"延伸指接连、靠近。如王安石《和王微之登高斋》之一："卧听寂木鸣相挨。"也引伸指依次、顺次。例如《明实录·洪熙实录》："挨次给假回还原籍，省亲祭祖。"

"挨"又读作 ái，表示遭受、忍受。例如"挨冷受冻""挨批"。

挥

说文解字

橢　揮　挥

小篆　楷书(繁体)　楷书

【原文】

挥，奋也。从手，军声。

【译文】

挥，振洒。从手，军声。

【按语】

"挥"是形声字。小篆从手，军声。隶变以后楷书写成"揮"。汉字简化之后写成"挥"。

"挥"的原义是舞动、摇动。如李白《送友人》："挥手自兹去，萧萧班马鸣。"

"挥"由挥手延伸指驱赶。例如"召之即来，挥之即去"。也引伸指抛洒、甩出。例如《晏子春秋·内篇杂下》："齐之临淄三百间，张袂成阴，挥汗如雨。"

"挥"也引伸指散发。如成语"挥金如土"，意思是把钱财当成泥土一样挥霍。形容极端挥霍浪费。也引伸指弹奏。如嵇康《赠兄秀才入军诗》："目送归鸿，手挥五弦。"又表示指挥、命令。例如"挥师南下"。

《说文解字》原文释义　图文珍藏版

国学经典文库

说文解字

《说文解字》
原文释义

图文珍藏版

600

损

損 損 损

小篆　楷书（繁体）　楷书

【原文】

损,减也。从手,員声。

【译文】

损,减少。从手,員声。

【按语】

"损"是形声字。小篆从手,員声。隶变以后楷书写成"損"。汉字简化之后写成"损"。

"损"的原义是减少。例如《老子》第七十七章:"天之道,损有余而补不足。"延伸指使失去原来的使用效能。例如""破损"。也引伸指损害、使受害。例如《尚书·大禹谟》:"满招损,谦受益。"又表示用刻薄的话来伤害人。例如"损人"。

捡

撿 撿 捡

小篆　楷书（繁体）　楷书

【原文】

撿,拱也。从手,僉声。

【译文】

撿,敛手抱拳。从手,僉声。

【按语】

"捡"是形声字。小篆从手,僉声。隶变以后楷书写成"撿"。汉字简化之后写成"捡"。

"捡"的原义是拱手。

由敛手成拱延伸指约束。如仲长统《昌言》："广大阔荡者,患在无捡。"意思是过分宽大的人,遇事往往不知检点约束,流于怠情简慢、马马虎虎。

拾取物品时必收敛手,故延伸指拾取。如俗语"捡了芝麻,丢了西瓜",引喻因小失大。

换

換 换 换

小篆　楷书(繁体)　楷书

【原文】

换,易也。从手,奂声。

【译文】

换,更易。从手,奂声。

【按语】

"换"是形声字。小篆从手,奂声。隶变以后楷书写成"换"。汉字简化之后写成"换"。

"换"的原义是互易、对调。例如《晋书·阮孚传》："尝以金貂换酒,复为所司弹劾,帝宥之。"成语"金貂换酒"即出自于此,形容不拘礼法,恣情纵酒。

"换"延伸指变更、改变。如王勃《滕王阁诗》："闲云潭影日悠悠,物换星移几度秋。"成语"物换星移"出自于此,意思是景物改变了,星辰的位置也移动了,引喻时间的变化。

说文解字

《说文解字》原文释义

图文珍藏版

据

據 据
小篆　楷书（繁体）　楷书

【原文】

據，杖持也。从手，居声。

【译文】

據，用手杖扶持。从手，居声。

【按语】

"据"是形声字。小篆从手，居声。隶变以后楷书写成"据"。汉字简化之后，又做了"據"（从手，豦声）的简化字。

"据"的原义是手蜷曲不能直伸，读作 jū。例如《诗经·豳风·鸱鸮》："予手拮据，予所捋荼。"延伸指经济困难，周转不灵。例如"经济拮据"。

用作"據"的简化字时，表示依仗、依靠，读作 jù。例如《诗经·邶风·柏舟》："亦有兄弟，不可以据。"进而延伸指根据、援引、凭借。例如"据理力争"。

"据"也引伸指占据、占有。例如《三国志·蜀书·诸葛亮传》："孙权据有江东，已历三世。"又延伸指可以用作证明的事物、凭证。例如《三国志·吴书·张昭传》："经有明据，传有徵案。"

授

授
小篆　楷书

【原文】

授，予也。从手从受，受亦声。

【译文】

授，给予。由手、由受会意，受也表声。

【按语】

"授"是会意兼形声字。小篆从手从受会意,受兼表声。

"授"的原义是给予、交付,与"受"相对。例如《诗经·豳风·七月》:"七月流火,九月授衣。"延伸指任命、委任。如屈原《离骚》:"举贤而授能兮,循绳墨而不颇。"意思是选用贤德之人,任用有才能的人,遵循规则而不偏颇。

"授"也引伸特指传授知识。如韩愈《师说》:"师者,所以传道授业解惑也。"

挣

小篆　　楷书（繁体）　　楷书

【原文】

无。

【按语】

"挣"是形声字。小篆从手,争声。隶变以后楷书写成"掙"。汉字简化之后写成"挣"。

"挣"的原义是用力支撑或者坚持,读作 zhēng。例如"垂死挣扎"。

"挣"读作 zhèng,延伸指用力摆脱束缚。例如"挣开绳索""挣断锁链"。也引伸指用力获取、换取。例如"挣钱""挣口饭吃"。

搞

小篆　　楷书

【原文】

敲,横击也。从支,高声。

【译文】

敲,(用小棍从旁边)横击。从支,高声。

【按语】

"搞"是形声字。小篆从攴,高声。"搞"是后起的异体字,从手,高声。尔后二者的意义出现分化。

"搞"的原义是用小棍从旁边横击,是"敲"的异体字。延伸指一种短杖式的刑具。如贾谊《过秦论》:"执敲扑而鞭笞天下,威震四海。"如今成为普通话用词。例如"搞生产""搞实验"。

摄

攝　攝　摄

小篆　楷书(繁体)　楷书

【原文】

攝,引持也。从手,聶声。

【译文】

攝,提引而持。从手,聶声。

【按语】

"摄"是形声字。小篆从手,聶声。隶变以后楷书写成"攝"。汉字简化之后写成"摄"。

"摄"的原义是牵引,提起。例如《史记·高祖本纪》:"于是沛公起,摄衣谢之。"延伸指执、持。如司马相例如《喻巴蜀檄》:"夫边郡之士,闻烽举燧燔,皆摄弓而驰。"李善注:"摄,谓张弓注矢而持之。"

"摄"也引伸指收拢、收聚。例如《洛阳伽蓝记·崇真寺》:"沙门之体,必须摄心守道,志在禅诵。"也引伸指代理、兼理。例如《礼记·文王世子》:"昔者周公摄政,践阼而治。"

"摄"也引伸指整理、整饬。例如《史记·魏公子列传》:"侯生摄敝衣冠,直上载公子上坐。"又延伸指保养。如白居易《病中作》:"久为劳生事,不学摄生道。"

摇

摇 摇 摇

小篆　楷书（繁体）　楷书

【原文】

摇，动也。从手，䍃声。

【译文】

摇，摆动。从手，䍃声。

【按语】

"摇"是形声字。小篆从手，䍃声。隶变以后楷书写成"摇"。汉字简化之后写成"摇"。

"摇"的原义是摇动、来回摆动。例如《古诗十九首》之十一："四顾何茫茫，东风摇百草。"延伸指动摇。例如《新唐书·狄仁杰传》："本根一摇，忧患非浅。"

"摇"也引伸指往上升。《庄子·逍遥游》："鹏之徙于南冥，水击三千里，抟扶摇而上者九万里。"

摊

摊 摊 摊

小篆　楷书（繁体）　楷书

【原文】

摊，开也。从手，難声。

【译文】

摊，铺开。从手，難声。

【按语】

"摊"是形声字。小篆从手，難声。隶变以后楷书写成"攤"。汉字简化之后写成"摊"。

国学经典文库

说文解字

《说文解字》原文释义

图文珍藏版

"摊"的原义是铺开、展开。如杜甫《又示宗武》:"觅句心知律,摊书解满床。"延伸指把糊状物倒在锅里做成薄片。例如"摊鸡蛋""摊煎饼"。也引伸指分担、分摊。如白居易《客》:"削使科条简,摊令赋役均。"也引伸指摆在地上或者用席、板摆设在路旁、广场空地的售货处。例如"摆摊儿"。也引伸指遇到、碰上。例如"摊上这种事"。

"摊"作量词,用于摊开的东西。例如"一摊子事""一摊子麻烦"。

摘

小篆   楷书

【原文】

摘,拓果树实也。从手,啻声。一曰:指近之也。

【译文】

摘,采摘果树的果实。从手,啻声。另一义说:摘是指摘的意思。

【按语】

"摘"是形声字。小篆从手,啻声。隶变以后楷书写成"摘"。

"摘"的原义是摘取果树的果实。例如《新唐书·承天皇帝传》:"一摘使瓜好,再摘令瓜稀,三摘犹尚可,四摘抱蔓归。"泛指摘取、摘下。如李白《夜宿山寺》:"危楼高百尺,手可摘星辰。"

"摘"也引伸指选取、摘录。如李贺《南国》:"寻章摘句老雕虫,晓月当帘挂玉弓。"

招

小篆   楷书

【原文】

招,手呼也。从手、召。

【译文】

招,用手呼叫人。由手、召会意。

【按语】

"招"是会意兼形声字。小篆从手,从召,会打手势叫人来之意,召兼表声。

"招"的原义是打手势叫人来。例如《荀子·劝学》:"登高而招,臂非加长也,而见者远。"延伸成使人前来。例如"招贤纳士"。也引伸为招致、引来。例如《尚书·大禹谟》:"满招损,谦受益。"

"招"又特指引起人的爱憎反应,逗引。如:"这人真招人嫌!"也引伸为使归附。例如"招安"。也引伸为供认罪行。例如"屈打成招""招供"。也引伸为策略。例如"绝招""妙招""花招"。

抬

招　　擡　　抬

小篆　　楷书（繁体）　　楷书

【原文】

无。

【按语】

"抬"是后起字,为是形声字。楷书写成"抬",从手,台声。现在用作"擡"的简化字。

"抬"的原义是举起。例如"不识抬举""抬头不见低头见"。延伸成合力扛举。例如"抬轿子"。在方言中,表示争辩。例如"他俩见面就抬杠"。

"抬"用作量词,表示两个人合力抬物,一杠为一抬。例如"金银财宝共是几十抬"。

披

披

<small>小篆　　楷书</small>

【原文】

披，从旁持曰披。从手，皮声。

【译文】

披，灵柩两旁持握的帛叫"披"。从手，皮声。

【按语】

"披"是会意兼形声字。小篆从手，从皮，（剥取兽皮），会用手分开之意，皮兼表声。隶变楷书后写成"披"。

"披"的原义指分开、打开。例如"披沙拣金""披荆斩棘"。延伸成裂开。例如"所向披靡"。由东西被劈裂分开而显出内部，延伸出揭露事实的意思。例如"披露"。

"披"也引伸为覆盖或者搭衣于肩，穿着。如李朝威《柳毅传》："披紫衣，执青玉。"

择

择　择　择　择

<small>金文　　小篆　　楷书（繁体）　　楷书</small>

【原文】

擇，柬选也。从手，睪声。

【译文】

择，挑选。从手，睪声。

【按语】

"择"是会意兼形声字。金文从手，从睪（侦察），会选取之意，睪兼表声。隶变

国学经典文库

说文解字

《说文解字》原文释义

图文珍藏版

以后楷书写作"擇"。汉字简化之后写成"择"。

"择"的原义是挑选,读作 zé。如苏轼《石钟山记》:"于乱石间择其一二叩之。"延伸为挑剔。例如"择嘴",就是指饮食挑剔。

"择"用作名词,延伸表示区别。例如《孟子·梁惠王上》:"王若隐其无罪而就死地,则牛羊何择焉?"

"择"读作 zhái,用于口语,指挑拣。例如"择菜"。

挑

小篆　　楷书

【原文】

挑,挠也。从手,兆声。一曰:撩也。《国语》曰:'却至挑天。'

【译文】

挑,挑拨。从手,兆声。另一义说:挑是拘留而打击的意思。《国语》说:"却至偷天之功(来作为自己的力量)。"

【按语】

"挑"是形声字。小篆从手,兆声。隶变以后楷书写成"挑"。

"挑"的原义是拨动、跳动、挑拨,读作 tiǎo。例如"挑衅""挑拨是非"。延伸成用尖细的东西拨或者刺。也引伸为用杆子把东西支起。例如"挑起帘子"。

"挑"还读作 tiāo,延伸成用肩膀担。如陆游《自题传神》:"担挑双草履,壁依一乌藤。"由此延伸成承担、担当。例如"你要把这副担子挑起来"。也指担子和挂的东西。例如"菜挑子"。也引伸为挑选。例如《红楼梦》第五十八回:"你不嫌不好,挑两块去好了。"也引伸为挑剔。例如《红楼梦》第二十回:"他再不放人一点儿,专会挑人。"

"挑"用作量词,指成挑儿的东西。例如"一挑水""一挑柴火"。

"挑"作形容词,表示修长,多指身材。例如《红楼梦》第二十四回:"只见这人

搂

搒　搂　搂

【原文】

搂,曳、聚也。从手,婁声。

【译文】

搂,拖引;聚集。从手,婁声。

【按语】

"搂"是形声字。小篆从手,婁声。隶变以后楷书写成"搒"。汉字简化之后写成"搂"。

"搂"的原义是牵合、拉拢。例如《孟子·告子下》:"五霸者,搂诸侯以伐诸侯者也。"引申指搂抱,用手或者工具把东西向自己面前聚集。例如"搂草""搂柴火"。

"搂"也引伸指用手拢着提起或者卷起。例如"搂起裤管"。也引伸指赚取、谋取、兜揽。例如"搂生意""搂外快"。也引伸指结算、核算。例如"搂算""搂帐"。

挠

撓　撓　挠

【原文】

撓,扰也。从手,堯声。

【译文】

撓,烦劳。从手,堯声

【按语】

"挠"是形声字。小篆从手，尧声。隶变以后楷书写成"挠"。汉字简化之后写成"挠"。

"挠"的原义是搅动。例如"挠酒""挠搅"。延伸成扰乱。例如"挠乱我同盟"。也引伸为阻挠。如徐珂《清稗类钞》："于是众人竭力挠之。"

"挠"借作"桡"（指曲木），表示弯曲。延伸成屈服、软弱。例如"不屈不挠"。又指搔。例如"抓耳挠腮""挠痒痒"。

搅

攪 搅

小篆　楷书

【原文】

攪，乱也。从手，覺声。例如《诗》曰：'只搅我心。'

【译文】

攪，扰乱。从手，覺声。《诗经》说："恰好扰乱我的心。"

【按语】

"搅"是形声字。小篆从手，覺声。隶变以后楷书写成"攪"。汉字简化之后写成"搅"。

"搅"的原义是扰乱。如成语"胡搅蛮缠"，意思是胡乱搅动，蛮横纠缠，表示不讲道理。延伸指拌合，混在一起，搅拌。例如"翻江搅海"。

"搅"也引伸指胡闹、嬉戏。如冯梦龙《挂枝儿·蚊子》："蚊虫哥，休把巧声儿在我耳边来搅诨。""搅诨"指戏谑。

握

握 握

小篆　楷书

【原文】

握,搤持也。从手,屋声。

【译文】

握,捉扼而持。从手,屋声。

【按语】

"握"是形声字。小篆从手,屋声。隶变以后楷书写成"握"。

"握"的原义是攥在手里,执持。如屈原《离骚》:"何故怀瑾握瑜,而自令见放为?""怀瑾握瑜"指身怀、手握美玉。引喻人具有纯洁高尚的品德。

"握"也指屈指成拳。例如《庄子·庚桑楚》:"终日握而手不掜,共其德也。"手攥住东西,东西就在手中,故也引伸指控制、掌握。例如"胜券在握"。

"握"用作量词,表示一把的容量。例如《诗经·陈风·东门之枌》:"视尔如荍,贻我握椒。"

揉

燥 燥 揉

小篆　楷书(繁体)　楷书

【原文】

燥,屈申木也。从火、柔,柔亦声。

【译文】

燥,用火烘烤使木弯曲。由火、柔会意,柔也表声。

【按语】

"揉"是形声兼会意字。小篆从火,柔声,柔兼表柔曲之意。隶变楷书后写成"燥"和"揉"。如今规范化,以"揉"为正体。

"揉"的原义是用火烘烤使木变得弯曲。例如"矫揉造作"。用火烘烤木条,使其由直变弯为"揉",而使其由弯变直则为"矫",矫和揉全部是改变木条本身,故引喻做作、不自然。

"揉"延伸指用手来回擦或者搓。如王建《照镜》:"暖手揉双目,看图引四肢。"也引伸指安抚、使顺服。例如《诗经·大雅·嵩高》:"揉此万邦,闻于四国。"

括

国学经典文库

说文解字

《说文解字》原文释义

图文珍藏版

小篆　楷书

【原文】

括,絜也。从手,昏声。

【译文】

括,捆乱。从手,昏声。

【按语】

"括"是形声字。小篆从手(扌),舌声。隶变以后楷书写成"括"。

"括"的原义是用绳或者带子扎、束。如马中锡《中山狼传》:"内狼于囊,遂括囊口。"引申为约束。例如《孔丛子》:"以礼括其君,使人于善也。"

"括"也引伸为包束、包容。如贾谊《过秦论》:"有席卷天下,包举宇内,囊括四海之意。"

拴

小篆　楷书

【原文】

无。

【按语】

"拴"是后起字,为形声字。楷书写成"拴",从手,全声。

"拴"的原义是绑住。例如《红楼梦》第一百零四回:"拴了倪二,拉着就走。"延伸成插上门闩。例如《水浒传》第二十七回:"武松把门关上,拴了。"

"拴"用作名词,指门闩。例如《水浒传》第四回:"门子只得捻脚捻手拽了拴,飞也似闪入房里躲了。"

拾

拾 拾

小篆　　楷书

【原文】

拾,掇也。从手,合声。

【译文】

拾,捡取。从手,合声。

【按语】

"拾"是形声字。小篆从手,合声。隶变以后楷书写成"拾"。

"拾"的原义是捡起来,读作 shí。例如《后汉书·列女传》:"廉者不受嗟来之食,况拾遗求利以污其行乎!"延伸成收敛、收集。例如《论衡·别通》:"萧何入秦,收拾文书。"又延伸成收拾、整理。如岳飞《满江红》:"再回头,收拾旧山河,朝天阙。"用作汉字数目"十"的大写。

"拾"读作 shè,作动词,蹑足而上。例如"拾级",指沿着台阶一级一级地登上。

挤

擠 擠 挤

小篆　　楷书(繁体)　　楷书

【原文】

擠,排也。从手,齐声。

【译文】

擠,推排使坠落。从手,齐声。

【按语】

"挤"是形声字。小篆从手,齐声。隶变以后楷书写成"擠"。汉字简化之后写成"挤"。

"挤"的原义是推开、除去。例如《荀子·仲尼》:"抑有功而挤有罪。"延伸成推挤。例如"庙会上人山人海,真是人挤人"。

人多的时候就挤,故延伸成簇聚、拥挤。例如《红楼梦》第四十三回:"乌压压挤了一屋子。"也引伸为挤压、榨取。例如"挤牛奶""挤牙膏"。

挖

小篆　　楷书

【原文】

无。

【按语】

"挖"是会意兼形声字。"挖"本写成"宎",小篆从穴,从乙(植物破土而出),会挖掘之意,乙兼表声。尔后为表意清晰加了义符"扌",写成"挖",从宎会意,宎兼表声。

"挖"的原义是挖掘。例如"挖土""挖井"。延伸成把别人的人弄到自己这边来。例如"挖墙脚"。

挖去这部分,这部分就成了空的,故延伸成镂、镂空。例如《红楼梦》第四十九回:"头上戴着一顶挖云鹅黄片金里大红猩猩毡昭君套。"此处的"挖云",指的是镂穿成云头形的边饰。

挪

挪挪
小篆　楷书

【原文】

无。

【按语】

"挪"是形声字。楷书从手,那声。

"挪"的原义是揉搓。例如"挪绳破篾"。现在常用义为移动。例如"千万望挪一挪。"由物体的移动延伸成金钱上的移用。例如《儒林外史》第五十二回:"他向日挪我的五十两银子,得便叫他算还给我。"

饣 部

饥

饥饑饥
小篆　楷书(繁体)　楷书

【原文】

飢,谷不孰为飢。从食,几声。

【译文】

飢,五谷不熟叫飢。从食,几声。

【按语】

"饥"是个会意兼形声字。小篆从食,从几,会饥饿之意,几兼表声;或者从食,从幾(微少),食物微少,表示荒年,幾兼表声。隶变以后楷书分别作"飢"和"饑",

汉字简化之后写成"饥"。

"饥"的原义是饥饿。如白居易《卖炭翁》:"牛困人饥日已高,市南门外泥中歇。"

"饥"又是"饑"的简体,原义是五谷无收、荒年。例如《孟子·梁惠王下》:"凶年饥岁,君之民,老弱转乎沟壑,壮者散而之四方者,几千人矣。"

饭

小篆　　楷书(繁体)　　楷书

【原文】

飯,食也。从食,反声。

【译文】

飯,煮熟的谷类食物。从食,反声。

【按语】

"饭"是形声字。小篆从食,反声。隶变以后楷书写成"飯"。汉字简化之后写成"饭"。

"饭"的原义是吃饭、进食。如辛弃疾《永遇乐·京口北固亭怀古》:"廉颇老矣,尚能饭否?"延伸指给饭吃。例如《楚辞·九章·惜往日》:"吕望屠于朝歌兮,宁戚歌而饭牛。"

"饭"也引伸为煮熟的谷类食物。如黄庭坚《四休导士诗序》:"粗茶淡饭饱即休,补破遮寒暖即休。"又泛指在一个特定的时间吃进的一份食物。例如"早饭""中饭""晚饭"。

饱

小篆　　楷书(繁体)　　楷书

【原文】

飽，猒也。从食，包声。

【译文】

饱，吃饱。从食，包声。

【按语】

"饱"是形声字。小篆从食，包声。隶变以后楷书写成"飽"。汉字简化之后写成"饱"。

"饱"的原义是吃足。例如《论语·学而》："君子食无求饱，居无求安。"延伸指充足、充分。例如《文心雕龙·事类》："有学饱而才馁，有才富而学贫。"也引伸指满足、装满。如"中饱私囊"。

饴

饴 饴 飴 饴

金文　　小篆　　楷书（繁体）　楷书

【原文】

飴，米糵煎也。从食，台声。

【译文】

飴，米芽煎熬而成的糖浆。从食，台声。

【按语】

"饴"是形声字。小篆从食，台声。隶变以后楷书写成"飴"。汉字简化之后写成"饴"。

"饴"的原义指用米和麦芽熬成的糖浆。例如《诗经·大雅·绵》："周原朊朊，堇荼如饴。"成语"甘之如饴"即出自于此，意思是甜得似吃了麦芽糖浆一样。后也引伸指某种糖果。例如《东观汉记·明德马皇后纪》："吾但当含饴弄孙，不能复知政事。"用作形容词，指甜的。例如"饴盐""饴饵"。

饶

饶 饒 饶

小篆　楷书（繁体）　楷书

【原文】

饒，饱也。从食，堯声。

【译文】

饒，很饱。从食，堯声。

【按语】

"饶"是形声字。小篆从食，堯声。隶变以后楷书写成"饒"。汉字简化之后写成"饶"。

"饶"的原义是饱。例如《淮南子·修务训》："沃地之民多不才者，饶也。"延伸指多、丰足、富厚。如李白《春于姑孰送赵四流炎方序》："白以邹鲁多鸿儒，燕赵饶壮士。"

"饶"也引伸指土地肥沃。如贾谊《过秦论》："不爱珍器重宝肥饶之地，以致天下之士。"又引申指宽恕。如杜甫《立秋后题》："日月不相饶，节序昨夜隔。"

饺

饺 餃 饺

小篆　楷书（繁体）　楷书

【原文】

无。

【按语】

"饺"是后起字，为形声字。楷书繁体写成"餃"，从食，交声。汉字简化之后写成"饺"。

"饺"的原义是饺子,一种有馅的半圆形面食。原是一种年节食品,俗有大年三十吃饺子的习惯。清朝有关史料记载说:"元旦子时,盛馔同离,如食扁食,名角子,取其更岁交子之义。""交"与"饺"谐音,有喜庆团圆和吉祥如意的意思。

馅

馅　饀　馅

小篆　　楷书(繁体)　　楷书

【原文】

无。

【按语】

"馅"是后起字,为形声字。楷书繁体写成"饀",从食,臽声。汉字简化之后写成"馅"。

"馅"的原义是面食、糕点里包的豆沙或者肉、菜等填料。例如"饺子馅儿""肉馅"。

馅大都全部是被包裹在面食里面的,故用来引喻事情的底细、隐秘。常用于"露馅"一词,比喻不肯让人知道而隐瞒的事物暴露出来。

饲

𩚑　飤　飤　飤　饲

甲骨文　金文　小篆　楷书(繁体)　楷书

【原文】

飤,糧也。从人、食。

【译文】

飤,给人吃。由人、食会意。

【按语】

"饲"是会意兼形字。甲骨文从食,从人。金文大概相同。小篆整齐化,线条化。隶变以后楷书写成"飤"。汉字简化之后写成"饲"。

"饲"的原义是拿食物给人吃,喂食。例如"割肉饲虎"。后专指喂养(牲畜)。如杜甫《黄鱼》:"脂膏兼饲犬,长大不容身。"

馆

餾　館　馆

小篆　楷书(繁体)　楷书

【原文】

館,客舍也。从食,官聲。《周礼》:五十里有市,市有馆,馆有积,以待朝聘之客。

【译文】

館,接待宾客的房屋。从食,官声。《周礼》说:每五十里有集市,集市上有馆舍,馆舍里有聚积的粮草,用以招待朝拜、问候的宾客。

【按语】

"馆"是形声字。小篆从食,官声。隶变以后楷书写成"館"。汉字简化之后写成"馆"。

"馆"的原义是接待宾客供应膳食的房屋。例如《左传·襄公三十一年》:"乃筑诸侯之馆。"延伸指华丽的房屋。如龚自珍《病梅馆记》:"辟病梅之馆以贮之。"

"馆"如今泛指各国使节办公的地方。例如"领事馆"。也指各种服务性的店铺。例如"饭馆"。

饿

饿 饿 饿

小篆　　楷书（繁体）　楷书

【原文】

饿，饥也。从食，我声。

【译文】

饿，饥饿。从食，我声。

【按语】

"饿"是形声字。小篆从食，我声。隶变以后楷书写成"餓"。汉字简化之后写成"饿"。

"饿"的原义是严重的饥饿。如李绅《悯农》："四海无闲田，农夫犹饿死。"又表示使饥饿。例如《孟子·告子》"必先苦其心志，劳其筋骨，饿其体肤，空乏其身。"

饼

饼 餅 饼

小篆　　楷书（繁体）　楷书

【原文】

餅，面糍也。从食，并声。

【译文】

餅，用面粉制成的扁圆形的食品。从食，并声。

【按语】

"饼"是形声字。小篆从食，并声。隶变以后楷书写成"餅"。汉字简化之后写成"饼"。

"饼"的原义是各种面食的总称。古代凡是以面做的食品全部可用叫作"饼"：

用火烤的面食叫"烧饼",用水煮的面食叫"汤饼",用笼屉蒸的面食叫"蒸饼"。汤饼其实不是饼,而是我们今天说的"面条"。"蒸饼"其实也不是饼,而是我们今天说的"馒头"。

尔后一些不是面食的东西,由于形状很似饼,也被叫作"饼"。例如"豆饼""柿饼"。

馈

金文　　小篆　　楷书(繁体)　　楷书

【原文】

馈,饷也。从食,貴声。

【译文】

馈,送食给别人。从食,貴声。

【按语】

"馈"是形声字。金文从"辵"(走动),从食,意为以食物送人。小篆从食,貴声。隶变后楷书写成"饋"。汉字简化之后写成"馈"。

"馈"的原义是以食物送人。例如《仪礼》中有"馈食礼"。延伸成一般的赠送。例如"馈赠"。也引伸特指赠品。例如《论语·乡党》中的"朋友之馈"。

从送食物之义也引伸指吃饭。例如《淮南子·氾论训》中的"一馈而十起"。

"馈"还延伸成祭祀,"馈奠"(丧中祭奠之事)、"馈祀"(以酒饭祭鬼神)。

饪

小篆　　楷书(繁体)　　楷书

【原文】

饪,大孰也。从食,壬声。

【译文】

餁,煮得烂熟。从食,壬声。

【按语】

"餁"是形声字。小篆从食,壬声。隶变以后楷书写成"餁"。汉字简化之后写成"饪"。

"饪"的原义是煮熟。如陆游《食荠十韵》:"采撷无阙日,烹饪有秘方。"

馋

小篆　　楷书（繁体）　楷书

【原文】

无。

【按语】

"馋"是形声字。楷书繁体写成"饞",从食,毚声。汉字简化之后写成"馋"。

"馋"的原义是贪嘴,想吃。如苏轼《将之湖州》:"吴儿鲙缕薄欲飞,未去先说馋涎垂。"延伸指贪图、贪羡。如韩愈《酬司门卢四兄云夫院长望秋作》:"驰坑跨谷终未悔,为利而止真贪馋。"

饰

小篆　　楷书（繁体）　楷书

【原文】

飾,㕞也。从巾,从人,食声,读若式。一曰襐饰。

【译文】

飾,刷拭。由巾、由人会意,食表声。音读似"式"字。另一义说:饰是首饰。

【按语】

"饰"是会意兼形声字。小篆从人持巾，会擦拭之意，食声。隶变以后楷书写成"飾"。汉字简化之后写成"饰"。

"饰"的原义是刷治擦拭。古人祭祀的时候要"饰其牛牲"，就是要把祭祀用的牺牲洗刷干净，以示对神灵的崇敬。经过洗刷的东西会显得比较干净、漂亮，由此延伸出装饰、修饰的意思。如陆游《过小孤山大孤山》："若稍饰以楼观亭榭，与江山相发挥。"

人常会把不好的东西加以修饰，故延伸成掩饰、粉饰。例如"文过饰非""粉饰太平"。引申为用于装饰的物品，即饰品。例如"首饰""银饰""饰物"。还延伸成表扬、奖励，例如《荀子·王制》："上以饰贤良，下以养百姓而安乐之。"

彡 部

影

影 影

小篆 　　 楷书

【原文】

无。

【按语】

"影"是会意兼形声字。楷书写成"影"，从彡从景会意，景兼表声。

"影"的原义是影子，因挡住光线而投射的暗影。例如《吕氏春秋·功名》："由其道，功名之不可得逃，犹表之与影。"延伸指影似、照片。例如"影集""摄影"。

"影"用作动词，指遮蔽、遮盖。例如"影屏""影蔽"。也引申指影射。例如"影子语"（含蓄影射的言语、议论）。

"影"还延伸指图绘的佛似或者人物肖似。如唐·玄奘《大唐西域记》："三有

佛影,焕若真容,相好具足,俨然如在。"

彩

小篆　楷书

【原文】

无。

【按语】

"彩"是会意兼形声字。小篆从彡从采会意,采兼表声。隶变以后楷书写成"彩"。

"彩"的原义是文采、文章才华。《宋书·颜延之传》:"延之与陈郡谢灵运俱以词彩齐名。"延伸指彩色的丝织品。例如《古诗为焦仲卿妻作》:"杂彩三百匹。"

"彩"延伸指色彩、光彩。例如《世说新语·汰侈》:"条干绝世,光彩溢目者六七枚。"也引伸指各种颜色的。如李白《早发白帝城》:"朝辞白帝彩云间,千里江陵一日还。"又指某些赌博、竞赛等赢得的财物。如李白《送外甥郑灌从军》:"大博争雄好彩来,全盘一掷万人开。"

形

小篆　楷书

【原文】

形,象形也。从彡,开声。

【译文】

形,描画成物体的形状。从彡,开声。

【按语】

"形"是形声字。小篆从彡(纹饰),开声。隶变以后楷书"形"。

"形"的原义是形体。例如《孟子·尽心上》："形色,天性也,惟圣人然后可以践形。"朱熹集注："人之有形有色,无不各有自然之理,所谓天性也。"延伸指容色、容貌。例如《谷梁传·桓公十四年》："望远者,察其貌,而不察其形。"范甯注："貌,姿体;形,容色也。"

"形"也引伸指情势、形势。如司马迁《报任安书》："由此言之,勇怯,势也;强弱,形也。"也引伸指形成。进而延伸指显露、表现。例如《孟子·告子下》："有诸内,必形诸外。"又延伸指比较、对照。例如"相形见绌",意思是和同类的事物相比较,显出不足。

彰

彰 彰

小篆　楷书

【原文】

彰,文彰也。从彡,从章,章亦声。

【译文】

彰,彩色花纹。由彡、由章会意,章也表声。

【按语】

"彰"是会意兼形声字。古文从彡从章会意,章兼表声。小篆整齐化。隶变以后楷书写成"彰"。

"彰"的原义是显著。明显。例如《荀子·劝学》："顺风而呼,声非加疾

也,而闻者彰。"用作动词,指使显扬、表明。例如《尚书·毕命》："彰善瘅(憎恨)恶,树之风声。"又引申指揭示、表露。如诸葛亮《出师表》："若无兴德之言,则责攸之、祎、允等之慢,以彰其咎。"

彭

甲骨文　　金文　　小篆　　楷书

【原文】

彭,鼓声也。从壴,彡声。

【译文】

彭,鼓声。从壴,彡声。

【按语】

"彭"是会意字。甲骨文似一面架起的鼓,右边三点表示鼓声,会击鼓发出的声音之意。隶变后楷书写成"彭"。

"彭"的原义是鼓声。延伸指似鼓声的声音。如张舜民《打麦》:"打麦打麦,彭彭魄魄。""彭彭"指的就是打麦时的声音。

行进时也会发出彭彭的声音,故也引伸为行进的样子。例如《诗经·小雅·四牡》:"四牡彭彭,八鸾(鸾铃,借指马)锵锵。"

现在"彭"主要用作姓。

艸 部

苗

小篆　　楷书

【原文】

苗,草生于田者。从艸,从田。

【译文】

苗,生长在田里的禾。由艸、由田会意。

【按语】

"苗"是会意字。小篆从艸(艹),从田,用生长在田地里的草会禾苗之意。隶变以后楷书写作"苗"。

"苗"的原义是庄稼以及一般植物的幼株。例如《诗经·王风·黍离》:"彼黍离离,彼稷之苗。"延伸特指某些蔬菜的嫩茎或者嫩叶,例如"蒜苗""豌豆苗儿"。又从植物扩展到动物,表示某些用于饲养的初生的动物。例如"鱼苗""猪苗"。

"苗"也指某种事物乍显的迹似、发端或者发展趋势。如白居易《与元九书》:"言者志之苗,行者文之根。"意思是言辞是思想的发端,行动是做文章的根本。

"苗"也引伸为后代。如屈原《离骚》:"帝高阳之苗裔兮。"

范

範　范
小篆　　楷书

【原文】

范,草也。从艸,氾声。

【译文】

范,范草。从艸,氾声。

【按语】

"范"是形声字。小篆从艸(艹),氾声。隶变以后楷书写成"范"。汉字简化之后作"範"的简化字。

"范"的原义是一种草名,后作为"範"的简化字,指铸造器物的模子、模型。例如《荀子·强国》:"刑范正,金锡美。"延伸泛指典型、法则、榜样。如王勃《滕王阁序》:"宇文新州之懿范,襜帷暂驻。"也引伸指界限。例如"范围""范畴"。

"范"也引伸指合于法,约束、限制。例如《颜氏家训·序致》:"吾今所以复为此者,非敢轨物范世也。"其中"轨物范世"即指作事物的规范、世人的榜样。

芝

芝 芝
小篆 楷书

【原文】

芝,神艸也。从艸,从之。

【译文】

芝,神草。从艸,之声。

【按语】

"芝"是形声字。小篆从艸(艹),之声。隶变以后楷书写成"芝"。

"芝"原义指一种真菌,生于枯木根际,菌柄长,菌盖肾形,多为赤色或者紫色。古人认为是瑞草,服食可以成仙,所以又称灵芝。

"芝"也指香草白芷,古人常用来引喻高尚、美好的事物。例如《世说新语·言语》:"譬如芝兰玉树。"此处的"芝兰"就引喻优秀子弟。

芍

芍 芍
小篆 楷书

【原文】

芍,凫茈也。从艸,勺声。

【译文】

芍,凫茈。从艸,勺声。

【按语】

"芍"是形声字。小篆从艸,勺声。隶变以后楷书写成"芍"。

"芍"的原义是莐茅,是一种生长在水田或者池沼中的多年生草本植物,是"凫茈"的转语。

"芍"用作"芍药",是指一种多年生草本植物,羽状复叶,花大而美丽,可供观赏。例如《诗经·郑风·溱洧》:"维士与女,伊其相谑,赠之以勺药。"其中的"勺药"即"芍药"。

苟

艸 苛 苟

全文　小篆　楷书

【原文】

苟,艸也。从艸,句声。

【译文】

苟,苟草。从艸,句声。

【按语】

"苟"是形声字。小篆从艸,于声。隶变以后楷书写成"苟"。

"苟"的原义是一种草名。借用以表示草率、随便。例如"不苟言笑""一丝不苟"。延伸指不正当的、不合礼法的。例如"苟且之事""苟合"等。

"苟"用作副词,表示时间,意为姑且、暂且。例如"苟且偷生""苟延残喘"。又表示祈望,相当于"希望"。例如《诗经·君子于役》中有"苟无饥渴"之句,意思就是希望再不忍饥挨饿。

"苟"还用作连词,表示假设关系。如杜甫《前出塞》:"苟能制侵陵,岂在多杀伤。"

芋

芋 芋
小篆　　楷书

【原文】

芋，大叶实根，骇人，故谓之芋也。从艸，亏声。

【译文】

芋，大大的叶子，饱满充实的根，令人惊骇，所以叫它芋。从艸，亏声。

【按语】

"芋"是形声字。小篆从艸，于声。隶变以后楷书写成"芋"。

"芋"的原义是芋头，是多年生草本植物，叶子大，地下块茎呈椭圆形，可供食用。例如《史记·项羽本纪》："今岁饥民贫，士卒食芋菽，军无见粮。"意思是，如今正当荒年，人民贫困，士兵全部只能吃芋头和菽子之类的，军队没有现成的粮食。

"芋"延伸泛指马铃薯、甘薯等薯类植物。例如"山芋""洋芋"。

荐

荐 荐 薦 荐
金文　　小篆　　楷书（繁体）　　楷书

【原文】

薦，薦席也。从艸，存声。

【译文】

薦，草席。从艸，存声。

【按语】

"荐"是会意兼形声字。金文从廌（传说中的独角怪兽），从艸（茂草），会食草兽在草地上边走边吃草之意。小篆从𤎩为艸（艹），并整齐化。隶变以后楷书写成

"薦"。汉字简化之后写成"荐"。

　　"荐"的原义是兽畜边走边吃草。延伸成草席、草垫等。如刘向《九叹逢纷》注："荐，卧席也。"

　　上古野祭时常把祭品置于席上，所以"荐"也引伸为进献。例如《梁书·袁昂传》："未遑荐璧。"又例如"荐酒""荐贿"（奉献财物）。

　　"荐"也引伸为荐举人才。例如《后汉书·郎颉传》："颉又上书荐黄琼、李固。"意思是上书荐举黄琼和李固这两个人。

　　"荐"又指供奉、祭祀，例如《论语·乡党》："君赐腥，必熟而荐之。"古时还特指请

和尚道士念经来超度亡灵。例如"荐亡"（为死者念经或者做佛事，使其亡灵早日脱难超升）。

蒸

小篆　　楷书

【原文】

蒸，折麻中干也。从艸，烝声。

【译文】

蒸，析去麻皮的中干。从艸，烝声。

【按语】

　　"蒸"是会意兼形声字。小篆从艸（艹），从烝会意，烝兼表声。隶变以后楷书写成"蒸"。

　　"蒸"的原义是剥皮后的麻秆。麻秆细长易燃，古人常用它来做成火炬，故延伸指炬烛。如《三国志·魏书·荀彧荀攸贾诩传》裴松之注："攸、诩之为人，其犹夜光之与蒸烛乎！"也引伸指用蒸汽使食物变熟或者变热。例如《孟子·滕文公下》：

"阳货瞰孔子之亡也,而馈孔子蒸豚。"

艾

小篆　楷书

【原文】

艾,冰台也。从艸,乂声。

【译文】

艾,冰台草。从艸,乂声。

【按语】

"艾"是形声字。小篆从艸(⺿),乂声。隶变以后楷书写成"艾"。

"艾"的原义是艾蒿,是一种多年生草本植物,嫩叶可食,叶子老了以后制成绒,可以供针灸用。也引伸为美好、美丽的人。例如"少艾",指年轻漂亮的人。

秋天时艾叶上有层白霜,故"艾"延伸成灰白色。如汪中《自序》:"余玄发未艾,紧性难驯。"老人的头发是灰白色的,故又泛指年老的人。如梅尧臣《田家语》:"搜索稚与艾,惟存跛无目。"用作动词,表示停止、尽。例如"方兴未艾"。

縈

金文　小篆　楷书（繁体）　楷书

【原文】

縈,收卷也。从糸,营省声。

【译文】

縈,收卷长绷重叠如环。从糸,营省声。

【按语】

"萦"是会意兼形声字。金文和小篆皆从系,营省声,营兼表丝缠之意。隶变以后楷书写成"縈"。汉字简化之后写成"萦"。

"萦"的原义是把线缠绕成团。延伸泛指缠绕、环绕。如李白《蜀道难》:"青泥何盘盘,百步九折萦岩峦。"延伸指弯曲。如朱熹《偶题》:"断梗桔槎无拍处,一川寒碧自萦回。"

节

節　節　節　节

　金文　　小篆　　楷书(繁体)　楷书

【原文】

節,竹约也。从竹,即声。

【译文】

節,竹节。从竹,即声。

【按语】

"节"是形声字。金文和小篆皆从竹,即声。隶变以后楷书写成"節"。汉字简化之后写成"节"。

"节"的原义是竹节,即竹子上环状的突起的地方。人或者动物的骨骼交接处类似竹子的节,故也引伸为骨节或者关节。"节"是竹子分段的地方,由此又把成段的东西叫作"节"。例如"节拍""节奏"。

时间也可以分"节",古人依太阳在黄道上位置的不同划分出二十四个时段,称为"节气"。

花

小篆　　楷书

【原文】

无。

【按语】

"花"是形声字。小篆是象形字,似一朵花的形状。"花"由于"华"尔后为延伸义所专用,所以另造"花"字来表示花朵,从艸(艹),化声。

"花"的原义是花朵。如白居易《买花》:"一丛深色花,十户中人赋。"延伸成样子似花的东西。例如"灯花""烟花"。花的颜色丰富多样,所以又用"花"来表示颜色、花纹或者种类错杂的状态。

颜色驳杂看起来就容易迷乱,所以也引伸为视觉模糊、迷乱。例如"眼花缭乱"。也引伸为虚伪的、用来迷惑人的、不真实的、不实在的。例如"花拳绣腿"。

近代以来又借用表示开支、耗费。例如"花销""花钱如流水"。

茧

小篆　　楷书（繁体）　楷书

【原文】

繭,蚕衣也。从糸,从虫,黹省。縣,古文繭。'从糸'見。

【译文】

繭,蚕茧。由糸,由虫,由黹省会意。縣,古文"繭"字。由糸,見会意。

【按语】

"茧"是会意兼形声的字。小篆内部有"虫(蚕)"有"糸"(丝),外部似蚕结茧时的草山之形,会蚕虫吐的丝之意。隶变楷书后写成"繭"。汉字简化之后写成

"茧"。

"茧"的原义是蚕茧。例如"蚕茧""作茧自缚"。

"茧"通"趼",指手掌或者脚掌等部位因摩擦而生成的硬皮。例如"长满老茧的手"。

草

甲骨文　　金文　　小篆　　楷书

【原文】

草,草斗,栎实也。一曰:象斗子。从艸,早声。

【译文】

草,黑色的壳斗包裹着的子实,柞栎的子实。另一义说:草是样斗子。从艸,早声。

【按语】

"草"是形声字。甲骨文似百草丛生的样子。金文、小篆大体上还能看出草的样子。隶变以后楷书写成"草"。

"草"的原义是栎实,可以作为黑色染料。又指可做饲料、燃料的谷类作物的茎叶。例如"粮草""稻草"等。还延伸指野地、山野,民间。例如"落草为寇""草莽"。

由草的杂乱延伸成指粗劣、卑贱。例如"草民"。也引伸指粗率、简略、马虎、不仔细。又引申指初步的、非正式的。例如"草签""草案"。用作动词,指初步拟稿、写底稿。例如"起草""草拟"。

萤

小篆　　楷书（繁体）　　楷书

【原文】

无。

【按语】

"萤"是会意兼形声字。楷书繁体写成"螢",从虫,从熒省,会发光的虫之意,熒兼表声。汉字简化之后写成"萤"。

《广韵·青韵》:"萤,萤火。"

"萤"的原义是萤火虫。如杜牧《秋夕》:"红烛秋光冷画屏,轻罗小扇扑流萤。"引喻微弱的亮光。如韩愈《和崔舍人·咏月》:"长河晴散雾,列宿曙分萤。"

菱

菱
小篆　楷书

【原文】

无。

【按语】

"菱"是形声字。小篆从艸,夌声。隶变以后楷书写成"菱"。

"菱"的原义是菱角,是一种一年生水生草本植物。也指这种植物的果实。梁简文帝《棹歌行》:"妾家住湘川,菱歌本自便。"由菱角的形状延伸表示邻边相等的平行四边形。例如"菱形"。

菩

菩
小篆　楷书

【原文】

菩,草也。从艸,音声。

【译文】

菩,草名。从艸,音声。

【按语】

"菩"是形声字。小篆从艸,音声。隶变以后楷书写成"菩"。

"菩"的原义是指一种香草。又指树名,即菩提树。

用在"菩提",是音译字,表示正觉,是对佛教真理豁然彻悟的境界。

萨

薩　　薩　　萨

小篆　　楷书(繁体)　　楷书

【原文】

无。

【按语】

"萨"是形声字。楷书繁体写成"薩",从艹,薩声。汉字简化后写成"萨"。

"菩萨",原义是佛教中指修行到了一定程度,地位仅次于佛的人。如观世音菩萨、普贤菩萨。也泛指佛和某些神。

"萨"如今也作一般音译用字。例如"拉萨"。

菇

菇　　菇

小篆　　楷书

【原文】

无。

【按语】

"菇"是后起字,为形声字。楷书写成"菇",从艸,姑声。

"菇"的原义是王瓜，也指土瓜。又指蘑菇。例如"香菇""草菇"。

苔

落　　　　　臺　　　　　苔

小篆　　楷书（繁体）　楷书（繁体）　　楷书

【原文】

落，水衣。从艸，治声。

【译文】

落，水边所生的水苔。从艸，治声。

【按语】

"苔"是形声字。小篆从艸，治声。隶变以后楷书写成"落"，如今规范化，以"苔"为正体。

"苔"的原义是青苔，也叫水衣、地衣，读作 tái。如叶绍翁《游园不值》："应怜屐齿印苍苔，小扣柴扉久不开。"还读作 tāi，指舌苔。

芜

蕪　　　　芜

小篆　　楷书（繁体）　　楷书

【原文】

蕪，秽也。从艸，無声。

【译文】

蕪，荒秽。从艸，無声。

【按语】

"芜"是形声字。小篆从艸,无声。隶变以后楷书写成"蕪"。汉字简化之后写成"芜"。

"芜"的原义是土地不耕种而荒废,杂草丛生。例如"荒芜"。延伸指丛生的杂草。如颜延年《秋朝诗》:"寝兴日已寒,白露生庭芜。"泛指繁杂、杂乱。如成语"举要删芜",便是指选取重要的,删除杂乱的没有条理的。

"蘼芜",一种香草。如古乐府《上山采蘼芜》:"上山采蘼芜,下山逢故夫。"

莫

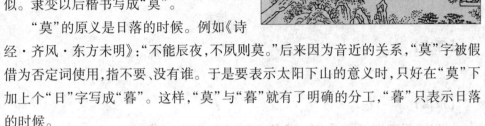

甲骨文　　金文　　小篆　　楷书

【原文】

莫,日且冥也。从日在茻中。

【译文】

莫,太阳将要没落。由"日"在"茻"中会意。

【按语】

"莫"是会意字。甲骨文似草中间有个太阳,会太阳落入草中之意,表示天色已晚。金文、小篆结构全部与甲骨文相似。隶变以后楷书写成"莫"。

"莫"的原义是日落的时候。例如《诗经·齐风·东方未明》:"不能辰夜,不夙则莫。"后来因为音近的关系,"莫"字被假借为否定词使用,指不要、没有谁。于是要表示太阳下山的意义时,只好在"莫"下加上个"日"字写成"暮"。这样,"莫"与"暮"就有了明确的分工,"暮"只表示日落的时候。

芙

小篆　楷书

【原文】

芙,芙蓉也。从艸,夫声。

【译文】

芙,芙蓉。从艸,夫声。

【按语】

"芙"是形声字。小篆从艸,夫声。隶变以后楷书写成"芙"。

"芙蓉",是荷花的别名。如白居易《长恨歌》:"芙蓉如面柳如眉,对此如何不泪垂。"

"芙"又指木芙蓉,一种落叶大灌木,秋季开花花朵大,有柄,有红、白等颜色,晚上变深红,可供观赏,叶、花、根皆可入药。如苏轼《和述古拒霜花》:"千林扫作一番黄,只有芙蓉独自芳。"

茉

小篆　楷书

【原文】

无。

【按语】

"茉"是后起字,为形声字。楷书写成"茉",从艸,末声。

"茉"字不单用,只用在连绵词"茉莉"中,原义是植物名,是一种常绿灌木,夏季开白花,香味浓厚,可供观赏,花可用来熏制茶叶,也是提取芳香油的原料。如杨万里《送茉莉花与庆长叔》："茉莉独立幽更佳，龙涎避香雪避花。"

芭

小篆　　楷书

【原文】

无。

【按语】

"芭"是形声字，为后起字。楷书写成"芭"，从艹，巴声。

"芭"的原义是芭蕉，是一种多年生常绿草本植物，叶子宽大，果实似香蕉，可食用。如李清照《添字采桑子·芭蕉》："窗前谁种芭蕉树？阴满中庭，阴满中庭，叶叶心心，舒卷有余情。"

苞

苞
小篆　　楷书

【原文】

苞，草也。南阳以为粗履。从艹，包声。

【译文】

苞，藨（biāo）草。南阳一带用来编织草鞋。从艹，包声。

【按语】

"苞"是形声字。小篆从艹，包声。隶变以后楷书写成"苞"。

"苞"的原义是席草，可以用来制作席子和草鞋。例如《礼记·曲礼下》："苞屦、扱衽、厌冠，不入公门。"延伸指花未开时包着花骨朵的小叶片。如成语"含苞待放"，就是形容花朵将要开放时的形态。

643

茁

茁　　　茁

小篆　　　楷书

【原文】

茁，艸初生出地貌。从艸，出声。

【译文】

茁，草木初生长时冒出地面的样子。从艸，出声。

【按语】

"茁"是形声字。小篆从艸，出声。隶变以后楷书写成"茁"。

"茁"的原义是草初生出地的样子。如陈允平《过秦楼》："向东风种就，一亭兰茁，玉香初茂。"延伸泛指生出、生长。如苏轼《僧惠勤初罢僧职》："霜髭茁病骨，饥坐听午钟。"也引伸指生长壮实。例如"茁壮"。

苇

葦　　　葦　　　苇

小篆　　楷书（繁体）　　楷书

【原文】

葦，大葭也。从艸，韦声。

【译文】

葦，长大了的葭。从艸，韦声。

【按语】

"苇"是形声字。小篆从艸,韦声。隶变以后楷书写成"葦"。汉字 简化之后写成"苇"。

"苇"的原义是芦苇。如顾况《宿湖边山寺诗》:"蒲团僧定风过席,苇岸渔歌月堕江。"

"苇"又借指小舟。如苏轼《前赤壁赋》:"纵一苇之所如,凌万顷之茫然。"

芯

小篆　　楷书

【原文】

无。

【按语】

"芯"是后起字,为形声字。楷书写成"芯",小篆从艸,心声。

"芯"的原义是灯心草。也指灯心草茎中的髓,俗称"灯芯",可在油盏中点火照明,所以尔后泛指油灯上用来点火的灯草或者纱线灯芯。例如《黄岩县志》(光绪年修):"家有千金,不添双芯,俭之积也。"泛指物体的中心部分。例如"岩芯""型芯"。

芥

小篆　　楷书

【原文】

芥,菜也。从艸,介声。

【译文】

芥,芥菜。从艸,介声。

【按语】

"芥"是形声字。小篆从艸,介声。隶变以后楷书写成"芥"。

"芥"的原义是芥菜,是一种草本植物,花和种子是黄色的,有辣味。磨成粉末后可做调料,叫芥末。又指小草。例如"弃之如为草芥"。延伸引喻细小的事物。如张岱《陶庵梦忆·虎丘中秋夜》:"听者寻入针芥,心血为枯,不敢击节,惟有点头。"

"芥"也引伸指梗塞。如司马相例如《子虚赋》:"吞若云梦者八九于其胸中,曾不芥蒂。"其中的"芥蒂"指的就是细小的梗塞物。后引喻心里的不满或者不快。

获

甲骨文	金文	小篆	楷书(繁体)	楷书

【原文】

獲,獵所獲也。从犬,蒦声。

【译文】

獲,打猎时捕获的禽兽。从犬,蒦声。

【按语】

"获"是会意字。甲骨文从又(手),从隹(鸟),会抓住了鸟之意。金文改为从又,从萑(猫头鹰)。小篆另加义符"犬",表明是围猎。隶变以后楷书写成"獲",汉字简化之后写成"获"。

"获"的原义是猎得禽兽。例如《易经·解》:"田获三狐。"意思就是猎得三只狐狸。延伸指猎获的东西。例如《吕氏春秋》:"田猎之获常过人矣。"也引伸为俘虏敌人。例如《史记·秦本纪》:"败秦师于肴,获百里孟明视、西乞术、白乙丙以归。"也引伸为取得、得到。例如"获得""获奖"。

莽

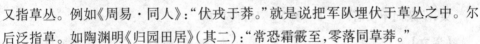

甲骨文　　金文　　小篆　　楷书

【原文】

莽,南昌谓犬善逐菟草中为莽。从犬,从茻,茻亦声。

【译文】

莽,南昌说狗善于在草中追逐兔兽叫莽。由犬、由茻会意,茻也表声。

【按语】

"莽"是会意兼形声字。甲骨文从犬,从林,会犬在林中奔逐之意。金文改为从艸。小篆改为从犬,从茻(从草),会狗在长满丛草的旷野上奔逐之意,茻兼表声。隶变以后楷书写成"莽"。

"莽"的原义是犬逐于旷野丛草中。又指草丛。例如《周易·同人》:"伏戎于莽。"就是说把军队埋伏于草丛之中。尔后泛指草。如陶渊明《归园田居》(其二):"常恐霜霰至,零落同草莽。"

"莽"也引伸指草木繁茂,广阔无边。例如"草木莽莽""莽莽群山"。延伸指粗率、不精细。如"莽撞""鲁莽"。

莽

小篆　　楷书

【原文】

莠,禾粟下生莠。从艸,秀声,读若西。

【译文】

莠,是在禾粟之间生长的似禾非禾的东西叫"莠"。从艸,秀声。音读似"酉"字。

【按语】

"莠"是形声字。小篆从艸,秀声。隶变以后楷书写成"莠"。

"莠"的原义是一种田间生长的外形似禾苗的杂草,其穗上似狗尾巴的毛,也叫狗尾巴草。例如《诗经·齐风·甫田》:"惟莠骄骄。"意思是只有莠草长得十分茂盛。莠会妨碍禾苗生长,故延伸成恶草的通称。也引伸为坏、恶。例如"良莠不齐",意思是好的和坏的混杂在一起。

英

英 英

小篆　　楷书

【原文】

英,草荣而不实者。一曰:黄英。从艸,央声。

【译文】

英,草只开花却不结实叫作"英"。另一义说:英是指黄英木。从艸,央声。

【按语】

"英"是形声字。小篆从艸,央声。隶变以后楷书写成"英"。

"英"的原义是花。如陶渊明《桃花源记》:"芳草鲜美,落英缤纷。"花是美好的,所以延伸成美好、杰出、优异、超众不凡。如生前创立了伟大事业的死者,被尊称为"英魂""英灵"。也引伸为精华。如韩愈《进学解》:"沉浸酿郁,含英咀华。"意思就是沉浸在书籍中,探求书中的精粹。

落

落　　落

小篆　　楷书

【原文】

落，凡草曰零，木曰落。从艸，洛声。

【译文】

落，凡是草叶凋衰叫"零"，树叶脱落叫"落"。从艸，洛声。

【按语】

"落"是形声字。小篆从艸，洛声。隶变以后楷书写成"落"。

"落"的原义是植物的叶、花凋零。不过，零最初指的是草本植物枯萎脱落，树叶枯萎，从树枝上掉下来叫落。后泛指植物的叶子、花凋零掉下。用作动词，指掉下。

"落"在口语中读作 là，指遗漏、丢失。例如"丢三落四"，是说一个人记性不好，经常会遗漏东西。

"落"还读作 lào，也多用于口语，表示往下。例如"落炕""落枕"。

"落"又作为曲艺名，是北方对"莲花落"的俗称。又泛指各种曲艺杂耍。例如"落子馆"（演北方曲艺杂耍的场所）。

幕

幕　　幕

小篆　　楷书

【原文】

幕，帷在上曰幕，覆食案亦曰幕。从巾，莫声。

国学经典文库

说文解字

《说文解字》原文释义

图文珍藏版

【译文】

幕,帷幔遮盖在上面叫幕,蒙覆盛食物的几案也叫幕。从巾,莫声。

【按语】

"幕"是会意兼形声字。小篆从巾,从莫(表遮蔽),会用布覆盖之意,莫兼表声。隶变以后楷书写成"幕"。

"幕"的原义是悬空遮在上面的帷帐。例如"举袂成幕"。又可当帘幕讲,例如"屏幕""幕布"。用作动词,指以……为幕。如刘伶《酒德颂》:"幕天席地,纵意所如。"演剧时段落间有幕布开合,故又指演出的一个段落。例如"独幕剧""序幕"。

古代将帅出征以幕帐为办公府署,故也引伸指古代将帅的营帐或者地方军政长官的府署。例如"幕府""幕僚""幕友"。

葱

| 甲骨文 | 金文 | 小篆 | 楷书(繁体) | 楷书 |

【原文】

蔥,菜也。从艸,悤声。

【译文】

蔥,菜名。从艸,悤声。

【按语】

"蔥"是形声字。甲骨文字形,"丨"在"心"之上。小篆从艸,悤声。隶变以后楷书写成"蔥",俗作"葱"。如今规范化以"葱"为正体。

"葱"的原义是大葱。例如《古诗为焦仲卿妻作》:"指如削葱根,口如含珠丹。"延伸指似葱样的青绿色。例如"郁郁葱葱"。葱为青色,青色为茂盛之色,故"葱葱"就是茂盛或者气象旺盛的意思。

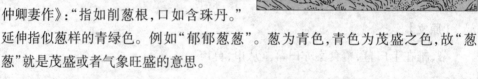

苍

【原文】

蒼,艸色也。从艸,倉声。

【译文】

蒼,草的颜色。从艸,倉声。

【按语】

"苍"是形声字。小篆从艸,倉声。隶变以后楷书写成"蒼"。汉字简化之后写成"苍"。

"苍"的原义是指植物的青色（暗绿或者深蓝）。上古多指深蓝色。例如"苍天",就是指深蓝色的天空。尔后常指深绿色。如李白《庐山遥寄卢侍御虚舟》："闲窥石镜清我心,谢公宿处苍苔没。"又指灰白色或者变成灰白色。例如"白发苍苍"。

葬

【原文】

葬,藏也。从死在茻中;一其中,所以荐之。《易》曰:'古之葬者,厚衣之以薪。'

【译文】

葬,（把尸体掩埋）收藏。由"死"（即"尸"）字在"茻"字之中构成;其中还有一横,表示用来垫着尸体的草席。《易经》说:"古时候掩埋尸体,用草木厚厚的裹着死人。"

【按语】

"葬"是会意字。甲骨文似人在棺内以草掩埋之状,会埋葬之意。小篆繁杂化,似尸体横陈在"一"(垫子)上,四周以草蒙覆的样子。隶变以后楷书写成"葬"。

"葬"的原义是掩藏人的尸体。泛指(依照特定的风俗习惯)用不同的方式处置人的尸体。例如"火葬""天葬"。

蔑

| 甲骨文 | 金文 | 小篆 | 楷书 |

【原文】

蔑,劳目无精也。从苜,人劳则蔑然;从戍。

【译文】

蔑,疲劳,眼睛没有精神。从苜,表示人——疲劳就两目无神的样子;从戍。

【按语】

"蔑"是会意字。甲骨文从苜(似眼上有睫的样子),从伐,用眼上有眼屎、持戈征伐,会困倦睁不开眼之意。金文大概相同。小篆变为从戍,并整齐化。隶变以后楷书写成"蔑"。

"蔑"的原义是困倦睁不开眼。由目不明延伸成目不正视、瞧不起。瞧不起就是小看,故引申为小、微小。如扬雄《法言·子行》:"视日月而知众星之蔑也。"由眼眵糊住了眼,引申指涂污、污染。例如"污蔑""诬蔑"。

苏

| 金文 | 小篆 | 楷书(繁体) | 楷书 |

【原文】

蘇,桂荏也。从艸,穌声。

【译文】

蘇,味辛如桂的荏类植物。从艸,穌声。

【按语】

"苏"是会意兼形声字。金文写成"穌"。小篆另加义符"艸"(艹),从艸从穌会意,穌兼表声。隶变以后楷书写成"蘇"。汉字简化之后写成"苏"。

"苏"的原义是药用植物桂荏,即紫苏。紫苏是一种一年生草本植物,茎方形,叶卵形,茎、叶、花紫色。嫩叶可食用,叶子和种子可入药。

"苏"延伸成更生,假死后再活过来。例如"复苏""苏醒"等。

茬

茬 茬

小篆　楷书

【原文】

茬,草貌。从艸,在声。济北有茬平县。

【译文】

茬,草生长茂盛的样子。从从艸,在声。济北有茬平县。

【按语】

"茬"是形声兼会意字。小篆从艸(艹),在声,在兼表草生在土地上之意。隶变以后楷书写作"茬"。

"茬"的原义是草生长茂盛的样

子。延伸成庄稼收割后留在地里的茎和根,例如"麦茬儿"。

"茬"也引伸为同一块地上作物种植或者生长的次数,一次叫一茬。例如"换茬""一年两茬"。又延伸成提到的事情或者已发起的话头。如接过别人的话叫做"接茬",和别人搭话叫作"搭茬"。

荆

金文　小篆　楷书

【原文】

荆，楚木也。从艸，刑声。

【译文】

荆，又叫楚。是一种灌木。从艸，刑声。

【按语】

"荆"是会意兼形声字。金文从刀割草；或者另加井声。小篆另加义符"艸"（艹），隶变以后楷书写成"荆"，讹为从艸，刑声。

"荆"的原义是一种灌木名。枝丛生，花蓝紫色，枝条柔韧，适宜编筐和篮子等。荆木坚韧，古代多用来制作刑杖，所以延伸成刑杖。例如"负荆请罪"。

"荆"还可以用来制作钗。古代家境贫寒的妇女，买不起金钗银钿，就把荆枝当钗别发髻，用粗布来制作衣裙，所谓"荆钗布裙"就是这个意思。"拙荆"就是对妻子的谦称。

荡

小篆　楷书（繁体）楷书（繁体）　楷书

【原文】

蕩，水也。从水，昜声。

【译文】

蕩，水名。从水，昜声。

【按语】

"荡"是形声字。小篆从水，蕩声。隶变以后楷书写成"蕩"。汉字简化之后写成"荡"。尔后又用作"蘯"和"盪"和的简化字。

"荡"作为"蕩"的简化字，原义是古水名。

荷

荷 荷

小篆　楷书

【原文】

荷，芙蕖叶，从艸，何声。

【译文】

荷，芙蕖的叶。从艸，何声。

【按语】

"荷"是形声字。小篆从艸，何声。隶变以后楷书写成"荷"。

"荷"的原义是莲叶，也指莲花，读作 hé。《洛阳伽蓝记》："朱荷出池，绿萍浮水。"所谓"朱荷"，指红色的荷花。

"荷"又读 hè，表示担或者扛。例如"荷枪实弹"。由担、扛也引伸为担负。张衡《东京赋》："荷天下之重任。"意思是担负起天下的重任。

菲

菲 菲

小篆　楷书

【原文】

菲，芴也。从艸，非声。

【译文】

菲，又名芴。从艸，非声。

【按语】

"菲"是形声字。小篆从艸,非声。隶变以后楷书写成"菲"。

"菲"的原义是葐菜,读作fēi。也叫二月兰。是一种一年生草本植物,似芜菁,夏初开淡紫色花,可食用。例如《诗经·邶风·谷风》:"采葑采菲,无以下体。"意思是采摘葑菲这些菜,哪能不挖它的根呢。还表示微薄。例如"菲薄"。

"菲"读作fěi时,表示花草茂盛,芳香浓郁。如辛弃疾《贺新郎·别茂嘉十二弟》:"啼到春归无寻处,苦恨芳菲全部歇。"此处的"芳菲",泛指芳香的花草。

萧

萧 蕭 萧

小篆　　楷书（繁体）　　楷书

【原文】

萧,艾蒿也。从艸,肃声。

【译文】

萧,艾蒿。从艸,肃声。

【按语】

"萧"是形声字。小篆从艸,肃声。隶变以后楷书写成"蕭"。汉字简化之后写成"萧"。

"萧"的原义是艾蒿,也叫香蒿。是一种多年生草本植物,有香气,花黄色,全株可入药。叶子干后制成艾绒,用于灸法。还表示萧索、冷落。例如"满目萧然"。

古代"萧"又通"肃",指肃敬。"萧墙"是君主宫门内当门而立的小墙,臣子经过此处要愈加肃敬,故叫肃墙。"祸起萧墙"就是说祸患从内部产生。

葺

葺 葺
小篆　楷书

【原文】

葺,茨也。从艸,咠声。

【译文】

葺,用茅苇盖屋。从艸,咠声。

【按语】

"葺"是形声字。小篆从艸,咠声。隶变以后楷书写成"葺"。

"葺"的原义是用茅草覆盖房子。如屈原《湘夫人》:"筑室兮水中,葺之兮荷盖。"意思是在水中建一所房子,用荷叶来覆盖屋顶。也引伸为修理房屋。例如"修葺"。

"葺"用于抽象意义,延伸成修饰。所谓"句读不葺之诗",即指句子长短不整齐的诗。

营

營 營 营
小篆　楷书(繁体)　楷书

【原文】

營,市居也。从宫,荧省声。

【译文】

營,围绕而居。从宫,荧省声。

【按语】

"营"是形声字。小篆从宫(原始环形穴居房屋的透视轮廓),熒省声。隶变以后楷书写成"營"。汉字简化之后写成"营"。

"营"的原义是四周垒土环绕而居。例如《礼记·礼运》:"冬则居营窟,夏则居橧巢。"用作动词,指规划整治、建造。如陆游《过小孤山大孤山》:"张魏公自湖湘还,尝加营葺。"也引伸指谋求、获得。如白居易《卖炭翁》:"卖炭得钱何所营?"也引伸指度量、测度。如屈原《天问》:"圜则九重,孰营度之?"

古代行军是环车驻扎,故延伸指军垒。例如"营防"。又指军队的编制单位。例如"营长"。

"营"用作名词,指似军营样的聚众场所,多为临时性的住处或者驻扎处。例如"夏令营""集中营"。

莲

蓮　蓮　莲

小篆　　楷书（繁体）　　楷书

【原文】

莲,芙蕖之实也。从艸,连声。

【译文】

莲,芙蕖的子实。从艸,连声。

【按语】

"莲"是形声字。小篆从艸,连声。隶变以后楷书写成"蓮"。汉字简化之后写成"莲"。

"莲"的原义是莲子。例如《乐府诗集·相和歌辞·江南》:"江南可采莲,莲叶何田田。"也指莲花。如周敦颐《爱莲说》:"予独爱莲之出淤泥而不染,濯清涟而不妖。"

蔚

蘮 蔚

小篆　楷书

【原文】

蔚，葛属。从艸，曼声。

【译文】

蔚，雄蒿。从艸，尉声。

【按语】

"蔚"是形声字。小篆从艸，尉声。隶变以后楷书写成"蔚"。

"蔚"的原义是牡蒿，菊类植物，可入药。例如《诗经·小雅·蓼莪》："蓼蓼者莪，匪我伊蔚。"又表示草木茂盛的样子。还用来形容云雾兴起的样子。例如"云蒸霞蔚"。

"蔚"也引伸为有文采的、辞采华美的。《汉书·叙传下》："中称赏司马相如为'蔚为辞宗，赋颂之首。'"还表示盛大。例如"蔚为大观"。

孽

孼 孽

小篆　楷书

【原文】

孽，庶子也。从子，辥声。

【译文】

孽，庶子（非正妻所生之子）。从子，辥声。

【按语】

"孽"是形声兼会意字。小篆从子，辥声，辥兼表碎小之意。隶变以后楷书写成

"孽"和"蘖"。如今规范化,以"孽"为正体。

"孽"的原义是非正妻所生之子、庶子、旁支。《韩非子》:"无孽适子而尊小枝。"意思是不要把嫡子当作庶子看待而提高庶子的身份。上古时,有的孽子是由有罪的妾隶所生,所以延伸成罪恶。例如"造孽",是指做坏事。例如"孽障"。也引伸为妖孽、灾殃。也引伸为忤逆不忠的、不孝顺的。例如"孽臣""孽子"。

蒙

甲骨文　　小篆　　楷书

【原文】

蒙,王女也。从艸,冡声。

【译文】

蒙,大的女罗草。从艸,冡声。

【按语】

"蒙"是形声兼会意字。小篆从艸,从冡(覆盖),会缠绕覆盖寄生草本植物之意,冡兼表声。隶变以后楷书写成"蒙"。

"蒙"的原义是菟丝草,读作 méng。延伸指覆盖。上对下是覆盖,下对上则是承受,故引申为承受、受。例如"蒙恩"。覆盖则不明,故也引伸为不明事理、无知。例如"蒙昧""启蒙"。

遮蔽则使人不明真相,故延伸成欺骗,又读 mēng。例如"蒙骗""蒙人"。受蒙蔽则头脑不清,故也引伸指昏乱。例如"蒙头转向"。进而延伸成平空猜想。例如"瞎蒙""蒙对了"。

"蒙"又读 měng,指蒙古族。

苦

苦 苦
小篆　楷书

【原文】

苦,大苦,苓也。从艸,古声。

【译文】

苦,大苦,又叫蘦草。从艸,古声。

【按语】

"苦"形声字。小篆从艸(艹),古声。隶变以后楷书写成"苦"。

"苦"的原义是苦菜,即荼。例如《诗经·唐风·采苓》:"采苦采苦,首阳之下。"荼的味道是苦的,故延伸成苦味。例如"苦尽甘来""酸甜苦辣"。

苦味令人难受,由此也引伸为难受、痛苦。如杜甫《石壕吏》:"吏呼一何怒,妇啼一何苦。""苦"还有竭力的意思。例如"苦口婆心",意思是善意地竭力加以劝说。

萃

萃 萃
小篆　楷书

【原文】

萃,艸貌。从艸,卒声。读若瘁。

【译文】

萃,草(聚集)的样子。从艸,卒声。音读似"瘁"字。

【按语】

"萃"是形声字。小篆从艸,卒声。隶变以后楷书写成"萃"。

"萃"的原义是草木丛生的样子。由草木丛生延伸成聚集。如文天祥《指南录后序》："缙绅、大夫、士萃于左丞相府,莫知计所出。"也引伸为同类的人或者事物。如成语"出类拔萃"。

茶

篆 茶　楷书 茶

小篆　　楷书

【原文】

无。

【按语】

"茶"是形声字。本与"荼"是同一个字。小篆从艸,余声。隶变以后楷书写成"荼"。茶树本来叫作"梗",因为它的叶子和荼一样有苦味,所以又叫"荼"。南北朝时期,代表"茶"的"荼"分化出了茶的读音。唐朝时,读"茶"音的"荼"字又被人们减去一横,成了今天的"茶"字。现在二字表意有分工。

"茶"的原义是指一种长绿灌木。这种植物喜欢湿润的气候和微酸性土壤,多生长在我国的中部、东南和西南部地区。如陆羽《茶经》："茶之为饮,发于神农氏,闻于鲁周公。"

葛

葛　葛

小篆　　楷书

【原文】

葛,絺绤草也。从艸,曷声。

【译文】

葛,编织细葛布和粗葛布的草。从艸,曷声。

【按语】

"葛"是形声字。小篆从艸,曷声。隶变以后楷书写成"葛"。

"葛"的原义是藤蔓植物名,通称葛麻。例如《诗经·王风·采葛》:"彼采葛兮,一日不见,如三月兮。"葛的茎皮可以用来织布,故用来指葛织品。例如"葛衣""葛屦"。

芦

蘆 蘆 芦

【原文】

蘆,蘆萉也。一曰:荠根。从艸,卢声。

【译文】

蘆,蘆服。另一义说:蘆是荠菜的根。从艸,卢声。

【按语】

"芦"是形声字。小篆从艸,盧声。隶变以后楷书写成"蘆"。汉字简化之后写成"芦"。

"芦"的原义是草名,指芦萉。例如《后汉书·刘盆子传》:"掘庭中芦菔根,捕池鱼而食之。"又指芦苇。如苏轼《惠崇〈春江晚景〉》:"蒌蒿满地芦芽短,正是河豚欲上时。"

"葫芦",一种爬藤植物,属于葫芦科葫芦属,其果实也被称为葫芦。

芳

芳 芳

【原文】

芳,香草也。从艸,方声。

【译文】

芳,草的香气。从艸,方声。

【按语】

"芳"是形声字。小篆从艸,方声。隶变以后楷书写成"芳"。

"芳"的原义是花草。如欧阳修《醉翁亭记》:"野芳发而幽香,佳木秀而繁阴。"也指花草的香味、芳香。例如《淮南子·说林》:"兰芝以芳,未尝见霜。"也引伸指美好、好。如卢照邻《长安古意》:"借问吹箫向紫烟,曾经学舞度芳年。"又用作对人的敬称、美称,尤指女子。例如"芳龄""芳名"。

菜

菜　菜

小篆　楷书

【原文】

菜,草之可食者。从艸,采声。

【译文】

菜,可供食用的草。从艸,采声。

【按语】

"菜"是形声兼会意字。小篆从艸,采声,采兼表采食之意。隶变以后楷书写成"菜"。

"菜"的原义是蔬菜。例如"野菜""青菜"。延伸成烹调好的蔬菜、肉类、鱼类等佐餐食品的统称。例如"中国菜""川菜"。又特指油菜,开黄色小花,种子可以榨油。例如"菜油""菜籽"。

芽

芽（小篆）　芽（楷书）

【原文】

芽，萌芽也。从艸，牙声。

【译文】

芽，草木的芽儿。从艸，牙声。

【按语】

"芽"是形声兼会意字。小篆从艸，牙声，牙兼表小之意。隶变以后楷书写成"芽"。

"芽"的原义是尚未发育成长的枝、叶或者花的雏体。如白居易《种桃歌》："食桃种其核，一年核生芽。"延伸指形状似芽的东西。例如"肉芽"。又引喻事物的发生、开始。如江统《函谷关赋》："遏奸宄于未芽，殿邪伪于萌渐。"用作动词，指发芽。如沈括《梦溪笔谈》："二月草已芽，八月草未枯。"

苹

苹（小篆）　苹（楷书）

【原文】

苹，萍也。无根，浮水而生者。从艸，平声。

【译文】

苹，浮萍，没有根，浮在水面而生。从艸，平声。

【按语】

"苹"是会意兼形声字。小篆从艸，从平，会平浮于水面上的草之意，平兼表声。

隶变以后楷书写成"苹",是"萍"的本字。

"苹"的原义是藾蒿。例如《诗经·小雅·鹿鸣》:"呦呦鹿鸣,食野之苹。"

"苹"通"萍",指浮萍。例如《大戴礼记·夏小正》:"七月湟潦生苹。"郭璞注:"水中浮萍,江东谓之藻,又其大者苹。"又通"蘋",指苹果,植物类水果,具有丰富的营养成分,有食疗、辅助治疗功能。

茂

茂 茂
小篆　楷书

【原文】

茂,草丰盛。从艸,戊声。

【译文】

茂,草丰盛。从艸,戊声。

【按语】

"茂"是形声字。小篆从艸,戊声。隶变以后楷书写成"茂"。

"茂"的原义是草木繁盛。如曹操《观沧海》:"树木丛生,百草丰茂。"泛指大、盛大。例如《三国志·吴书·诸葛恪传》:"以旌茂功,以慰勤劳。"其中"茂功"指盛大的功绩。

"茂"也引伸指美好、优秀。例如《诗经·齐风·还》:"子之茂兮,遭我乎狃之道兮。"

茅

茅 茅
小篆　楷书

【原文】

茅,菅也。从艸,矛声。

【译文】

茅，菅草一类。从艸，矛声。

【按语】

"茅"是形声字。小篆从艸，矛声。隶变以后楷书写成"茅"。

"茅"的原义是草名，即白茅，俗称茅草。例如"茅塞顿开"。

"茅房"，既指用茅草盖的房屋，也是北方地区人们对厕所的俗称。

茎

茎　莖　茎

小篆　楷书（繁体）　楷书

【原文】

莖，枝柱也。从艸，巠声。

【译文】

莖，草木众枝之主。从艸，巠声。

【按语】

"茎"是会意兼形声字。小篆从艸（艹），从
巠（直的经线），会植物的主干之意，巠兼表声。
隶变以后楷书写成"莖"。汉字简化之后写成
"茎"。

"茎"的原义是植物的主干。例如《荀子·
劝学》："西方有木焉，名曰射干，茎长四寸。"泛
指似主干之物。如杜甫《秋兴》之五："蓬莱宫阙
对南山，承露金茎霄汉间。"此处的"金茎"指用
以擎承露盘的铜柱。

"茎"用作量词，指长条形的东西。如杜甫《乐游园歌》："数茎白发那抛得，百
罚深杯亦不辞。"

藹

藹 藹 藹

小篆　　楷书（繁体）　　楷书

【原文】

藹，臣尽力之美。从言，葛声。《诗》曰：'藹藹王多吉士。'

【译文】

藹，形容臣子尽忠尽力的美好。从言，葛声。例如《诗经》说："尽力得好啊，周王的众多贤士！"

【按语】

"藹"是会意字。楷书繁体写成"藹"，从言，从葛，会言语如蔓葛娓娓道来之意；又作"藹"。汉字简化之后写成"藹"。

"藹"的原义是树木茂盛、茂密的样子。如宋玉《楚辞·九辩》："离芳藹之方壮兮，余萎约而悲愁。"延伸指和气、态度好。例如《聊斋志异·王大》："见公子，年十八九，笑语藹然。"

茫

茫 茫

小篆　　楷书

【原文】

无。

【按语】

"茫"是形声兼会意字。隶变以后楷书写成"茫"，从水，芒声，芒兼表看不清之意。

"茫"的原义是水浩大的样子。例如"大水茫茫""渺茫"。延伸指茫昧不明、模糊不清。如李白《嘲鲁儒》："问以经济策,茫如坠烟雾。"也引伸指辽阔、深远的样子。例如《敕勒歌》："天苍苍,野茫茫,风吹草低见牛羊。"也引伸指迷惘、迷茫。例如"茫然"。

药

金文　　小篆　　楷书

【原文】

藥,治病草。从艸,樂声。

【译文】

藥,治病的草。从艸,樂声。

【按语】

"药"是形声字。金文从艸(艹),樂(乐)声。小篆整齐化。隶变以后楷书写成"藥"。后借"药"来表示,从艸,约声。如今规范化以"药"为正体。

"药"的原义是治病的植物,泛指一切可治病之物。例如《周礼·天官·疾医》："疾医掌养万民之疾病,以五味、五谷、五药养其病。"

"药"又特指火药。如宋应星《天工开物·火药》："凡火药以硝石硫黄为主,草木灰为辅。"又延伸指用药物治疗。成语"不可救药",就是引喻已经到了无法挽救的地步。又指使中毒或者毒杀。例如"药死"。

菌

小篆　　楷书

【原文】

菌,地蕈也。从艸,囷声。

【译文】

菌,地蕈。从艸,囷声。

【按语】

"菌"是形声兼会意字。小篆从艸(艹),囷声,囷兼表圆囤之意。隶变以后楷书写成"菌"。

"菌"读作 jùn,原义是蕈,是形状似伞的菌类植物,有的可以食用。例如《庄子·逍遥游》:"朝菌不知晦朔,蟪蛄不知春秋。"

"菌"又读作 jūn,是低等植物的一大类,靠寄生生活。这种菌的种类很多。例如"细菌""真菌"。

萌

萠 萌

小篆　　楷书

【原文】

萌,草芽也。从艸,朙声。

【译文】

萌,草木的芽。从艸,朙声。

【按语】

"萌"是形声字。小篆从艸(艹),明声。隶变以后楷书写成"萌"。

"萌"的原义是草木的芽。例如《孟子·告子上》:"是其日夜之所息,雨露之所润,非无萌蘖之生焉。"延伸指发芽。例如《礼记·月令》:"天地合同,草木萌动。"又引喻事情刚刚显露的发展趋势或者情况、开端。例如《韩非子·说林上》:"圣人见微以知萌,见端以知末。"又指开始发生。例如"萌动"。

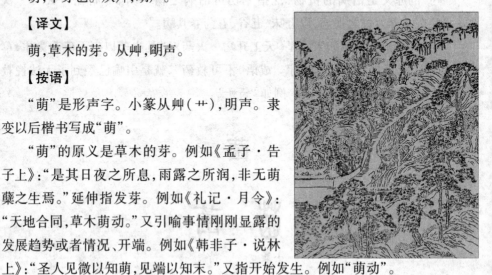

蒲

蒲
小篆　　楷书

【原文】

蒲，水草也。可以作席。从艸，浦声。

【译文】

蒲，水草，可用来编织席子。从艸，浦声。

【按语】

"蒲"是形声字。小篆从水艸，浦声。隶变以后楷书写成"蒲"。

"蒲"的原义是植物香蒲，是一种多年生草本植物，生于浅水或者池沼中。例如《诗经·陈风·泽陂》："彼泽之陂，有蒲与荷。"又指菖蒲。例如"蒲节""蒲酒"。

蓉

蓉
小篆　　楷书

【原文】

无。

【按语】

"蓉"是形声字。小篆从艸（艹），容声。隶变以后楷书写成"蓉"。

"芙蓉"，既可以指木芙蓉，一种树；也可以指水芙蓉，即荷花。

"蓉"又指用豆类、瓜果煮熟晒干后磨成粉做成的糕点馅儿。例如"豆蓉""莲蓉"。

萍

萍

小篆　　楷书

【原文】

萍,苹也。水草也。从水苹,苹亦声。

【译文】

萍,浮萍。(浮生)水面的草。由水、苹会意,苹也表声。

【按语】

"萍"是会意兼形声字。小篆从水从苹会意,苹兼表声。隶变以后楷书写成"萍"。

"萍"的原义是浮萍,一年生草本植物,浮生水面,叶子扁平,叶下生须根,开白花,亦称"青萍""紫萍"。例如《礼记·月令》:"季春之月,桐始华,萍始生。"多用以喻不定的生活或者行踪。如成语"萍水相逢",即引喻向来不认识的人偶然相遇。

荒

荒

小篆　　楷书

【原文】

荒,芜也。从艸,巟声。一曰:草淹地也。

【译文】

荒,荒芜。从艸,巟声。一说:杂草掩覆田地叫荒。

【按语】

"荒"是会意兼形声字。小篆从艸(艹),从巟(水广),会草长满田地之意,巟兼表声。隶变以后楷书写成"荒"。

"荒"的原义是荒芜。延伸指没有开垦或者耕种的土地。如陶渊明《归去来兮辞》："三径就荒,松菊犹存。"边远地区多荒芜,故延伸指边远地区。例如"蛮荒"。也引伸指人烟稀少或者没有人烟。例如"荒郊野外""荒漠"。

　　"荒"也引伸指年景不好,收成少或者没有收成。例如"饥荒"。进而延伸指物品严重缺乏。例如"粮荒""油荒""水荒"。也引伸表示享乐过度、放荡。例如"荒淫无道""乐而不荒"。

　　因为田地荒芜是不正常的,故也引伸指不合情理的、不正确的。例如"荒谬""荒诞"。

芒

小篆　　　楷书

【原文】

无。

【按语】

　　"芒"是会意兼形声字。小篆从艸(艹),从亡(无),会植物上似有似无的细刺之意,亡兼表声。隶变以后楷书写成"芒"。

　　"芒"的原义是指某些禾本科植物子实外壳上针状的尖毛。例如"麦芒"。延伸泛指尖刺、尖端。如陈宠《清盗源疏》："堤溃蚁孔,气泄针芒,是以明者慎微,智者识几。"

　　"芒"也引伸指刀剑尖端和锋刃。例如"不露锋芒""锋芒毕露"。也引伸指光芒,向四周放射的强烈光线。如刘禹锡《柳河东集序》："粲焉如繁星丽天,而芒寒色正。"

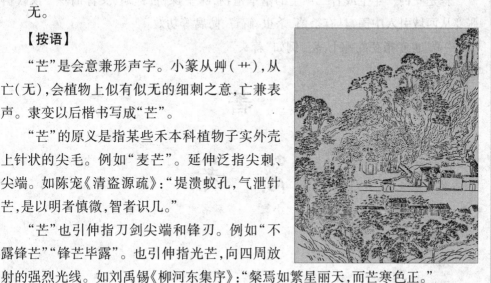

蒜

蒜 蒜

小篆　　　楷书

【原文】

蒜，荤菜。从艸，祘声。

【译文】

蒜，辛荤的菜，从艸，祘声。

【按语】

"蒜"是形声字。小篆从艸（艹），祘声。隶变以后楷书写成"蒜"。

"蒜"的原义是一种蔬菜（指整体）。如严可均《全后汉文》："折张骞大宛之蒜，歃晋国郇瑕氏之盐。"

蒜是一种一年生或者二年生的草本植物，味辛辣，古称葫，又称葫蒜。汉代由张骞从西域引入中国，具有杀菌、杀虫、解毒、防腐等功效。

"蒜"也专指蒜的地下茎。例如"蒜头"。

著

箸 著

小篆　　　楷书

【原文】

无。

【按语】

"著"是会意字。小篆从竹，从者（烧火燎柴），会用竹棍拨火使明之意。隶变以后楷书写成"箸"。为了分化字义，后俗把竹头改为艸（艹）头写成"著"。宋代又由"著"的草体楷化，分化出"着"字。

"著"的原义是拨火棍，即烧火棍。此义后用"箸"来表示。拨火则火旺，故延伸指明显、显著。例如《礼记·中庸》："诚则形，形则著，著则明。"进而延伸指表现、显现、显扬。例如《韩非子·功名》："日月之名久著于天地。"也引伸指写成、撰述。如白居易《与元九书》："始知文章合为时而著。"用作名词，也引伸指作品。例如"名著""皇皇巨著"。

"著"又读作 zhuó，指穿戴。例如《乐府诗集·木兰辞》："脱我战时袍，著我旧时装。"

蔓

蔓　蔓

小篆　　楷书

【原文】

蔓，葛属。从艸，曼声。

【译文】

蔓，似葛草一类的藤生植物。从艸，曼声。

【按语】

"蔓"是形声兼会意字。小篆从艸（艹），曼声，曼兼表拉长之意。隶变以后楷书写成"蔓"。

"蔓"的原义是葛类藤生植物，即茎不能直立而在地上蜿蜒或者依附在他物之上的植物。延伸指这种植物不能直立的枝茎。如杜甫《新婚别》："兔丝附蓬麻，引蔓故不长。"

葛类藤生植物可以爬蔓，由此延伸成事物的扩展延伸。例如"蔓延""不枝不蔓"。

蔽

蔽 蔽
小篆　楷书

【原文】

蔽,蔽蔽,小草也。从艸,敝声。

【译文】

蔽,蔽蔽,小草。从艸,敝声。

【按语】

"蔽"是形声字。小篆从艸(艹),敝声。隶变以后楷书写成"蔽"。

"蔽"的原义是小草。由小草覆盖地面延伸指遮住、遮掩。例如《史记·项羽本纪》:"项伯亦拔剑起舞,常以身翼蔽沛公。"

由遮住延伸成隐藏、藏匿。如柳宗元《黔之驴》:"虎见之,庞然大物也,以为神,蔽林间窥之。"也引伸指蒙蔽、壅蔽。例如《荀子·解蔽》:"上以蔽下,下以蔽上,此蔽塞之祸也。"

"蔽"也引伸指概括。例如《论语·为政》:"《诗》三百,一言以蔽之,曰:'思无邪'。"

蓄

蓄 蓄
小篆　楷书

【原文】

蓄,积也。从艸,畜声。

【译文】

蓄,积聚。从艸,畜声。

【按语】

"蓄"是会意兼形声字。小篆从艸（艹）从畜会意，畜兼表声。隶变以后楷书写成"蓄"。

"蓄"的原义是积储禾谷、蔬菜。例如《诗经·邶风·谷风》："我有旨蓄，亦以御冬。"引申泛指积聚。例如《国语·楚语下》："积货滋多，蓄怨滋厚。"

"蓄"也引伸为畜养。如辛弃疾《美芹十论》："蓄鸡豚。"还表示保存、保留。例如"蓄意""蓄谋"。

蒿

蒿　蒿　蒿　蒿
甲骨文　金文　小篆　楷书

【原文】

蒿，菣也。从艸，高声。

【译文】

蒿，青蒿。从艸，高声。

【按语】

"蒿"是形声兼会意字。甲骨文从艸，高声，高兼表丰茂之意。金文大概相同。小篆承之，省简并整齐化。隶变以后楷书写成"蒿"。

"蒿"的原义是草名。有白蒿、青蒿、牡蒿、臭蒿等多种。又特指青蒿。例如《诗经·小雅·鹿鸣》："呦呦鹿鸣，食野之蒿。"又指蒿子，蒿属的一种植物。

"蒿"用作动词，指消耗、枯竭、尽。例如《庄子·骈拇》："今世之仁人，蒿目而忧世之患。"

蓝

蓝　蓝
小篆　楷书

【原文】

蓝,染青草也。从艸,监声。

【译文】

蓝,染青色的草。从艸,监声。

【按语】

"蓝"是形声字。小篆从艸(艹),监声。隶变以后楷书写成"藍"。汉字简化之后写成"蓝"。

"蓝"的原义是蓼蓝。例如《诗经·小雅·采绿》:"终朝采蓝,不盈一襜。"

"蓝"泛指含有似蓼蓝汁一样可制作蓝靛染料的植物,或者某些叶似蓼蓝色的植物。例如"马蓝""甘蓝"。也引伸为蓝色。如白居易《忆江南》:"春来江水绿如蓝。"

"蓝"又特指佛寺,是梵语"伽蓝"的简称。例如"宝刹名蓝之"。

蓬

蓬 蓬

小篆　　楷书

【原文】

蓬,蒿也。从艸,逢声。

【译文】

蓬,蓬蒿草。从艸,逢声。

【按语】

"蓬"是形声字。小篆从艸(艹),逢声。隶变以后楷书写成"蓬"。

"蓬"的原义是蓬草。例如《荀子·劝学》:"蓬生麻中,不扶而直。"蓬草凌乱,故用以比喻散乱。例如《诗经·卫风·伯兮》:"自伯之东,首如飞蓬。"也引伸为旺盛。例如"朝气蓬勃的小伙子"。

"蓬"用作量词,多指成团的或者似飞蓬形状的东西。例如"一蓬烟""一蓬火"。

蔫

蔫 蔫
小篆 楷书

【原文】

无。

【按语】

"蔫"是形声字。小篆从艸(艹),焉声。隶变以后楷书写成"蔫"。

"蔫"的原义是植物因失去水分而枯萎。如杜牧《春晚题韦家亭子》:"蔫红半落平池晚,曲渚飘成锦一张。"诗中的"蔫红",即指萎缩将谢的花。人打不起精神的样子与草木枯萎相似,故可形容人精神不振。例如"她今天蔫蔫的"。也引伸为不声不响的。例如"别看他平时蔫不啦唧儿,打起仗来可似个小老虎"。

在某些方言里,"蔫"又指性子慢、不爽快。例如"蔫性子""蔫脾气"。

蕃

蕃 蕃 蕃
金文 小篆 楷书

【原文】

蕃,草茂也。从艸,番声。

【译文】

蕃,草繁茂。从艸,番声。

【按语】

"蕃"是形声字。金文从艸(艹),番声。小篆整齐化。隶变以后楷书写成

"蕃"。

"蕃"的原义是草木茂盛。例如《易·坤》:"天地变化,草木蕃。"延伸成滋生繁殖。例如《汉书·公孙弘传》:"阴阳和,五谷登,六畜蕃。"

"吐蕃",指我国古代藏族所建立的地方政权,在今青藏高原。"蕃"在此处念bō。

藩

藩　藩
小篆　楷书

【原文】

藩,屏也。从艸,潘声。

【译文】

藩,屏蔽。从艸,潘声。

【按语】

"藩"是形声字。小篆从艸(艹),潘声。隶变以后楷书写成"藩"。

"藩"的原义是篱笆。例如《易·大壮》:"羝羊触藩,羸其角,不能退,不能遂。"篱笆的围护有一定的范围,故延伸成领域。例如《庄子·大宗师》:"吾愿游于其藩。"篱笆起屏障的作用,故也引伸为屏障、护卫。如左思《咏史》:"吾希段干木,偃息藩魏君。"

古代诸侯国是中央的屏障和护卫,所以也引伸为诸侯国、属国,称为"外藩""藩国"。此外,归顺或者臣服的国家也可称"藩国"。

薄

薄　薄
小篆　楷书

【原文】

薄,林薄也。一曰:蚕薄。从艸,溥声。

【译文】

薄,草木密集丛生。另一义说:薄是蚕帘。从艸,溥声。

【按语】

"薄"是形声兼会意字。小篆从艸(艹),溥声,溥兼表散布之意,会草木密集丛生处之意。隶变以后楷书写成"薄"。

"薄"的原义是草木密集丛生之处,读作bó。例如《楚辞·涉江》:"露申辛夷,死林薄兮。"通"迫",指迫近、接近。例如"日薄西山"。还表示弱、不强健。例如"势单力薄"。又延伸成分量轻、小。例如"薄礼"。也引伸为轻视。如成语"厚古薄今"。

"薄"读作báo时,基原义是指扁平物上下两面之间距离小。例如"薄饼""薄片"。由此延伸成不浓、不深、不肥沃。例如"他待你不薄"。

用在"薄荷"中念bò。

暮

甲骨文　金文　小篆　楷书

【原文】

无。

【按语】

"暮"是会意兼形声字。甲骨文从日,从四木,会日落于林中之意。金文变为从日从茻会意,茻兼表声。小篆继承金文,并整齐化。隶变以后楷书写成"莫"。由于"莫"后为借义和虚义所专用,日落之义便另加义符"日"写成"暮"来表示。

"暮"的原义是傍晚日落的时候。例如"朝三暮四"。延伸成时间靠后、临近终了。例如"暮春"。又用来引喻年老。如曹操《龟虽寿》:"烈士暮年,壮心不已。"

藏

藏　藏
小篆　　楷书

【原文】

藏,匿也。从艸,臧声。

【译文】

藏,隐匿。从艸,臧声。

【按语】

"藏"是会意兼形声字。小篆从艸(艹),从臧(隐匿),会藏匿之意,臧兼表声。隶变以后楷书写成"藏"。

"藏"的原义是隐匿,读作 cáng。例如《论语·述而》:"用之则行,舍之则藏。"延伸成储藏、收存。例如"秋收冬藏"。也引伸为怀有。例如《易·系辞下》:"君子藏器于身,待时而动。"

"藏"读作 zàng 时,指收藏财物的府库或者财物。例如《左传·僖公二十四年》:"晋侯之竖头须,守藏者也。"

"藏"用作我国少数民族名,即藏族。

大 部

大

大　　大　　大　　大
甲骨文　金文　小篆　楷书

【原文】

大,天大,地大,人亦大。故大象人形。古文大也。凡大之属皆从大。

【译文】

大,天大,地大,人也大。所以"大"字似人的形状。(大)是古文"大"字。凡是大的部属全部从大。

【按语】

"大"是象形字。甲骨文、金文、小篆的形体全部似一个正面站立、张开双手双脚的人的形象。隶变以后楷书写成"大"。

"大"的原义是人。人为"万物之灵",上古以人为大,故延伸成"大小"之"大"。由大。也引伸表示重要、重大。例如"天下大事"进而延伸表示尊敬。例如"大王""大作"。

"大"还读作 dài,用于某些专称。例如"大夫"。

太

甲骨文　金文　小篆　楷书

【原文】

无。

【按语】

"太"是象形字。甲骨文中的"太"字就是"大"字,似正面站立的人形。金文下部增加了一个曲笔,以与"大"相区别。隶变以后楷书写成"太"。

"太"是在"大"的基础上再加了一点而形成的,故延伸成过于。如杜甫《新婚别》:"暮婚晨告别,无乃太匆忙!"延伸成最、极。进而延伸指身份最高或者辈数更高的。例如"太公""太后"。

天

天

| 甲骨文 | 金文 | 小篆 | 楷书 |

【原文】

天,颠也。至高无上,从一大。

【译文】

天,头顶。最高而无以上加的部位。由一、大会意。

【按语】

"天"是象形字。甲骨文似正面站立的人,突出了上部的方框(头)。金文的形体大概相同,显得更形象。小篆线条化。隶变以后楷书写成"天"。

"天"的原义是人的头顶;两眉之间,称为"天庭"。如常说的"天庭饱满"。人至高无上的部分为"天"(头),自然界至高无上的部分也为"天"。如杨万里《晓出净慈寺送林子方》:"接天莲叶无穷碧,映日荷花别样红。"

夫

夫

| 甲骨文 | 金文 | 小篆 | 楷书 |

【原文】

夫,丈夫也。从大,一以象簪也。周制以八寸为尺,十尺为丈。人长八尺,故曰丈夫。凡夫之属皆从夫。

【译文】

夫,成年男子。从大,一用以似成年男子头发上的簪子之形。周朝的制度用八寸作一尺,十尺作一丈。今成人身长八尺,合周制为一丈,所以叫丈夫。凡是夫的部属全部从夫。

【按语】

"夫"是象形字。甲骨文形体的下部是"大",即一个正面站立的人;"大"的上部有一小横,表示头簪之形。金文与甲骨文类似。隶变以后楷书写成"夫"。

"夫"的原义是成年男子。例如《韩非子·五蠹》:"古者丈夫不耕,草木之实足食也。"男子成年后就可以结婚,延伸指丈夫。例如《乐府诗集·陌上桑》:"使君自有妇,罗敷自有夫。"在古代诗文中,由"夫"字所组成的词是很多的。例如"夫子",是古代对男子的尊称。

"夫"还作助词,放在句首,表示提起议论。如苏洵《六国论》:"夫六国与秦皆诸侯,其势弱于秦。"放在句末,表示感叹。例如《论语·子罕》:"子在川上曰:'逝者如斯夫!不舍昼夜。'"

夯

小篆　　楷书

【原文】

无。

【按语】

"夯"是后起字,为会意字。楷书写成"夯",从大,从力,会用大力扛东西之意。

"夯"的原义是用大力扛东西。例如《净善集·禅林宝训》:"自家闺阁中物,不肯放下,反累及他人担夯,无乃大劳乎!"劳动时需要出大气力,故延伸指用力抬举重物把地或者其他粒状材料砸实。例如"夯地基"。延伸指充胀、鼓满。如王实甫《西厢记》第五本第四折:"有口难言,气夯破胸脯。"也引伸为笨拙。例如《西游记》第十九回:"那馕糠的夯货,快出来与老孙打吗?"

央

甲骨文　金文　小篆　楷书

【原文】

央,中央也。从大在冂之内。大,人也。央𦥑原则相同。一曰久也。

【译文】

央,中央。"大"字在"冂"字内;大,就是正立的人。央、𦥑二字构形同意。另一义说:央是久。

【按语】

"央"是会意字。甲骨文似一个人(大)站在物体(冂)当中。金文和小篆全部直接由甲骨文演变而来。隶变以后楷书写成"央"。

"央"的原义是中心。例如《诗经·秦风·蒹葭》:"溯游从之,宛在水中央。"延伸指恳求、请求。例如《水浒传》第三十回:"但是人有些公事来央浼他的,武松全部对监相公说了,无有不依。"

奥

小篆　楷书(繁体)　楷书

【原文】

无。

【按语】

"奥"是会意字。从双手捧禾麦,会祭拜室内西南隅神灵之意。隶变以后楷书写成"奥"。汉字简化之后写成"奥"。

"奥"的原义是房屋室内的西南角,是古时祭祀设神主或者尊者居坐之处。例如《韩非子·说林下》:"卫将军文子见曾子,曾子不起而延于坐席,正身见于奥。"泛指室内深处。例如《淮南子·时则》:"凉风始至,蟋蟀居奥。"也引伸指深奥、精深、不易理解。例如"奥妙"。

夹

甲骨文　　　金文　　　小篆　　　楷书（繁体）　　　楷书

【原文】

夾,持也。从大侠(挟)二人。

【译文】

夾,左右相扶持。由"大"字被左右两个"人"字挟持着会意。

【按语】

"夹"是会意字。甲骨文形中间是一个大人,左右两边各有一个小人在挟持着这个大人。金文与甲骨文大概相同。隶变以后楷书写成"夾"。简化汉字后写成"夹"。

"夹"的原义是在左右扶持。延伸成从左右进攻。例如"夹攻"。在两者之间也可称"夹"。例如"夹缝"。又可以延伸成里外两层。例如"夹衣"。

奔

金文　　　小篆　　　楷书

【原文】

奔,走也。从夭,贲省声。与走同意,俱从夭。

【译文】

奔,快跑。从夭,贲省声。与"走"的构形原则相同,全部从夭。

【按语】

"奔"是会意字。金文从人从止（脚），会人跑得很快之意，所以足迹多。小篆继承金文。隶变以后楷书写成"奔"。

"奔"的原义是疾跑、快跑。例如《庄子·田子方》："夫子奔逸绝尘，而回瞠若乎后矣。"延伸成私奔。例如《史记·司马相如列传》："文君夜亡奔相如，相如乃与驰归成全部。"由跑得快也引伸指疾速。例如"奔流"。

夺

金文　　小篆　　楷书（繁体）　　楷书

【原文】

奪，手持隹失之也。从又从奞。

【译文】

夺，手里持握的鸟失去了。由又，由奞会意。

【按语】

"夺"是会意字。金文从鸟，从手，会鸟从手中飞走之意。小篆字形变化不大，并整齐化。隶变以后楷书写成"奪"。汉字简化之后写成"夺"。

"夺"的原义是鸟飞脱。延伸指照耀。例如"光彩夺目"。后又借用指强取。例如"巧取豪夺""争权夺利"。进一步延伸指（强迫）改变。例如《论语·子罕》："三军可夺帅也，匹夫不可夺志也。"

"夺"也引伸指用力冲开。例如"夺门而出"。进而延伸指胜过、压倒。例如"巧夺天工""喧宾夺主"。也引伸指做决定、裁定。例如"裁夺""定夺"。

奖

小篆　　楷书

【原文】

奖，嗾犬厉之也。从犬，将省声。

【译文】

奖，使唤狗而勉励它。从犬，将省声。

【按语】

"奖"是形声字。小篆从犬，将省声。隶变以后楷书写成"奨"。汉字简化之后写成"奖"。

"奖"的原义是驱使狗猛进。延伸指劝勉、鼓励。例如"奖励""奖拔"（勉励提拔）。

"奖"作名词，指为了鼓励而给人的荣誉或者财物。例如"颁奖""金似奖"。

夸奖也是一种鼓励，所以延伸成夸奖。例如"嘉奖""奖许"等。

奇

奇　奇

小篆　　楷书

【原文】

奇，异也。一曰：不耦。从大，从可。

【译文】

奇，殊异。另一义说：奇是不成双数。由大、可会意。

【按语】

"奇"是会意字。小篆从大（表示人），从可（表示以棍支撑），会拄棍用一只脚站立的瘸子之意。隶变以后楷书写成"奇"。

"奇"的原义指人一只脚站立，读作 jī。延伸泛指单一。例如"奇数"。延伸指余数、零头。例如《核舟记》中说核舟的长度是"八分有奇"，意思是说长八寸多。

"奇"读作 qí，延伸成奇异、与众不同、特殊。例如《楚辞·涉江》："余幼好此奇服兮。"延伸为出人意料、诡变莫测。例如"出奇制胜"。也引伸为珍奇、稀奇。如成语"奇货可居""奇花异草"。也引伸为极端、异常。例如"奇贵""奇效"。

奈

金文　　小篆　　楷书（繁体）　楷书

【原文】

奈，果也。从木，示声。

【译文】

奈，果木名。从木，示声。

【按语】

"奈"是会意字。古文从又，从木，从示，会以手持燎柴于祭台前焚烧祭天之意。隶变以后楷书写成"柰"和"奈"。如今规范化，以"奈"为正体。

"奈"的原义是燎柴祭天。尔后的烧香就是其遗风。又特指柰果，是一种落叶小乔木，果实为沙果。如周兴嗣《千字文》："果珍李柰，菜重芥姜。"用作代词，等同于怎奈、如何。例如"奈何囊中羞涩"，其中的"奈"就是怎奈的意思。用作动词，指对付、处置。例如"无可奈何"。

奄

金文　　小篆　　楷书

【原文】

奄，覆也。大有余也，又欠也，从大，从申；申，展也。

【译文】

奄，覆盖。大有余盈。又，哈欠。由大、申会意；申，是舒展的意思。

【按语】

"奄"是会意字。金文从申（表示闪电），从大（表示人），会闪电覆照着人的头顶之意。隶变以后楷书写成"奄"。

"奄"的原义是覆盖。《淮南子·修务训》："万物至众，而知不足以奄之。"延伸指包罗、包括。例如《诗经·大雅·皇矣》："受禄无丧，奄有四方。"

闪电明灭迅速，故也引伸指忽然、突然、急遽。例如《古诗十九首·今日良宴会》："人生寄一世，奄忽若飙尘。"也引伸指气息微弱的样子。例如"奄奄一息"。

奏

甲骨文　金文　小篆　楷书

【原文】

奏，奏进也。从夲，从廾，从屮。

【译文】

奏，进奉。由夲、由廾、由屮会意。

【按语】

"奏"是会意字。甲骨文和金文的字形全部似双手持禾麦奉献给神祖尝新，会向神祖拜祭祷告、祈求丰收之意。隶变以后楷书写成"奏"。

"奏"的原义是进献神祖。例如《史记·廉颇蔺相如列传》："相如奉璧奏秦王。"也特指向帝王上书或者进言。例如"上奏""奏章"等，全部是只有在向帝王进言时才能用的。也引伸为献给帝王的文书。也引伸为成就、取得。如韩愈《平淮西碑》："各奏汝功。"还延伸成演奏、作乐。例如"奏乐""伴奏"。

契

甲骨文　小篆　楷书

【原文】

契,大约也。从大,从㓞。《易》曰:'后代圣人易之以书契。'

【译文】

契,邦国之间的契约。由大、㓞会意。《易经》中说:"后代的圣人用契券来更替它。"

【按语】

"契"是象形字。甲骨文左边是三横一竖,右边是"刀",似用刀契刻之形。小篆的形体基本上同于甲骨文。隶变以后楷书写成"契"。

"契"的原义指契约。例如"房契""地契"。延伸指盟约、邀约。如繁钦《定情诗》:"时无桑中契,迫此路侧人。"契约为两半相合,故延伸指切合、投合。例如"默契"。

古代符契刻字之后,剖为两半,双方各收存一半以作凭证。故由符契两分延伸指聚合分离。例如《诗经·邶风·击鼓》:"死生契阔,与子成说。"

尤 部

尤

甲骨文　金文　小篆　楷书

【原文】

尤,异也。从乙,又声。

【译文】

尤,特异。从乙,又声。

【按语】

"尤"是指事字。甲骨文从又(手),一斜画表示手上有赘疣。金文大概相同。

小篆讹为从乙，又声。隶变以后楷书写成"尤"。

"尤"的原义是赘疣。赘疣即瘤子，是身上多余的东西，是反常的现似，所以延伸成过失。例如《论语·为政》："言寡尤，行寡悔，禄在其中矣。"

"尤"用作动词，指责怪、怨恨。例如"怨天尤人"。用作形容词，指特异的、突出的。如韩愈《送温处士赴河阳军序》："拔其尤。"

"尤"用作副词，表示程度十分突出，更深。如司马光《训俭示康》："近岁风俗尤为侈靡。"

山 部

山

甲骨文　　金文　　楷书

【原文】

山，宣也。宣气散，生万物，有石而高。象形。凡山之属皆从山。

【译文】

山，宣畅。使地气宣通，散布各方，产生万物，有石构成而又高峻。象形。凡是山的部属全部从山。

【按语】

"山"是象形字。甲骨文似三座山峰的样子。金文、小篆线条化，把实心的山变为单线的了。隶变以后楷书写成"山"。

"山"的原义是指大山。如王之涣《凉州词》："黄河远上白云间，一片孤城万仞山。"

"山"是个部首字。凡由"山"组成的字大全部与山石、高大等义有关。例如"嵩""峻""巍"等。

岁

歲 （甲骨文） 嵗 （金文） 歲 （小篆） 歲 （楷书繁体） 岁 （楷书）

甲骨文　金文　小篆　楷书（繁体）楷书

说文解字

《说文解字》原文释义

图文珍藏版

【原文】

歲，木星也。越历二十八宿，宣徧阴阳，十二月一次。从步，戌声。律历书名五星为五步。

【译文】

歲，木星。经过二十八星宿，走遍阴阳十二辰，十二个月行走一个躔次。从步，戌声。例如《汉书·律历志》叫（金、木、水、火、土）五星作五步。

【按语】

"岁"是象形字。甲骨文似长柄斧刃朝左的斧钺之形，上面的两点表示斧面上的铸刻之纹。金文、小篆繁杂化。隶变以后楷书写成"歲"。汉字简化之后写成"岁"。

"岁"的原义是收获庄稼，表示收成。延伸指年。如刘希夷《代悲白头翁》："年年岁岁花相似，岁岁年年人不同。"由年也引伸为年龄。还可以指季节气候。例如《论语·子罕》："岁寒，然后知松柏之后凋也。"还可以指时间、光阴。如陶渊明《杂诗》："及时须勉励，岁月不待人。"

岗

崗 （小篆） 崗 （楷书繁体） 岗 （楷书）

小篆　楷书（繁体）楷书

【原文】

无。

【按语】

"岗"是会意兼形声字。楷书繁体写成"崗"，从山，从冈，会山脊之意，冈兼表声。汉字简化之后写成"岗"。

"岗"的原义是山脊、山岭。如左思《咏史》之五："振衣千仞岗，濯足万里流。"延伸成岗位、哨位。例如"门岗""站岗"。

岛

岛　岛　岛

小篆　楷书（繁体）　楷书

【原文】

岛，海中往往有山可依止曰岛。从山，鸟声，如读若《诗》曰'茑与女萝'。

【译文】

岛，海中往往有山可以依托止息，叫作岛。从山，鸟声。音读似《诗经》中所说的"茑草和女萝草"的"茑"字。

【按语】

"岛"是会意兼形声字。小篆从山，从鸟，会水中有山可息鸟之意，鸟兼表声。隶变以后楷书写成"岛"。汉字简化之后写成"岛"。

"岛"的原义是江、湖、海洋中被水所包围而比大陆要小的一片陆地。《史记·田儋列传》："田横惧诛，而与其徒属五百余人入海，居岛中。"

崇

崇　崇

小篆　楷书

【原文】

崇，嵬高也。从山，宗声。

【译文】

崇，山高。从山，宗声。

【按语】

"崇"是会意兼形声字。小篆从山从宗(高大殿堂)会意,宗兼表声。隶变以后楷书写成"崇"。

"崇"的原义是山大而高。如王勃《滕王阁序》:"俨骖騑于上路,访风景于崇阿。"延伸泛指高、高大。例如《诗经·周颂·良耜》:"其崇如墉,其比如栉。"

高则受人崇拜,故"崇"也引伸指崇拜、尊崇。例如《礼记·祭统》:"崇祀宗庙社稷,则子孙顺孝。"

"崇"还可以表示兴盛,如张衡《东京赋》"建明德而崇业。"又例如"崇业"(兴业)、"崇盛"(隆盛,极其荣宠)。

岸

岸　岸
小篆　楷书

【原文】

无。

【按语】

"岸"是会意兼形声字。小篆从屵,从干(盾牌,表捍卫),干兼表声。隶变以后楷书写成"岸"。

"岸"的原义是水边高起之地。如李白《早发白帝城》:"两岸猿声啼不住。"后泛指靠近水边的陆地。如范仲淹《岳阳楼记》:"岸芷汀兰,郁郁青青。"河岸较水面高,故也引伸指高、高傲。例如"伟岸"。

岩

巖　巖　岩
小篆　楷书(繁体)　楷书

【原文】

无。

【按语】

"岩"是形声兼会意字。小篆从山,嚴声。隶变以后楷书写成"巖"。汉字简化之后写成"岩"。

"岩"的原义是高峻的山崖。如陆游《过小孤山大孤山》:"嵌岩窦穴,怪奇万状。"延伸指高大的石块、大石块。例如《史记·高祖本纪》:"高祖即自疑,亡匿,隐于芒砀山泽岩石之间。"

岾

岾 岺

小篆　　楷书

【原文】

无。

【按语】

"岾"是会意字。小篆从分、山,会由主山脉分出的支脉之意。隶变以后楷书写成"岾"。

"岾"的原义是山脉分支的地方。延伸泛指河流、道路等分支的地方。例如"岾道"。岾路则选择多,因此人们多用"岾路口"来形容自己在人生中的多重选择。

"岾"也引伸指在活动过程出的麻烦、事故。例如"出岾子"。也引伸指错开。例如"把两个会岾开"。进而延伸指转移主题、插话。例如"岾开话题"。

峡

峡 陕 峡

小篆　楷书（繁体）　楷书

【原文】

无。

【按语】

"峡"是会意兼形声字。小篆从阜，从夾（两人从旁扶持一人），夾兼表声。隶变以后楷书写作"陝"；俗改作"峽"，从山从夾会意，夾兼表声。汉字简化之后作"峡"。

"峡"的原义是两山夹水处。如王维《桃源行》："峡里谁知有人事，世中遥望空云山。"峡从山，说明有山才有峡。故两山之间狭窄幽深的谷地，叫峡谷。峡谷大都全部很窄，故"峡"又指狭窄。例如《水经注·河水》："空谷幽深，涧道之峡，车不方轨，号曰天险。"

峻

峻 峻 峻

金文　小篆　楷书

【原文】

无。

【按语】

"峻"是形声兼会意字。金文从山，畯声。小篆从山，陵声。畯、陵兼表高大之意。隶变以后楷书写成"峻"。

"峻"的原义是山高而陡峭。也指山谷深而陡。例如"崇山峻岭"。也引伸指严酷、严厉。如《论衡·非韩》："使法峻，民无奸者。"

"峻"用作动词，指结束、完成。例如"峻工"。也指增高、升迁。例如"峻擢"

"峻迁"。

崖

崖　崖

小篆　楷书

【原文】

崖,高边也。从屵,圭声。

【译文】

崖,高陡的山边。从屵,圭声。

【按语】

"崖"是会意兼形声字。小篆从山从厓会意,厓兼表声。隶变以后楷书写成"崖"。

"崖"的原义是岸、水边。例如《荀子·劝学》:"玉在山而草木润,渊生珠而崖不枯。"

"崖"延伸指山或者高地陡直的侧面。例如《徐霞客游记·游黄山记》:"四眺重崖,皆悬绝无径,而西崖尤为峻峭。"

"崖"又泛指事物的边际、界域。例如《淮南子·俶真训》:"提挈天地而委万物,以鸿蒙为景柱,而浮扬乎无畛崖之际。"

屿

嶼　嶼　屿

小篆　楷书(繁体)　楷书

【原文】

嶼,岛也。从山,與声。

【译文】

嶼,小岛。从山,與声。

【按语】

"屿"为形声字。小篆从山,与声。隶变以后楷书写成"嶼"。汉字简化之后写成"屿"。

"屿"的原义是小岛。如柳宗元《至小丘西小石潭记》:"为屿,为嵁,为岩。"延伸成平地小山。如袁宏道《嵩游第五》:"中央之山宜平,则为坻为屿,若以供吾布席置酒之用也。"

崔

崔

小篆　　楷书

【原文】

崔,大高也。从山,隹声。

【译文】

崔,山高大。从山,隹声。

【按语】

"崔"是会意兼形声字。小篆从山,从隹,会山高大而上有石如隹鸟立着之意,隹兼表声。隶变以后楷书写成"崔"。

"崔"的原义是山高大。例如《诗经·齐风·南山》:"南山崔崔,雄狐绥绥。"延伸泛指高出、高耸。如屈原《涉江》:"带长铗之陆离兮,冠切云之崔嵬。"

崩

崩

小篆　　楷书

【原文】

崩,山坏也。从山,朋声。

【译文】

崩,山土败坏塌裂。从山,朋声。

【按语】

"崩"是形声字。小篆从山,朋声。隶变以后楷书写成"崩"。

"崩"的原义是山倒塌。例如"山崩地裂"。延伸泛指崩裂、倒塌。如林嗣环《口技》:"中间力拉崩倒之声,火爆声,呼呼风声,百千齐作。"

古代把天子的死看得很重,常用山塌下来引喻,由此从周代开始帝王死称"崩"。如诸葛亮《出师表》:"先帝知臣谨慎,故临崩寄臣以大事也。"

"崩"也引伸指崩溃、垮台、败坏。例如《论语》中有"礼乐崩"的说法,其实指的就是礼乐败坏。也引伸指炸伤、枪毙。例如"拉出去崩了。"

岖

岖 嶇 陮 岖

小篆　楷书（繁体）楷书（繁体）　楷书

【原文】

陮,危也。从𨸏,區声。

【译文】

陮,崎岖。从𨸏,區声。

【按语】

"岖"是形声字。小篆从阜(左阝),區声。隶变以后楷书写成"陮",俗体作"嶇"。汉字简化之后写成"岖"。

"岖"用在连绵词"崎岖"中。崎岖,原义是道路险阻不平。如陶渊明《归去来

崎

崎 陭 騎

小篆　　楷书(繁体)　楷书

【原文】

陭,上党陭氏阪也。从阜,奇声。

【译文】

陭,上党陭氏阪。从阜,奇声。

【按语】

"崎"是形声字。小篆从阜,奇声。隶变以后楷书写成"陭"。如今规范化作
"崎",从山,奇声。现在二字表意有分工。

"崎"的原义是古地名,指陭氏阪。在今山西省上党市。

"崎岖",原义是地面高低不平的样子。如李白《送友人入蜀》:"见说蚕丛路,
崎岖不易行。"引喻经历困厄坎坷。如王安石《杭州修广师法喜堂》:"忆初救时勇
自许,壮大看俗尤崎岖。"

岳

岳 嶽 嶽 岳

甲骨文　小篆　　楷书(繁体)　楷书

【原文】

嶽,东,岱;南,霍;西,华;北,恒;中,泰室。王者之所以巡狩所至。从山,獄声。

【译文】

嶽,东岳岱山,南岳衡山,西岳华山,北岳恒山,中岳嵩山。是王者巡视所到的

地方。从山,獄声。

【按语】

"岳"本是象形字。甲骨文似上下多层山岳的形状。小篆变为从山、獄声的形声字。隶变以后楷书写成"嶽"。汉字简化之后写成"岳"。

"岳"的原义是高大的山。

我国有五大名山:东岳泰山,西岳华山,南岳衡山,北岳恒山,中岳嵩山。合称为"五岳"。又如:"岳宗"(五岳之中的嵩山),岳帝(东岳泰山之神、东岳大帝的简称)。

妻的父母或者妻的叔伯以岳相称,例如"岳丈""岳父""岳母"。

崭

小篆　　楷书(繁体)　　楷书

【原文】

无。

【按语】

"崭"是后起字,为形声字。楷书繁体写成"嶄",从山,斩声。汉字简化之后写成"崭"。

"崭"的原义是山高而险峻的样子。延伸指高出、突出的样子。如成语"崭露头角"。

"崭"作副词表示很、特别的意思。例如"崭新""齐崭崭"。

屹

屹

楷书

【原文】

无。

【按语】

"屹"是后起字，为形声字。楷书写成"屹"，从山，乞声。

"屹"的原义是山势直立高耸的样子。泛指耸立。如苏轼《次韵刘景文西湖席上》："二老长身屹两峰，常撞大吕应黄钟。"引喻坚定不移。如白居易《青石》："义心若石屹不转，死节名流确不移。"

小 部

小

甲骨文　　金文　　小篆　　楷书

【原文】

小，物之微也。从八，丨见而分之。凡小之属皆从小。

【译文】

小，物体微小。从八（表示分别）；小物出现，就分解它。凡是小的部属全部从小。

【按语】

"小"是会意字。甲骨文当中是一块细长之物，其两侧是一个"八"字，会一物分为二则比原物小之意。金文、小篆的形体与甲骨文相类。隶变以后楷书写成"小"。

"小"的原义与"大"相反。例如《庄子·逍遥游》："惠（蟪）蛄不知春秋，此小年也。"此处"小年"解为寿命短促。意思是蟪蛄连春秋全部不知道，因为它的寿命太短了。

少

甲骨文　　金文　　　小篆　　　楷书

【原文】

少,不多也。从小,丿声。

【译文】

少,不多。从小,丿声。

【按语】

"少"是象形字。上古"少"与"小"通用。甲骨文仅四个小点,似小颗粒之形。金文稍变其形。小篆继承金文,线条化、整齐化。隶变以后楷书写成"少"。

"少"的原义指细小的颗粒,读作 shǎo。例如《孟子·梁惠王上》:"邻国之民不加少,寡人之民不加多,何也?"延伸成稍微。例如《战国策·赵策四》:"太后之色少解。"

"少"又读作 shào,大都是用作形容词或者者动词,指年幼、年轻、少年、青年。

尘

甲骨文　　　小篆　　　楷书(繁体)　楷书

【原文】

无。

【按语】

"尘"是会意字。甲骨文似三只鹿在奔跑,脚下扬起了尘土。小篆继承甲骨文,会群鹿奔跑,尘土飞扬之意。隶变以后楷书写成"塵"。汉字简化之后写成"尘"。

"尘"的原义是尘土。引喻庸俗肮脏的事物。例如"风尘女子"。由飞扬的尘土延伸指踪迹。例如《宋史·南唐李氏世家》："思追巢、许之余尘。"延伸指现实世界。如陶渊明《归园田居》："误落尘网中,一去三十年。"

雀

甲骨文　　小篆　　楷书

【原文】

雀,依人小鸟也。从小、隹。读与爵同。

【译文】

雀,依人而宿的小鸟。由小、隹会意。音读与"爵"字同。

【按语】

"雀"是象形字。甲骨文的形象就似一个鸟头,头顶上有一撮羽毛。小篆继承甲骨文。隶变后楷书写成"雀"。

"雀"原义指麻雀或者山雀。例如"螳螂捕蝉,黄雀在后",是说螳螂正要捉蝉,却不知黄雀在后面正要吃它。现在用来引喻目光短浅,只想到算计别人,没想到别人正在算计自己。

尚

甲骨文　　金文　　小篆　　楷书

【原文】

尚,曾也。庶几也。从八,向声。

【译文】

尚,增加;希冀。从八,向声。

【按语】

"尚"为象形字。甲骨文下部似一个有窗户的建筑物,上有两横,似烟气上腾形。金文和小篆全部继承甲骨文而来。隶变以后楷书写成"尚"。

"尚"的原义是烟气自窗户上腾。由此可以延伸成超过、高出。也引伸指古远、久远。例如"尚远",意为久远。进而延伸成崇尚、尊重。例如"尚武""尚贤"。

"尚"用作虚词,表示尚且、还。例如"尚不可知""尚小"。

为帝王管理事物也称为"尚",例如"尚食"(掌理帝王膳食的人)、尚衣(掌管帝王衣服的人)、尚书(执掌帝王文书奏章的人)。

上古的"尚方"是为皇帝制造兵器等的官署名。"尚方宝剑",是指皇帝所用的宝剑。

尔

甲骨文	金文	小篆	楷书(繁体)	楷书

【原文】

爾,丽尔,犹靡丽也。从门,从效,其孔效,尒声。此与爽同意。

【译文】

爾,丽尔,犹如说明。由门、效会意,效表示孔格疏朗,尒声。尔与爽全部从效,构形之意相同。

【按语】

"尔"是象形字。甲骨文似蚕开始吐丝结茧之形,上面似蚕头,下面似所结之蚕茧,用蚕初吐之丝尚少,所结之茧稀疏似篱笆,来表示疏朗之意。金文整齐化。小篆分为繁简二体。隶变后楷书分别写成"爾"和"尔"。如今规范化,写成"尔"。

"尔"的原义是蚕开始结茧时稀疏的样子。后借作人称代词,你、你们。又借作指示代词,等同于"彼""此""这样"。如陶渊明《饮酒》:"问君何能尔,心远地自偏。"虚化为助词,用在形容词或者副词的词尾,等同于"然"。例如《论语》:"鼓瑟希,铿尔,舍瑟而作。"

"尔"用在陈述句后,表示限止语气,义为而已、罢了。如欧阳修《归田录》:"无他,唯手熟尔。"

慕

金文　小篆　楷书

【原文】

慕,习也。从心,莫声。

【译文】

慕,习玩(而模仿)。从心,莫声。

【按语】

"慕"是形声字。金文从心,莫声。小篆整齐化。隶变以后楷书写成"慕"。

"慕"的原义是依恋、向往。例如《孟子·万章上》:"人少则慕父母,知好色则慕少艾。"意思是,人在年少时依恋父母;长大后知道喜好美色,则会恋慕年轻美貌的人。

"慕"也引伸指仰慕、敬慕。例如"慕名而来"。也引伸指效仿。例如《三国志·蜀书·董和传》:"苟能慕元直之十一,幼宰之勤渠,有忠于国,则亮可以少过矣。"此处的"元直"指徐庶;"幼宰"指董幼宰。

口 部

甲骨文　金文　小篆　楷书

【原文】

口，人所以言食也。象形。凡口之属皆从口。

【译文】

口，人用来说话饮食的器官。象形。凡是口的部属全部从口。

【按语】

"口"是象形字。甲骨文、金文、小篆的形体全部似一个人开口笑的样子。隶变楷书后写成"口"。

"口"的原义就是指人的嘴巴。一人一口，故延伸指人口。例如《管子·海王》："十口之家，十人食盐。"由进食说话的通道，也引伸为孔穴及容器内外相通的地方。例如"瓶口""井口"。还可延伸指破裂的地方。例如"伤口""疮口"。用作量词，表示物品的件数。如"一口剑""一口锅"。

句

甲骨文	金文	小篆	楷书

【原文】

句，曲也。从口，丩声。凡句之属皆从句。

【译文】

句，弯曲。从口，丩声。凡是句的部属全部从句。

【按语】

"句"是会意兼形声字。甲骨文从口（表语声），从丩（勾曲），会语调曲折之意，丩兼表声。金文把口移到下边。小篆整齐化、线条化。隶变以后楷书写成"句"。

"句"的原义是语调曲折，读作 gōu。延伸泛指勾曲、弯曲。

"句"读作 jù，指句子。例如《文心雕龙·章句》："夫人之立言，因字而生句，积句而成章，积章而成篇。"

呂

吕　吕　呂　呂　吕
甲骨文　金文　小篆　楷书（繁体）　楷书

【原文】

呂，脊骨也。象形。昔太岳为禹心呂之臣，故封呂侯。凡呂之属皆从呂。

【译文】

呂，脊椎骨。象形。过去太岳官是似大禹心脏和脊骨一样的臣子，所以封为呂侯。大凡呂的部属全部从呂。

【按语】

"呂"是象形字。甲骨文是两个方"口"，似是人（或者动物）的脊骨连成一串。金文则变成了长圆形。隶变以后楷书写成"呂"。汉字简化之后写成"吕"。

"呂"的原义是脊骨。尔后被假借为古代音乐十二律中的阴律，有六种，总称"六呂"。后延伸泛指乐律或者音律。如翁洮《和方干题李频庄》："犹凭律呂传心曲，岂虑星霜到鬓根。"

告

告　告　告　告
甲骨文　金文　小篆　楷书

【原文】

告，牛触人，角箸横木，所以告人也。从口，从牛。

【译文】

牛喜欢抵触人，在牛角上施加横木，是用以告诉人们的标志。由口、由牛会意。

【按语】

"告"是会意字。甲骨文从口，从牛，会用牛羊祭祀祷告神灵求福之意。金文大概相同,小篆整齐化。隶变以后楷书写成"告"。

"告"的原义是向神灵祈祷、诉说。例如"祷告"。祷告意在求福,故延伸指请求。例如《礼记·曲礼上》:"夫为人子者,出必告。"也引伸指报告、上报。例如《诗经·齐风·南山》:"取妻如之何? 必告父母。"

"告"也引伸为告诉。例如《史记·项羽本纪》:"项伯乃夜驰之沛公军,私见张良,具告以事。"也引伸指向行政或者司法机关检举或者提起诉讼。例如"上告""告发"。

吉

甲骨文　　金文　　小篆　　楷书

【原文】

吉,善也。从士、口。

【译文】

吉,美好吉祥。由士、口会意。

【按语】

"吉"是会意字,甲骨文上面似盛满事物的器物,下面是供桌一类的东西,表示家有吉庆。金文、小篆继承甲骨文。隶变以后楷书写成"吉"。

"吉"的原义是吉祥、吉利。例如"大吉大利"。延伸成善、美好。如杜甫《忆昔》之二:"九州道路无豺虎,远行不劳吉日出。"

只

甲骨文　　金文　　小篆　　楷书(繁体)　　楷书

【原文】

隻,鸟一枚也。从又持隹。持一隹曰隻,二隹曰(双)。

【译文】

隻,鸟一只。由"又"(手)持握着"隹"(鸟)会意。手里拿着一只鸟叫只,(拿着)两只鸟叫双。

【按语】

"只"是会意字。甲骨文从又(手),从隹(鸟),会一只手逮住了一只鸟之意。金文大概相同。小篆继承金文。隶变以后楷书写成"隻"。汉字简化之后写成"只"。

"只"的原义是一只鸟,读作 zhī。延伸成凡物之单者曰"只",与"双"相对。例如《公羊传·僖公三十三年》:"匹马只轮无反者。"延伸指孤独。例如"形单影只"。也引伸指单数、奇数。例如《宋史·张洎传》:"肃宗而下,咸只日临朝,双日不坐。"

还读作 zhǐ,表示除此之外,没有别的。延伸指仅、仅仅。如王安石《泊船瓜洲》:"京口瓜洲一水间,钟山只隔数重山。"

古

古（甲骨文） 古（金文） 古（小篆） 古（楷书）

甲骨文　　金文　　小篆　　楷书

【原文】

古,故也。从十、口。识前言者也。凡古之属皆从古。

【译文】

古,久远的年代。由十、口会意,表示众口相传,记识前代的言语和故事。凡是古的部属全部从古。

【按语】

"古"是会意字。甲骨文从十(表示多),从口,会世世代代口口相传之意。金文变化不大。隶变以后楷书写成"古"。

"古"的原义是古代,与"今"相对。延伸成旧、原来。如陶渊明《桃花源》:"俎豆犹古法,衣裳无新制。"其中的"俎豆"是古代祭祀、宴飨时盛食物用的两种礼器。

"古"延伸泛指古代的事物,如仿古、考古、拟古、怀古、古义(古书的义理)。

邑

甲骨文　金文　小篆　楷书

【原文】

邑,国也。从口,先王之制尊卑有大小,从卪。凡邑之属皆从邑。

【译文】

邑,国。从口;先王的制度,(公、侯、伯、子、男)尊卑(不同),有(不同)大小的(疆域),所以从卪。凡是邑的部属全部从邑。

【按语】

"邑"是会意字。甲骨文会人居住的地方之意。金文大概相同。小篆整齐化。隶变以后楷书写作"邑"。

"邑"的原义是国全部。例如《诗经·商颂·殷武》:"商邑翼翼。"尔后一般的市镇也可以称作"邑"。如苏洵《六国论》:"秦以攻取之外,小则获邑,大则得城。"也指封地。例如《晏子春秋》:"景公赐晏子邑,晏子辞。"

司

甲骨文　金文　小篆　楷书

【原文】

司,臣司事于外者。从反后。凡司之属皆从司。

【译文】

司,在外办事的官吏。由"后"字反过来表示。凡是司的部属全部从司。

【按语】

"司"是指事字。甲骨文的左下部是口,右边是一只手,用手遮在口上,表示一个人用口发布命令。金文大概相同,小篆整齐化,隶变以后楷书写成"司"。

"司"的原义是发布命令。发布命令的人大都全部是主管事务的人,故延伸指职掌、掌管。如《韩非子·扬权》:"使鸡司夜,令狸执鼠,皆用其能,上乃无事。"也延伸也指官府、官署。唐宋以后,尚书省各部下辖诸司。如韩愈《论变盐法事宜状》:"又宰相者,所以临察百司,考其殿最。"

吴

甲骨文	金文	小篆	楷书（繁体）	楷书

【原文】

吴,姓也。亦郡也。一曰:吴,大言也。从矢、口。

【译文】

吴,姓,也是郡名。另一义说:吴是大声喧哗。由矢、口会意。

【按语】

"吴"是会意字。从口,从矢(zè)(似头的动作),会晃着头大声说话之意。隶变以后楷书写成"吴"。汉字简化之后写成"吴"。

"吴"的原义是大声说话、喧哗。例如《诗经·周颂·丝衣》:"不吴不敖,胡考之休。"

"吴"后借指周代诸侯国名,传至夫差,于公元前473年为越所灭。

"吴"用作朝代名,指公元222年—280年孙权所建的国家,又称孙吴、东吴,后为晋所灭。

　　"吴"用作地名,指今江苏省南部和浙江省北部一带,是古代吴国的辖地。例如"吴牛喘月"。

叶

甲骨文　　金文　　小篆　　楷书(繁体)　　楷书

【原文】

葉,艸木之葉也。从艸,枼声。

【译文】

葉,草木的叶子。从艸,枼声。

【按语】

　　"叶"为形声字。甲骨文似一棵树叶繁茂的大树,上部的小点表示树叶所在。金文与甲骨文大概相同。小篆继承金文。隶变以后楷书写成"葉"。汉字简化之后写成"叶"。

　　"叶"的原义是草木之叶。如屈原《九歌·湘夫人》:"袅袅兮秋风,洞庭波兮木叶下。"延伸指薄而似叶子的东西。如李商隐《无题》:"万里风波一叶舟,忆归初罢更夷犹。"

　　"叶"还可以表示较长历史时期的分段。例如"隋朝末叶""唐朝中叶"。

哲

金文　　小篆　　楷书

【原文】

哲,知也。从口,折声。悊,哲或者,从心。

【译文】

哲,明智。从口,折声。悊,哲的或者体,从心。

【按语】

"哲"为形声字。金文从心(表示聪明之意),折声。小篆直接由金文变来,并整齐化。异体字把"心"换成"口"。隶变以后楷书写成"哲"。

"哲"的原义是聪明、有智慧。旧时称那些才能识见超越寻常的人为"哲人",称那些在某方面造诣极深的人为"哲匠"。又可以延伸成有才能的人、有智慧的人。例如"先哲""圣哲"等。

"喆"为"哲"的异体字,已废除。除了人名用字之外,大都均写为"哲"。

咏

金文　　小篆　　楷书(繁体)　　楷书

【原文】

詠,歌也。从言,永声。咏,詠或者,从口。

【译文】

詠,长声歌吟。从言,永声。咏,詠的或者体,从口。

【按语】

"咏"为形声字。金文从口,永声。小篆以"言"代"口"。隶变以后楷书写成"詠"。汉字简化之后写成"咏"。

"咏"的原义是曼声长吟、歌唱。由歌唱之意又可以延伸指用诗词来赞颂。例如"咏梅""咏雪"等,"咏"全部是表赞颂义。

叭

叭 叭

小篆　　楷书

【原文】

无。

【按语】

"叭"是后起字,为形声字。楷书写成"叭",从口,支声。

"叭"的原义是形容物体折断或者碰击时发出的声音。

用作"喇叭",是指一种管乐器,上细下粗,呈向四周张开之形,似牵牛花冠,多用铜制成,俗称"号筒"。古时候有喜事时全部会吹喇叭来庆贺。

吱

吱 吱

小篆　　楷书

【原文】

无。

【按语】

"吱"是后起字,为形声字。楷书写成"吱",从口,支声。

"吱"的原义是用作象声词,表示人或者小动物细小的声音。例如"吱呀"用来形容门响,"吱吱"用来形容小鸟的叫声。

"吱"用作动词,表示发出(声音)。例如"不吱声"。

呕

嘔　嘔　呕
小篆　楷书（繁体）　楷书

【原文】

歐，吐也。从欠，區声。

【译文】

歐，呕吐。从欠，區声。

【按语】

"呕"是后起字，为形声字。楷书繁体写成"嘔"，从口，區声。汉字简化之后写成"呕"。

"呕"的原义是呕吐，指东西在胃喉中上涌，从口中吐出。例如"呕心沥血"。

"呕"延伸泛指声音。如白居易《琵琶行》："岂无山歌与村笛，呕哑嘲哳难为听。"

"呕"又表示故意逗惹人生怒。例如"你不要呕我"。

听

㕔　㕔　聽　聽　听
甲骨文　金文　小篆　楷书（繁体）　楷书

【原文】

听，笑皃。从口，斤声。聽，聆也。从耳，壬声。

【译文】

听，笑吟吟的样子。从口，斤声。聽，声音通顺于耳。由耳会意，壬声。

【按语】

"听"是会意兼形声字。甲骨文从耳,从口,会一人用口说,一人用耳听之意。小篆变得复杂化了,会"有德者耳聪"之意。隶变以后楷书写成"聽",汉字简化之后写成"听"。

"听"的原义是笑吟吟的样子,读作 yín。例如"听然",是张口而笑的样子。

"听"作为"聽"的简化字时,读作 tīng,指用耳朵接受声音。由听而后从,延伸指顺从、接受。例如"言听计从""听话"等。由听从也引伸指任凭、放任。

哎

哎
小篆　　楷书

【原文】

无。

【按语】

"哎"是后起字,为形声字。楷书写成"哎",从口,艾声。

"哎"用作叹词,表示伤感。如关汉卿《窦娥冤》:"哎,只落得两泪涟涟。"又表示惊讶或者不满意。如:"哎,你怎么不早说!"还表示招呼、提醒。如:"哎,快点走。"又表示应答。如:"哎!马上就来了。"

啡

啡
小篆　　楷书

【原文】

无。

国学经典文库

说文解字

《说文解字》原文释义

图文珍藏版

【按语】

"啡"是后起字,为形声字。楷书写成"啡",从口,非声。

《广韵·海韵》:"啡,出唾声。"

"啡"的原义是吐唾沫的声音。

尔后用作"咖啡"的音译词,指一种常绿小乔木,叶长卵形,花白色,结浆果。种子炒熟研磨后可制饮料。又用作"吗啡"的音译,指用鸦片制成的有机化合物,白色粉末,味苦,有毒。医药上用作镇静、镇痛剂,连续使用容易上瘾。

啃

齦　豤　啃

小篆　　楷书（繁体）　　楷书

【原文】

豤,啮也。从豕,艮声。

【译文】

豤,猪啃物。从豕,艮声。

【按语】

"啃"是会意字。小篆从豕,从艮,会猪用劲啃物之意,艮兼表声。隶变以后楷书写成"豤",尔后写成"齦"。汉字简化之后写成"啃"。

"啃"的原义是用牙齿咬下东西。例如"啃骨头""啃玉米"。引喻刻苦钻研。例如"啃书本"。

咆

小篆　　楷书

【原文】

咆,嗥也。从口,包声。

【译文】

咆,嗥叫。从口,包声。

【按语】

"咆"是形声字。小篆从口,包声。隶变以后楷书写成"咆"。

"咆"的原义是猛兽吼叫。如李白《梦游天姥吟留别》:"熊咆龙吟殷岩泉,栗深林兮惊层巅。"

有"咆哮"一词,原义是野兽或者牲畜怒吼。延伸泛指高声大叫,常形容人暴怒。如沈佺期《被弹》:"劾吏何咆哮,晨夜闻扑挞。"还延伸形容风浪、雷雨或者水流等发出的呼啸轰鸣声。如李白《公无渡河》:"黄河西来决昆仑,咆哮万里触龙门。"

咕

咕 咕

小篆　　　楷书

【原文】

无。

【按语】

"咕"是后起字,为形声字。楷书写成"咕",从口,古声。

"咕"的原义是含混的自言自语。例如"咕咕哝哝"。

"咕"用作象声词,形容母鸡、斑鸠等的叫声。例如"咕咕叫"。

"咕"用作"嘀咕",表示小声地说话。又表示犹疑不定,感到不安。例如"犯嘀咕"。

咙

咙 咙

小篆　　楷书

【原文】

咙，喉也。从口，龍声。

【译文】

咙，喉咙。从口，龍声。

【按语】

"咙"是形声字。小篆字形来看，从口，龍声。隶变以后楷书写成"嚨"。汉字简化之后写成"咙"。

"咙"的原义是喉咙，是咽部和喉部的统称。元稹《酬周从事望海亭见寄》："衣袖长堪舞，喉咙转解歌。"延伸指嗓子。例如"他提高喉咙，大叫了起来"。

呻

呻 呻

小篆　　楷书

【原文】

呻，吟也。从口，申声。

【译文】

呻，吟诵。从口，申声。

【按语】

"呻"是形声字。小篆从口，申声。隶变以后楷书写成"呻"。

"呻"的原义是吟诵、吟咏。如韩愈《和侯协律咏笋》："属和才将竭，呻吟至日暾。"

人在痛苦时往往会呻吟哼哼,故延伸指苦痛时低哼或者嗟叹。刘禹锡《上杜司徒书》:"疾者思愈,必呻而求医。"

唬

唬   唬   唬
金文   小篆   楷书

【原文】

唬,啼也。一曰:虎声。从口,从虎。

【译文】

唬,啼叫。一说:唬是虎啸声。从口,虚声。

【按语】

"唬"是会意兼形声字。金文从口从虎会意,虎兼表声。小篆继承金文,并整齐化。隶变以后楷书写成"唬"。

"唬"的原义是虎吼或者似虎啸的声音,读作 xiào。柳宗元《解崇赋》:"风雷唬唬以为橐籥兮,回禄熺怒而喊呀。"

"唬"又读作 hǔ,延伸指虚张声势、夸大事实来吓唬人。"唬人"就是这种用法。还表示欺骗。例如"唬弄""唬诈"。

唾

唾   唾
小篆   楷书

【原文】

唾,口液也。从口,垂声。

【译文】

唾,口中唾液。从口,垂声。

【按语】

"唾"是形声字。小篆,从口,垂声。隶变以后楷书写成"唾"。

"唾"的原义是口液、唾沫。如杜甫《醉歌行》:"汝身已见唾成珠,汝伯何由发如漆。"

"唾"用作动词,延伸指吐唾沫、吐。《战国策·赵策》:"有复言令长安君为质者,老妇必唾其面。"

"唾"也引伸指用吐唾沫进行公然侮辱表示反感或者轻蔑。例如"唾斥"(鄙弃斥责)、"唾辱"(鄙弃羞辱)。

啸

啸　啸　啸

小篆　　楷书(繁体)　　楷书

【原文】

啸,吹声也。从口,肃声。

【译文】

啸,撮口出声。从口,肃声。

【按语】

"啸"是形声字。小篆从口,肃声。隶变以后楷书写成"啸"。汉字简化之后写成"啸"。

"啸"的原义是撮口发出清越而悠长的声音。岳飞《满江红》:"抬眼望,仰天长啸,壮怀激烈。"延伸也指鸟兽等的长声鸣叫。范仲淹《岳阳楼记》:"薄暮冥冥,虎啸猿啼。"

"啸"也引伸指呼召、号召。例如"海啸""呼啸"。

咖

咖 咖

小篆　　楷书

【原文】

无。

【按语】

"咖"是后起字,为形声字。楷书写成"咖",从口,加声。

"咖"的原义是象声词,读作 gā。汤显祖《牡丹亭》第二十八出:"笑咖咖,吟哈哈,风月无加。"

"咖喱"是英语音译词,指原产印度的一种黄色调味品,用姜黄、胡椒、茴香等制成,味香而辣。

"咖"读作 kā,用作"咖啡"一词,也是英语音译词,指一种产于热带、亚热带的常绿小乔木。又指咖啡种子制成的粉末,也指用这种粉末或者块状物制成的饮料。

吮

吮 吮

小篆　　楷书

【原文】

吮,欶也。从口,允声。

【译文】

吮,用口含吸。从口,允声。

【按语】

"吮"是形声字。小篆从口,允声。隶变以后楷书写成"吮"。

"吮"的原义是用口含吸。如李白《蜀道难》:"朝避猛虎,夕避长蛇,磨牙吮血,杀人如麻。"也引伸指舐。如王禹偁《一品孙郑昱》:"脱耒秉金钺,吮笔乘朱轩。"其中的"吮笔"是指口含笔毫,借指构思为文或者绘画。

吁

金文　小篆　楷书

【原文】

吁,惊也。从口,于声。

【译文】

吁,(表示)惊叹(的虚词)。从口,于声。

【按语】

"吁"是会意兼形声字。金文从口,从于,表示声气上出,于兼表声。小篆继承金文,并整齐化。隶变以后楷书写成"吁"。

"吁"的原义是惊怪、感叹。如李白《蜀道难》:"噫吁嚱,危乎高哉!蜀道之难,难于上青天!"其中的"噫吁嚱"就表示惊叹声。又表示叹气、叹息。成语"长吁短叹"就是指因伤感、烦闷、痛苦等长一声、短一声不住地叹气。还延伸指吐气、呼气。例如"气喘吁吁"。

噪

金文　小篆　楷书

【原文】

噪,鸟群鸣也。从品在木上。

【译文】

噪,鸟群鸣叫。由三个"口"字在"木"字上会意。

【按语】

"噪"是会意兼形声字。金文似一棵树有三个"口",会群鸟在枝头鸣叫之意。小篆从言从喿会意,喿兼表声。隶变以后楷书写成"噪"。

"噪"的原义是鸟叫。如杜甫《羌村》:"柴门鸟鹊噪,归客千里至。"由群鸟鸣叫延伸成喧哗、大声喧嚷。例如"聒噪"。也引伸特指名声远扬。例如"名噪一时""声名大噪"。

吆

吆

小篆　　　楷书

【原文】

无。

【按语】

"吆"是后起字,为形声字。楷书写成"吆",从口,幺声。

"吆"的原义是大声呼喝,通常指大声斥责人,大声驱赶牲口,高声叫卖,喊劳动号子等。例如《红楼梦》第六十回:"何苦自己不尊重,大吆小喝失了体统。"

叽

叽

小篆　　楷书(繁体)　　楷书

【原文】

叽,小食也。从口,幾声。

【译文】

叽,稍稍吃一点。从口,幾声。

【按语】

"叽"是形声字。小篆,从口,幾声。隶变以后楷书写成"嘰"。汉字简化之后写成"叽"。

"叽"的原义是稍微吃一点。如司马相例如《大人赋》:"呼吸沆瀣兮餐朝霞,噍咀芝英兮叽琼华。"意思是,呼吸的是夜间的水气啊吃的是早晨的朝霞,咀嚼着灵芝花啊稍微吃一点玉树琼花。

由嘴微动延伸用作"叽叽",形容鸟声、说话声或者各种嘈杂细碎的声音。例如《二十年目睹之怪现状》第七十七回:"忽然又听得隔房一阵人声,叽叽喳喳说的全部是天津话。"

囊

甲骨文　　金文　　小篆　　楷书

【原文】

囊,橐(tuó)也。从橐省,襄省声。

【译文】

囊,袋子。从橐省,襄省声。

【按语】

"囊"是会意兼形声字。甲骨文似装着两只贝的口袋。金文似装着一只贝的大口袋。小篆似上下两头全部扎住的大口袋,口袋内的字通"襄",表声。隶变以后楷书写成"囊"。

"囊"的原义是口袋。如成语"探囊取物"。

"囊"延伸指似口袋的东西。例如"胆囊""肾囊"。"囊缩"(阴囊收缩)。

口袋能装东西,故也引伸表示包容、包括。例如"囊括"。用作动词,表示用口袋装。如成语"囊萤照书"。

嚼

嚵 嚼 嚼

小篆　　楷书（繁体）　楷书

【原文】

嚵，咶也。从口，焦声。嚼，嚵或者，从爵。

【译文】

嚵，咀嚼。从口，焦声。嚼，嚵的或者体，从爵。

【按语】

"嚼"是形声字。小篆从口，焦声；又作"嚼"，爵声。隶变以后楷书写成"嚵"和
"嚼"。如今规范化，以"嚼"为正体。

"嚼"的原义是咀嚼，以牙磨碎食物。如成语"味同嚼蜡"。延伸指吟赏、玩味。
如苏轼《叶教授和溽字韵诗复次韵为戏记龙井之游》："空肠出秀句，吟嚼五味足。"
也引伸引喻乱说话、胡扯。例如"嚼舌根"。

吻

吻 吻

小篆　　　楷书

【原文】

吻，口边也。从口，勿声。

【译文】

吻，嘴唇。从口，勿声。

【按语】

"吻"是形声字。小篆从口，勿声。隶变以后楷书写成"吻"。

"吻"的原义是嘴唇。例如《论衡·率性》："扬唇吻之音，聒贤圣之耳。"也指动物

的嘴。例如"象有长吻，猪有短吻"。也引伸指用嘴唇接触，表示喜爱。例如"亲吻"。

吭

小篆　　楷书

【原文】

无。

【按语】

"吭"是后起字，为形声字。楷书写成"吭"，从口，亢声。

"吭"的原义是鸟的喉咙，读作 háng。如左思《蜀全部赋》："云飞水宿，哢吭清渠。"泛指喉咙。如成语"引吭高歌"，就是放开嗓子大声歌唱的意思。

"吭"又读作 kēng，表示说话。例如"一声不吭"。

吞

小篆　　楷书

【原文】

吞，咽也。从口，天声。

【译文】

吞，咽下。从口，天声。

【按语】

"吞"是形声字。小篆从口，天声。隶变以后楷体写成"吞"。

"吞"的原义是没有咀嚼或者细嚼就整块或者成块儿地咽下。例如"囫囵吞枣"。延伸指容纳、包括。如范仲淹《岳阳楼记》："衔远山，吞长江，浩浩汤汤，横无际涯。"也引伸引喻吞并、消灭。例如《战国策·楚策一》："夫秦，虎狼之国也，有吞天下之心。"

员

員　異　員　員　员
甲骨文　金文　小篆　楷书（繁体）　楷书

【原文】

員，物数也。从贝，口声。凡員之属皆从員。

【译文】

員，物的数量。从贝，口声。凡是員的部属全部从員。

【按语】

"员"是指事字。甲骨文从鼎，上边象征鼎口之圆形。金文稍有变化。小篆下边省略。隶变后楷书写成"員"。汉字简化之后写成"员"。

"员"的原义是圆形。例如《孟子·离娄上》："规矩，方员之至也。"延伸指人的数额或者其中的一分子。例如"员工"。也引伸指周围。例如"幅员辽阔"。

"员"用作量词，指某个团体或者组织中的成员。例如"两员武将"。

"员"虚化为后缀，用以构成名词，表示从事某种工作或者学习的人。例如"教员""演员"。

呛

噲　嗆　呛
小篆　楷书（繁体）　楷书

【原文】

唴,鸟食。从口,倉声。

【译文】

唴,鸟啄食物。从口,倉声。

【按语】

"呛"是形声字。小篆从口,倉声。隶变以后楷书写成"唴"。汉字简化之后写成"呛"。

"呛"的原义是鸟啄食物,读作 qiāng。延伸指水或者食物进入气管引起不适或者咳嗽。例如"呛了一口水"。

"呛"读作 qiàng 时,延伸指吸入有刺激性的气味后,鼻子、嗓子等器官感觉难受。例如"呛鼻子"。也引伸泛指难受。例如"冻得够呛"。

哥

哥 哥

小篆　　　楷书

【原文】

哥,声也。从二可。古文以为歌字。

【译文】

哥,歌声。由两个"可"字会意。古文把"哥"当成"歌"字来用。

【按语】

"哥"是会意字。小篆从二可,表示声声相续,是"歌"的本字。隶变以后楷书写成"哥"。

"哥"的原义是声声相续。延伸成歌唱。例如"哥之咏之"。

魏晋后,鲜卑族迁入今华北地区,鲜卑语称父兄为"阿干",后讹化为"阿哥",于是"哥"又用来表示父兄。尔后也用于称呼男童。例如《红楼梦》第二十九回:"哥儿越发发福了。"还可以指年龄相差不多的兄弟。例如"哥们儿"。

含

金文　　　小篆　　　楷书

【原文】

含,嗛也。从口,今声。

【译文】

含,衔。从口,今声。

【按语】

"含"是会意字。金文和小篆全部从口,从今(饮),会把东西衔在口中,不咽下也不吐出之意,今兼表声。隶变以后楷书写成"含"。

"含"的原义是把东西放在口里衔着。例如《庄子·外物篇》:"生不布施,死何含珠为?"延伸指包括、存在或者藏在里面。如杜甫《绝句》:"窗含西岭千秋雪,门泊东吴万里船。""含"也引伸指忍受。成语"含辛茹苦"即形容忍受、吃尽辛苦。

弔

甲骨文　　金文　　小篆　　楷书(繁体)　　楷书

【原文】

弔,问终也。古之葬者,厚衣之以薪。从人持弓,会驱禽。

【译文】

弔,慰问死丧。古代的葬,是柴薪厚厚地覆盖着尸体。由"人"持握着"弓",会驱赶禽兽之意。

【按语】

"吊"是会意字。是"弔"的俗字。甲骨文字形似人手拿带绳子的箭,会射猎之意。隶变以后楷书写成"弔"和"吊"。如今规范化,以"吊"为正体。

"吊"的原义是悼念死者。如贾谊《吊屈原赋》:"敬吊先生。"延伸成伤怀往事。例如"吊古伤今"。也引伸指慰问。例如"形影相吊"。也引伸为悬挂。例如"吊桥",是古时城门外护城河上的桥。

古时"吊"还是一种钱币单位。一吊为一千个制钱或者值一千个制钱的铜币数。

吸

小篆　　　楷书

【原文】

吸,内息也。从口,及声。

【译文】

吸,向内吸气。从口,及声。

【按语】

"吸"是形声字。小篆从口,及声。隶变以后楷书写成"吸"。

"吸"的原义是向内吸气。延伸指张口吸取、饮。例如《楚辞·九章·悲回风》:"吸湛露之浮凉兮。"也引伸指吸收、摄取。例如"吸取经验"。也引伸指吸引。例如"吸引力"。

谷

甲骨文　　金文　　小篆　　楷书

【原文】

谷,泉出通川为谷。从水半见,出于口。凡谷之属皆从谷。

【译文】

谷,源泉的出口一直通达川流的地方,叫作"谷"。由"水"字显现一半出现在"口"字上面会意。凡是的谷的部属全部从谷。

【按语】

"谷"是会意字。甲骨文上部似水流,下部是水的出口处,会泉水从泉眼流出之意。金文与甲骨文相同。小篆整齐化、符号化。隶变以后楷书写成"谷"。

"谷"的原义是两山之间的水道或者夹道。如宋濂《送东阳马生序》:"负箧曳屣,行深山巨谷中。"泛指水流。又引喻困境。例如"进退维谷"。

"谷"还读 yù。例如"吐谷浑",是我国古代西北部的一个少数民族名,是鲜卑族的一支。

尔后"谷"作了"穀"的简化字,是谷类植物或者粮食作物的总称。

君

甲骨文　金文　小篆　楷书

【原文】

君,尊也。从尹,发号,故从口。

【译文】

君,尊贵。从尹,表示治理的意思;发号司令,所以从口。

【按语】

"君"是会意字。甲骨文从尹(表治理),从口(表发布命令)。隶变以后楷书写成"君"。

"君"的原义是上古执笔写字的官。又为君主、统治者。延伸指封建制度的一种尊号,尤指君主国家所封的称号或者封号。如战国时的商鞅称"商君",白起称"武安君"。

由封号也引伸为对人的尊称,等同于"您"。如杜甫《江南逢李龟年》:"正是江南好风景,落花时节又逢君。"

唤

唤 唤 唤
小篆　　楷书(繁体)　　楷书

【原文】

唤,呼也。从口,奂声。

【译文】

唤,呼叫。从口,奂声。

【按语】

"唤"是形声字。小篆,从口,奂声。隶变以后楷书写成"唤"。汉字简化之后写成"唤"。

"唤"的原义是呼叫。如白居易《琵琶行》:"千呼万唤始出来,犹抱琵琶半遮面。"延伸为召唤、叫来。例如《世说新语·方正》:"于是先唤周侯、丞相入。"也引伸指禽鸟发出叫声,啼叫。例如《乐府诗集·鸡鸣歌》:"汝南晨鸡登坛唤。"

叹

嘆 叹
楷书(繁体)　　楷书

【原文】

嘆,吞呕也。从口,歎省声。一曰太息也。

【译文】

嘆,饮恨吞声而叹息。从口,歎省欠表声。另一义泛指深深地叹息。

【按语】

"叹"是形声字,小篆从口,堇声。隶变以后楷书写成"嘆"。汉字简化之后写成"叹"。

"叹"的原义是因忧闷悲伤而呼出长气。延伸指赞叹、赞美。例如"叹服""叹赏"。又表示吟咏、吟诵。如曹植《与吴季重书》："足下鹰扬其体,凤叹虎视。"

"叹"也引伸指赞和,即歌尾拖长音以相助。例如"一唱三叹"是一个人歌唱,三个人跟着唱。原指音乐和歌唱简单而质朴,后转用来形容诗词婉转而含义深刻。

味

味 味
小篆　楷书

【原文】

味,滋味也。从口,未声。

【译文】

味,滋味。从口,未声。

【按语】

"味"是会意兼形声字。小篆,从口从未(表示滋味)会意,未兼表声。隶变以后楷书写成"味"。

"味"的原义是滋味。例如"五味杂陈"。延伸指气味。如牟献《木兰花慢》:"不妨无蟹有监州,臭味喜相投。"延伸特指食物。如成语"食不二味"是说吃饭不用两道菜肴。形容饮食节俭。也引伸指情趣。例如"津津有味"。用作量词,指中草药的一种。例如"五味药"。

哨

哨 哨
小篆　楷书

【原文】

哨,不容也。从口,肖声。

【译文】

哨,(口小而)不能容纳。从口,肖声。

【按语】

"哨"是形声字。小篆,从口(表示与人的口有关),肖声。隶变以后楷书写成"哨"。

"哨"的原义是口歪不正的样子。如口不正的壶称为"哨壶"。又指巡逻、侦查。如文天祥《指南录后序》:"避哨竹林中。"也引伸为吹的哨子。例如"吹哨儿"。

唱

唱　唱

小篆　　楷书

【原文】

唱,道也。从口,昌声。

【译文】

唱,唱道。从口,昌声。

【按语】

"唱"是形声字。小篆从口,从昌。隶变以后楷书写成"唱"。

"唱"的原义是领唱、领奏。如陈叔方《颍川语小》下卷:"呼应者一唱一和,律吕相宜以成文也。"延伸指倡导、发起,此义后写成"倡"。

"唱"也引伸指歌唱、唱歌。如杜牧《泊秦淮》:"商女不知亡国恨,隔江犹唱后庭花。"也指吟诵。如王建《霓裳词》之二:"一声声向天头落,效得仙人夜唱经。"

哭

哭　哭　哭　哭

甲骨文　金文　小篆　楷书

【原文】

哭,哀声也。从吅,狱省声。凡哭之属皆从哭。

【译文】

哭,悲哀的声音。从吅,狱省声。凡是哭的部属全部从哭。

【按语】

"哭"是会意字。甲骨文字形会众人喧哭于桑枝之下。古代丧事用桑枝作标志,现在办丧事时用的纸幡,就是用桑枝作标志。隶变以后楷书写成"哭"。

"哭"的原义是哭丧。例如《论语·先进》:"颜渊死,子哭之恸。"延伸成吊唁。例如《汉书·王莽传》:"则哭以厌之。"泛指流泪。例如"哭泣"。

啄

小篆　　楷书

【原文】

啄,鸟食也。从口,豕声。

【译文】

啄,鸟用嘴取食。从口,豕声。

【按语】

"啄"是形声兼会意字。小篆从口,豕声,豕兼表敲击之意。隶变以后楷书写成"啄"。

"啄"的原义是鸟用嘴取食。如归有光《项脊轩志》:"而庭阶寂寂,小鸟时来啄食。"引申指衔。如白居易《钱塘湖春行》:"几处早莺争暖树,谁家新燕啄春泥。"也

引伸引喻向上撅起。如杜牧《阿房宫赋》:"廊腰缦回,檐牙高啄。"又指用嘴梳理。例如"啄毛"。

咬

齩 齩 咬

小篆　　楷书（繁体）　　楷书

【原文】

齩，啮骨也。从齿，交声。

【译文】

齩，咬嚼骨头。从齿，交声。

【按语】

"咬"是形声字。小篆从齿，交声，交也表示牙齿交合之意。隶变以后楷书写成"齩"。汉字简化之后写成"咬"。

"咬"的原义是上下牙相对用力夹压。如郑燮《竹石》："咬定青山不放松，立根原在破岩中。"延伸指钳子等夹住或者螺丝齿轮等卡住。例如"齿轮咬合"。也引伸引喻攀扯或者诬陷他人。例如"一口咬定"。由牙反复咀嚼延伸指对文字进行过分推敲。如成语"咬文嚼字"。又引申指念出字音。例如"咬字清晰"。

咳

咳 咳

小篆　　楷书

【原文】

咳，小儿笑也。从口，亥声。孩，古文咳，从子。

【译文】

咳，婴儿笑。从口，亥声。孩，古文"咳"字，从子。

【按语】

"咳"是形声字。小篆从口，亥声。本是"孩"的异体字，后借用为"欬"（从欠，亥声），表示咳嗽。隶变以后楷书写成"咳"。

"咳"的原义是婴儿笑,读作 hái,是"孩"的异体字。

"咳"借作"欬",表示咳嗽,读作 ké。如苏轼《石钟山记》:"又有若老人咳且笑于山谷中者。"延伸成叹息。例如"咳声叹气"。

喧

小篆　　楷书

【原文】

无。

【按语】

"喧"是形声字。小篆从口,宣声。隶变以后楷书写成"喧"。

"喧"的原义是声音大而嘈杂。如陶渊明《饮酒》:"结庐在人境,而无车马喧。"

吐

小篆　　楷书

【原文】

吐,写也。从口,土声。

【译文】

吐,从嘴里吐出来。从口,土声。

【按语】

"吐"是形声字。小篆,从口(表示与人的口有关),土声。隶变以后楷书写成"吐"。

"吐"读作 tǔ 时,原义是东西从口腔中涌出。例如《史记·鲁周公世家》:"一饭三吐哺。"说的就是周公因事务繁忙,吃一顿饭要吐出三次。延伸成长出、呈现、发出、放出。例如"吐穗""吐翠""吐丝""吐故纳新"。还延伸成说出。例如"吞吞吐吐",形容想说但又不痛痛快快地说。

"吐"读作为 tù 时,多为动词。延伸成不自主地从嘴里涌出。例如"呕吐""吐血"。

唇

唇 唇 唇

小篆　楷书（繁体）　楷书

【原文】

脣,口耑也。从肉,辰声。

【译文】

唇,口的边缘。从肉,辰声。

【按语】

"唇"是形声字。小篆,从月（肉）,辰声。隶变以后楷书写成"脣"。汉字简化之后写成"唇"。

"唇"的原义是嘴唇。古人常以"唇红齿白"赞人面容俊美,此处的"唇"指的就是嘴唇。

"唇"延伸指边缘。如沈括《梦溪笔谈》:"用胶泥刻字,薄如钱唇。"指的就是用胶泥制成的模子,薄得似铜钱边一样。

喷

喷 喷 喷

小篆　楷书（繁体）　楷书

【原文】

嚍,吒也。从口,賁声。一曰:鼓鼻。

【译文】

嚍,呵斥。从口,贲声。另一义是指打喷嚏。

【按语】

"嚍"是形声字。小篆从口,贲声。隶变以后楷书写成"嚍"。汉字简化之后写成"喷"。

"喷"的原义是猛烈吐气,打喷嚏。例如《战国策·楚策》:"骥于是俯而喷,仰而鸣,声达于天。"延伸泛指(液体、气体、粉末等)受压力而冲射出来。例如《庄子·秋水》:"喷则大者如珠,小者如雾,杂而下者不可胜数也。"

吹

甲骨文　　金文　　小篆　　楷书

【原文】

吹,嘘也。从口,从欠。

【译文】

吹,撮起嘴唇急促地吐气。由口、由欠会意。

【按语】

"吹"是会意字。甲骨文从口,从欠(似人张口呵欠之形),会人撮口急促出气之意。小篆整齐化。隶变以后楷书写成"吹"。

"吹"的原义是用口吹气。例如《庄子·逍遥游》:"尘埃也,生物之以息相吹也。"延伸成大自然界的吹风。如冯延巳《谒金门》:"风乍起,吹皱一池春水。"延伸指吹奏乐器例如《韩非子·内储说上》:"齐宣王使人吹竽,必三百人。"又例如"吹手"(吹鼓手)、"吹打"(吹打乐器)。

"吹"也引伸为关系破裂。例如"他们俩吹了"。

"吹"还可以表示说大话、自夸。例如"吹牛""吹嘘"。

呼

甲骨文　金文　小篆　楷书

【原文】

呼,外息也。从口,乎声。

【译文】

呼,向外吐气。从口,乎声。

【按语】

"呼"是会意兼形声字。小篆从口,从乎会意,乎兼表声。隶变以后楷书写成"呼"。

"呼"的原义指呼气。例如"呼吸吐纳"。延伸成大声叫喊。例如《儒林外史》第四十回:"肖云仙呼天抢地,尽哀尽礼。"也引伸为召唤。例如"呼之即来,挥之即去"。用作动词,指称呼。例如"直呼其名"。

啼

小篆　楷书

【原文】

无。

【按语】

"啼"是会意兼形声字。小篆从口,虒声。隶变以后楷书写成"啼",从口,从帝,会高声之意,帝兼表声。

"啼"的原义是出声地号哭。如杜甫《石壕吏》:"吏呼一何怒,妇啼一何苦!"延伸指鸟兽鸣叫。如杜甫《江畔独步寻花》:"戏蝶留连时时舞,娇莺自在恰恰啼。"

"啼"用作名词,指眼泪。例如"啼痕",指泪痕。

喇

小篆　　楷书

【原文】

无。

【按语】

"喇"是后起字,为形声字。楷书写成"喇",从口,剌声。

"喇"的原义是言急。延伸形容忽然发出的声音。例如《红楼梦》第五回:"忽喇喇似大厦倾,昏惨惨似灯将尽。"

"喇叭",是一种管乐器,上细下粗,最下端的口部向四周张开,似牵牛花花冠,以扩大音量,多用铜制成。如王磐《朝天子·咏喇叭》:"喇叭,唢呐,曲儿小腔儿大。"

嗜

小篆　　楷书

【原文】

嗜,嗜欲,喜之也。从口,耆声。

【译文】

嗜,嗜欲,喜爱它。从口,耆声。

【按语】

"嗜"是形声字。从口,耆(shì)声。隶变以后楷书写成"嗜"。

"嗜"的原义是极端地爱好。如宋濂《送东阳马生序》:"余幼时即嗜学,家贫,无从致书以观。"延伸指贪求。如柳宗元《蝜蝂传》:"今世之嗜取者,遇货不避,以厚其室。"

说文解字

《说文解字》原文释义

图文珍藏版

品

甲骨文　金文　小篆　楷书

【原文】

品,众庶也。从三口。凡品之属皆从品。

【译文】

品,众多。由三个"口"字会意。凡是品的部属全部从品。

【按语】

"品"是会意字。甲骨文中的"口"表示器物之形,从三"口"会器物众多之意。金文和小篆继承甲骨文。隶变以后楷书写成"品"。

"品"的原义是众多。延伸表示品种、种类。也引伸指品味、品尝。例如《红楼梦》第四十一回:"一杯为品,二杯即为解渴的蠢物,三杯便是饮驴了。"

"品"延伸成按品级、等级。例如"九品芝麻官"。等级需要品评,故也引伸指衡量、评价。例如《晋书·苻坚载记上》:"品而第之。"也引伸表示品质、品德。例如"品行""人品"。

唯

甲骨文　金文　小篆　楷书

【原文】

唯,诺也。从口,隹声。

【译文】

唯,应答声。从口,隹声。

【按语】

"唯"为会意兼形声字。甲骨文从口,从鸟,会鸟鸣声之意。金文大概相同。小篆的形体承接甲骨文、金文,并整齐化。隶变以后楷书写成"唯"。

"唯"的原义是应答之声。例如《论语·里仁》:"子曰:'参乎!吾道一以贯之。'曾子曰:'唯。'"

"唯"用作句首语气词,表示希望、祈使。例如《史记·廉颇蔺相如列传》:"臣请就汤镬,唯大王与群臣熟计议之。"作范围副词用,表示只有、只是。例如"唯利是图""唯我独尊"。

嘴

小篆　　楷书

【原文】

无。

【按语】

"嘴"是后起字,为会意兼形声字。本写成"觜"。楷书写成"嘴",从口,从觜(嘴),觜兼表声。

"嘴"的原义是鸱鸮类(猫头鹰类)头上的毛角。毛角的形状与鸟嘴相似,故又表示鸟嘴。后泛指人或者动物的嘴巴。例如"龇牙咧嘴",形容凶狠或者疼痛难忍的样子。又借指话语。例如"插嘴""多嘴"。也引伸指形状或者作用似嘴的东西。例如"山嘴""壶嘴儿"。

哑

哑　哑　哑
小篆　楷书（繁体）　楷书

【原文】

哑,笑也。从口,亞声。

【译文】

哑,笑。从口,亞声。

【按语】

"哑"是形声字。小篆从口,亞声。隶变以后楷书写成"啞"。汉字简化之后写成"哑"。

"哑"的原义是笑声,读作 yǎ。例如"笑言哑哑"。延伸成失去言语能力。进而延伸成不说话、不出声。例如"哑剧""哑炮"。也引伸为嗓子干涩,不清楚。例如"嗓子哑了"。也引申为颜色黯淡。例如"哑白"。

"哑"还读作 yā,指乌鸦之类的叫声。例如《淮南子·原道训》:"乌之哑哑,鹊之唶唶。"

响

響　響　响
小篆　楷书（繁体）　楷书

【原文】

響,声也。从音,鄉声。

【译文】

響,回应。从音,鄉声。

【按语】

"响"是形声字。从音,鄉声。隶变以后楷书写成"響"。汉字简化之后写成

"响"。

　　"响"的原义指回声。例如《水经注·江水》："空谷传响,哀转久绝。"延伸指发出声音。例如"音乐响起来了"。泛指声音。如吴均《与朱元思书》："泉水击石,泠泠作响。"由响声巨大,延伸指人的名声很大。例如"响亮"。用作量词,表示声音发出的次数。例如"鸣炮十响"。

咽

咽 咽
小篆 楷书

【原文】

咽,嗌也。从口,因声。

【译文】

咽,咽喉。从口,因声。

【按语】

　　"咽"是形声字。小篆,从口,因声。隶变以后楷书写成"咽"。

　　"咽"的原义是咽喉,读作 yān。如苏洵《六国论》："吾恐秦人食之不得下咽也。"延伸指颈项。例如《汉书·扬雄传》："搤其咽。"延伸指形势险要之地。例如《战国策·秦策》："韩,天下之咽喉。"

　　"咽"又读作 yàn,指吞下、吞食。例如"食不下咽"。

　　"咽"还读作 yè,表示作动词,梗塞、充塞。如刘向《新序》："云霞充咽,则夺日月之明。"也表示声音滞涩,多形容悲切。例如"呜咽"。

哗

譁 譁 哗

小篆　　楷书（繁体）　楷书

【原文】

譁，欢也。从言，華声。

【译文】

譁，欢腾，喧闹。从言，華声。

【按语】

"哗"是形声字。小篆从言，華声。隶变以后楷书写成"譁"，异体作"嘩"。汉字简化之后写作"哗"。

"哗"的原义是人声嘈杂、喧闹，读作 huá。例如《虞初新志·秋声诗自序》："无敢哗者。"延伸成夸大、浮夸。例如"哗众取宠"。

"哗"用作象声词，读作 huā。例如"水哗哗地流"。

喉

喉 喉

小篆　　楷书

【原文】

喉，咽也。从口，侯声。

【译文】

喉，咽喉，从口，侯声。

【按语】

"喉"是形声字。小篆，从口，侯声。

"喉"的原义是嗓子、咽喉。如柳宗元《黔之驴》："断其喉，尽其肉，乃去。"咽喉是机体的重要器官,故延伸引喻要害之地,险要的地方。例如《史记·滑稽列传》:"洛阳有武库、敖仓,当关口,天下咽喉。"

哈

哈 哈

小篆　楷书

【原文】

无。

【按语】

"哈"是形声字。楷书写成"哈",从口,合声。

"哈"的原义是鱼口张动的样子,读作 hā。延伸成张口呼气。例如"打了个哈欠"。

"哈"用作象声词,表示笑声,大多叠用。用作叹词,表示满意、惊喜。如:"哈哈! 实验成功了!"延伸指身子略弯表示礼貌,或者弯腰。例如"点头哈腰"。

"哈"还读作 hǎ,指呵斥、斥责。例如《儿女英雄传》第二十六回:"姐姐不用哈我,哈我我也是说。"另外,"哈巴狗""哈达"中的"哈"全部是这个读音。

嗣

嗣 嗣 嗣 嗣

甲骨文　金文　小篆　楷书

【原文】

嗣,诸侯嗣国也。从册,从口,司声。

【译文】

嗣,诸侯承继国君之位。由册、由口会意,司表声。

【按语】

"嗣"是会意兼形声字。甲骨文从大,从子,从册,会册封大儿子为承继人之意。金文省略大,另加义符"口",以突出册封子嗣之意,司声。隶变以后楷书写成"嗣"。

"嗣"的原义是诸侯传位给嫡长子。尔后泛指承继、接续。如柳宗元《捕蛇者说》:"今吾嗣为之十二年,几死者数矣。"用作名词,指君位或者职位的承继人。例如"子嗣"。

器

金文　小篆　楷书

【原文】

器,皿也。象器之口,犬所以守之。

【译文】

器,器皿。品似器皿的口,犬是用来守卫器皿的。

【按语】

"器"是会意字。金文的中间是一条犬,犬的周围是四个"口",表示器物,会器物很多之意,用犬来看守。小篆的形体与金文相似,并整齐化。隶变以后楷书写成"器"。

"器"的原义是器物、器具。例如《韩非子·显学》:"冰炭不同器而久。"由器具具有作用延伸成人具备的才能。例如"大器晚成"。器物大都具有容量,故也引伸指人的度量、胸怀。如韦庄《题安定张使君》:"器度风标合出尘,桂宫何负一枝新。"

嚻

嚻　嚻　嚻　嚻

甲骨文　　小篆　　楷书（繁体）　　楷书

【原文】

嚻，声也。气出头上。从㗊，从頁。頁，首也。

【译文】

嚻，表示众口喧哗之声。语气从头上冒出。由㗊、由頁会意。頁，表示头。

【按语】

"嚻"是会意字。金文的中间是个"頁"，表示人头，周围有四个"口"，会众口喧嚻之意。隶变以后楷书写成"嚻"。汉字简化之后写成"嚣"。

"嚻"的原义是喧哗、吵闹。如柳宗元《捕蛇者说》："悍吏之来吾乡，叫嚣乎东西。"意思是凶暴的官吏来到我的家乡，到处吵嚷叫喊，到处骚扰。

辔

辔　辔　辔　轡　辔

甲骨文　　金文　　小篆　　楷书（繁体）　　楷书

【原文】

轡，马辔也。从絲，从軎。与连同意。《诗》曰：'六辔如丝。'

【译文】

轡，驾驭马的缰绳。由絲、由軎会意。与"连"的构形原则相同。《诗经》说："六条马缰绳似丝一样牵引着。"

【按语】

"辔"是会意字。甲骨文上部是"車"，下部是三条马缰绳，会一辆车套了三匹马之意。金文大概相同。小篆由缰绳之形讹变为丝形。隶变以后楷书写成"轡"。

汉字简化之后写成"辔"。

　　"辔"的原义是驾驭牲口所用的缰绳。例如《诗经·秦风·小戎》："四牡孔阜，六辔在手。"

　　"辔"用作名词，借指马。如屈原《离骚》："饮余马于咸池兮，总余辔乎扶桑。"

囗 部

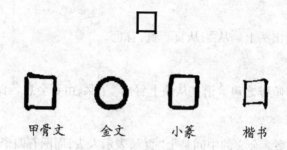

甲骨文　　金文　　小篆　　楷书

【原文】

囗，回也。象回币之形。凡囗之属皆从囗。

【译文】

囗，回绕。似回转一周的样子。凡是囗的部属全部从囗。

【按语】

　　"囗"是象形字。读作 wéi。甲骨文、金文和小篆的形体看起来全部似是一圈围墙。隶变以后楷书写成"囗"。

　　"囗"的原义是环绕，即把四周拦挡起来。

　　"囗"是部首字，在古代，凡是表示周围有界限或者捆缚之义的字大全部从"囗"。例如"围""困""囚"。

四

甲骨文　　金文　　小篆　　楷书

【原文】

四,阴数也。象四分之形。凡四之属皆从四。

【译文】

四,表示阴的数字。似分为四角的形状。凡是四的部属全部从四。

【按语】

"四"是象形字。甲骨文用四条横线代表"四",该形体沿用到战国时期。金文字形似鼻子喘息呼气的样子。隶变以后楷书写成"四"。

"四"的原义是数目,是三加一的和。例如"四壁""四肢""四合院儿"。

囚

甲骨文	小篆	楷书

【原文】

囚,系也。从人在口中。

【译文】

囚,拘禁。由"人"在"口"中会意。

【按语】

"囚"是会意字。甲骨文似一个四方的围墙中有个朝右而立的人,人周围有三个点儿表示汗水或者灰尘。隶变以后楷书写成"囚"。

"囚"的原义是拘禁、囚禁。例如"被囚"。

"囚"用作名词,表示犯人、被俘获的敌人。例如"死囚"。

回

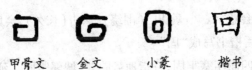

甲骨文　　金文　　小篆　　楷书

【原文】

回,转也。从口,中象回转形。

【译文】

回,绕圈连转。从口,中间的口似是回旋连转的样子。

【按语】

"回"是象形字。甲骨文似流水回旋形状。金文仍然是水旋转之形。小篆的形体整齐化,变为大口套住小口。隶变以后楷书写成"回"。

"回"的原义是旋转、回旋。例如"迂回"。由旋转延伸表示掉转。例如"回头"。也引伸指回来、返回。如李白《将进酒》:"君不见黄河之水天上来,奔流到海不复回。"

"回"还延伸指改变,如柳宗元《与韩愈论史官书》:"道苟直,虽死不可回也;如回之,莫若亟去其位。"

固

小篆　　楷书

【原文】

固,四塞也。从口,古声。

【译文】

固,四周阻塞。从口,古声。

【按语】

"固"是形声兼会意字。小篆从口(围绕),从古(长久),会四面闭塞永固之意,古兼表声。隶变以后楷书写成"固"。

"固"的原义是四面闭塞牢固,特指地势险要、城郭坚固。延伸成坚硬、牢固、结实。例如"稳定"。还延伸成坚硬。例如"固体"。还延伸成固执、专一、思想拘泥。例如"固守"。

"固"用作副词,即执意、坚决地。例如"固守阵地"。又表示必、一定,例如"固当如此"。"固"也指经久难治的疾病。例如"固疾"。现在大都写成"痼疾"。

困

甲骨文　　小篆　　楷书

【原文】

困,故庐也。从木在囗中。

【译文】

困,因衰败而倒塌的房屋。由"木"在"囗"中会意。

【按语】

"困"是会意字。甲骨文似房屋的四壁,里边是生长的树木。小篆的形体与甲骨文大概相同。隶变以后楷书写成"困"。

"困"的原义是废弃的房屋。延伸成围困。例如"困守"。也引伸指窘迫、困窘。例如"为病所困"。进而延伸指困难。例如"困苦"。也引伸指困倦、疲乏。例如"困顿"。

团

金文　　小篆　　楷书(繁体)　　楷书

【原文】

團,圜也。从囗,專声。

【译文】

團,圆。从囗,專声。

【按语】

"团"是会意字。金文从囗(围绕),从專(专,旋转),会能围绕旋转的圆形之意。小篆整齐化。隶变以后楷书写成"團"。汉字简化之后写成"团"。

"团"的原义是圆、圆形。特指用面粉或者米等做的球状食品。例如"汤团"。也引伸指会和、聚合在一起。例如"团聚"。用作名词,指圆形或者球形的东西。例如"线团"。用于抽象意义,指聚合体。例如"疑团"。

"团"用作量词,指成团或者成堆的物体。例如"一团乱麻"。

国

甲骨文	金文	小篆	楷书（繁体）	楷书

【原文】

國,邦也。从囗,从或者。

【译文】

國,封地。由囗、由或者会意。

【按语】

"国"是会意字。甲骨文中"或"与"国"是不分的。金文会以戈卫国之意。隶变以后楷书写作"國"。汉字简化之后写成"国"。

"国"原来是指诸侯的领地。后泛指国家。如魏徵《谏太宗十思疏》:"思国之安者,必积其德义。"国中技艺出众的人叫"国手"或者"国士";为国牺牲的人叫"国殇";过去称我国文化中的精华为"国粹"。

因

甲骨文　　金文　　小篆　　楷书

【原文】

因，就也。从口、大。

【译文】

因，依凭。由口、大会意。

【按语】

"因"是会意字。甲骨文字形似人躺在席垫上。金文字形与甲骨文大体相同。隶变以后楷书写作"因"。

"因"的原义是席子、垫子。席子是人用来躺卧或者依靠的东西，故"因"也引伸为依靠、凭借。如成语"因材施教""因势利导"。

由凭借又可以延伸成承袭、沿袭。如成语"陈陈相因"，就是引喻沿袭老一套，没有创造革新。

"因"也引伸表示原因、缘故，与"果"相对。例如"事出有因"。由此延伸成介词，等同于"因为""由于"。

囷

小篆　　　楷书

【原文】

囷，廩之圜者。从禾在口中。圜謂之囷，方谓之京。

【译文】

囷，圆形的仓廪。由"禾"在"口"中会意。圆形的叫作囷，方形的叫作京。

【按语】

"囷"是会意字。小篆从囗,从禾,会装有粮食的圆形谷仓之意。隶变以后楷书写成"囷"。

"囷"的原义是圆形谷仓。古代圆形的谷仓叫作"囷",方形的谷仓叫作"仓"。"囷仓"泛指贮藏粮食的仓库。

因为囷是圆形的,所以曲折回旋亦可称"囷囷"。如杜牧《阿房宫赋》:"盘盘焉,囷囷焉,蜂房水涡,矗不知其几千万落。"意思是盘旋地、曲折地,密接如蜂房,回旋如水涡,不知矗立着几千万座(宫室)。

圃

甲骨文　　金文　　小篆　　楷书

【原文】

圃,种菜曰圃。从囗,甫声。

【译文】

圃,种菜的地方叫圃。从囗,甫声。

【按语】

"圃"是会意兼形声字。甲骨文下部似一畦畦菜田,上部似两棵菜苗,会种植蔬菜瓜果的园子之意。金文简化。小篆则把苗圃之形变为"甫"字。隶变以后楷书写成"圃"。

"圃"的原义是种植果木瓜菜的园地。如孟浩然《过故人庄》:"开轩面场圃,把酒话桑麻。"延伸指种菜或者种菜的人。例如《论语·子路》:"(樊迟)请学为圃,曰:'吾不如老圃。'"其中第一个"圃"是指种菜,"老圃"是指种菜的老农。

园

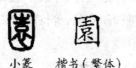

【原文】

園，所以树果也。从口，袁声。

【译文】

園，是用来种植果木的地方。从口，袁声。

【按语】

"园"是形声字。小篆从口，袁声。隶变以后楷书写成"園"。汉字简化之后写成"园"。

"园"的原义是种植果木的地方。例如《墨子·非攻》："今有一人，入人园圃，窃其桃李。"泛指种植树木、花草、蔬菜的地方。如叶绍翁《游园不值》："满园春色关不住，一枝红杏出墙来。"又泛指供人休憩、游览、娱乐的地方。例如"公园"。

囤

小篆　楷书（繁体）　楷书

【原文】

笔，篅也。从竹，屯声。

【译文】

笔，储存谷物的竹编之器。从竹，屯声。

【按语】

"囤"是形声字。小篆，从竹，屯声。隶变以后楷书写成"笔"，异体写成"囤"，改为从口。如今规范化，以"囤"为正体。

"囤"的原义是用竹篾、荆条等围成的盛粮食的器物,读作 dùn。例如《二刻拍案惊奇》第一卷:"徒然守着他,救不得饥饿。真是戤(gài,依靠)米囤饿杀了。"其中的"戤米囤饿杀"便是指依着米囤挨饿。引喻守财自苦。

"囤"读作 tún 时,用作动词,延伸指储存、存放。如成语"囤积居奇",便是指把稀少的货物储藏起来。指商人大量囤积商品,等待高价卖出,牟取暴利。

图

金文　　　小篆　　　楷书

【原文】

圖,画计难也。从囗,从啚。啚,难意也。

【译文】

圖,计画而苦其难。由囗、啚会意。啚,是困难的意思。

【按语】

"图"是会意字。金文从囗(国域),从啚(边邑),会地图之意。小篆整齐化。隶变以后楷书写成"圖"。汉字简化之后写成"图"。

"图"的原义是地图。延伸成图画、图形。例如《史记·留侯世家》:"余以为其人计魁梧奇伟,至见其图,状貌如妇人好女。"意思是,我以为张良肯定长得魁梧粗壮,但见了他的画似才知道,原来他是个长相俊美的白面书生。也引伸为谋划、谋取。例如"图谋"。用作名词,表示构想。例如"蓝图"。

"图"还可以表示预料,料想到。例如《论语·述而》:"子在齐闻《韶》,三月不知肉味,曰:'不图为乐之至于斯也。'"

"图"还可特指塔,即"浮图"的简称。

囿

甲骨文　　金文　　小篆　　楷书

【原文】

囿，苑有垣也。从囗，有声。一曰：禽兽曰囿。

【译文】

囿，园苑有矮墙护卫。从囗，有声。另一义说：养禽兽的地方叫囿。

【按语】

"囿"是会意字。甲骨文似一个周围有院墙、中间有树苗的苗圃。金文从囗，有声。小篆的形体整齐化。隶变楷书后写成"囿"。

"囿"的原义是园林。尔后专指古代帝王畜养禽兽的园林。围栏泛指四周有围栏的菜园、果园。也引伸指局限、拘泥。例如"囿于成见"，意思是局限于原有的看法。园中有多种动植物，故也引伸指事物集聚之处。例如"园囿"。

圈

小篆　　楷书

【原文】

圈，养畜之闲也。从囗，卷声。

【译文】

圈，养牲畜的栅栏。从囗，卷声。

【按语】

"圈"是会意兼形声字。小篆从囗（围绕），从卷，会从周遭围起来之意，卷兼表声。隶变后楷书写成"圈"。

"圈"的原义是从周遭围起来,读作 quān。例如"圈地"。用作名词,指环形或者围成的环形物。例如"圆圈"。也指周遭。例如"跑两圈"。也引伸指一定的范围或者领域。例如"文化圈"。

"圈"还读作 juàn,"圈"又特指养牲口、禽兽的建筑,有棚有栏。用作动词,指用笼子、栅栏等把家禽、家畜关起来。例如"把鸡圈起来"。

围

甲骨文　金文　小篆　楷书(繁体)　楷书

【原文】

圍,守也。从口,韋声。

【译文】

圍,防守。从口,韋声。

【按语】

"围"是形声字。从口,韦声。"口"是"围"的古字。隶变以后楷书写成"圍"。汉字简化后写成"围"。

"围"的原义是环绕。例如"突围"。延伸成包围。例如"围困"。延伸成防御设施。例如"土围子",是指四周用土石或者树木等构成的障碍物。用作量词,指四周有围栏或者可以用来围裹的东西。例如"一围玉带"。

圂

甲骨文　金文　小篆　楷书

【原文】

圂,厕也。从口,象豕在口中也。会意。

【译文】

圂，猪圈。从口，似猪在圈围之中。会意。

【按语】

"圂"是会意字。甲骨文从口（围），从豕（猪），会猪圈之意。金文大体相同。小篆整齐化。隶变以后楷书写成"圂"。

"圂"的原义是猪圈。例如《汉书·五行志》："燕王宫永巷中豕出圂，坏全部灶。"古代习惯把猪圈与厕所相连，故也指厕所。例如《南史·范缜传》："（花）自有关篱墙落于粪溷之中。"尔后由于"圂"作了偏旁，此义便用"溷"来表示。

圆

圆　　　圆

小篆　　楷书（繁体）　楷书

【原文】

圜，圜全也。从囗，員声。

【译文】

圜，浑圆无缺。从囗，員声，

【按语】

"圜"是会意兼形声字。小篆从囗从員（圆）会意，員兼表声。隶变以后楷书写成"圜"。汉字简化之后写成"圆"。

"圆"的原义是圆形。延伸指形状似圆圈或者球样的。如王维《使至塞上》："大漠孤烟直，长河落日圆。"也引伸指周全、完备、无缺失。例如"圆满"。也引伸指散而重聚，团圆。如林觉民《与妻书》："试问古来几曾见破镜能重圆？"也特指丸，圆而小的东西。例如"汤圆"。还特指圆形的货币。例如"银圆"。

寸 部

寸

甲骨文　金文　小篆　楷书

【原文】

寸，十分也。人手却一寸，动脉，谓之寸口。从又，从一。凡寸之属皆从寸。

【译文】

寸，十分。人手后退一寸，即动脉之处，叫作寸口。由又、一会意。凡是寸的部属全部从寸。

【按语】

"寸"是指事字。甲骨文和金文似手的形状。在小篆的形体中，手下部左侧有一小横，指的是手腕一寸之处。隶变以后楷书写成"寸"。

"寸"的原义是长度单位，约等于 33.3 毫米。"寸"这个长度单位相当微小，因此"寸"又用来形容极小或者极短。如孟郊《游子吟》："谁言寸草心，报得三春晖。"

此外，中国人习惯用长度单位及衡量事物的标尺来表示法度、常规。例如"分寸"。

寺

金文　小篆　楷书

【原文】

寺，廷也。有法度者也。从寸，之声。

【译文】

寺,官府、朝廷。有法制的地方。从寸,之声。

【按语】

"寺"是会意兼形声字。金文从又(手),从之(脚站地上),会站在那里听候使唤,操持杂务之意。小篆,从寸(手),之声。隶变以后楷书写成"寺"。

"寺"的原义指操持。延伸指操持杂务的近侍内臣,即寺人。例如《洛阳伽蓝记》:"太后临朝,阉寺专宠"。寺人是宫廷官员,故延伸指官署、朝廷等有法度的地方。如西汉建立的"三公九卿"制,三公的官署称为"府",九卿的官署称为"寺",即所谓的"三府九寺"。

"寺"也指寺庙。如张继《枫桥夜泊》:"姑苏城外寒山寺,夜半钟声到客船。"

寻

浔 潯 尋 寻

小篆　楷书(繁体)　楷书(繁体)　楷书

【原文】

潯,绎理也。从工,从口,从又,从寸。度,人之两臂为寻,八尺也。

【译文】

潯,抽出丝的头绪而治理它。由工、由口、由又、由寸会意。度量名,人伸开两臂的长度叫寻,长八尺。

【按语】

"寻"是会意字。本来从又(手),从寸(手),会伸开两个手臂量尺寸之意。隶变以后写成"潯"和"尋"。汉字简化之后写成"寻"。

"寻"的原义是中国古代的一种长度单位,等同于八尺。

"寻"有丈量之意,即探求长短,延伸成探求、探究、研究、推求等。也延伸成继续。例如《三国演义》第一百一十七回:"及武侯死后,夫人寻逝,临终遗教,惟以忠孝勉其子瞻。"

由时间的连续也引伸为不久、顷刻。如陶渊明《桃花源记》:"南阳刘子骥,高尚士也,闻之,欣然规往。未果,寻病终。""寻病终"的意思是不久就病死了。

寿

金文　小篆　楷书

【原文】

无。

【按语】

"寿"是形声兼会意字。金文从老省，弓（表示耕耙过后田地上的纹路）声。小篆承之。隶变以后楷书写成"壽"。汉字简化之后写成"寿"。

《说文·老部》："壽，久也。从老省，畼声。"（壽，长久。从老省，畼声。）

"寿"的原义是人活得久、长命。例如"寿星"。泛指年寿、寿命。如屈原《涉江》："与天地兮比寿，与日月兮争光。"高年可贺，故也引伸指生日。例如"寿辰"。

"寿"又用作婉辞，表示生前预为死后准备的装殓用物。例如"寿衣"。

封

甲骨文　金文　小篆　楷书

【原文】

封，爵诸侯之土也。从之，从土，从寸，守其制度也。公侯，百里；伯，七十里；子男，五十里。

【译文】

封,把这块土地按爵位的等级分封给诸侯。由之、土、寸会意,寸表示遵守分封的制度。公侯,方圆百里;伯,方圆七十里;子男,方圆五十里。

【按语】

"封"是会意字。甲骨文左下方是一个土堆,土堆上有一棵树苗。金文把甲骨文右上方的"手"变成了朝左而立的人。隶变以后楷书写成"封"。

"封"的原义是推土植树为界。延伸指古代帝王把土地按爵位等级分封给诸侯、大臣。又引申为封闭。例如《史记·李斯列传》:"书已封。"意思是已经把信封好了。也可以延伸成单位量词。如杜甫《述怀》:"自寄一封书,今已十月后。"

将

扣	牂	牀	將	将
甲骨文	金文	小篆	楷书(繁体)	楷书

【原文】

將,帅也。从寸,醬省声。

【译文】

將,将帅。从寸,醬省酉为声。

【按语】

"将"是会意字。甲骨文左边似一张竖起的几案,右边是块肉。金文的字形中,"肉"下又多了两只手。隶变以后楷书写成"將"。汉字简化之后写成"将"。

"将"的原义是把肉放在几案上。延伸成扶持、扶助。例如《乐府诗集·木兰辞》:"爷娘闻女来,出郭(外城)相扶将"。也引申为带领、携带。例如《后汉书·蔡邕传》:"遂携将家属,逃入深山,与鲍宣、卓茂等同不仕新室。"

"将"读作 jiàng，指将领。例如"将在外，君命有所不受"。

尊

甲骨文　　金文　　小篆　　楷书

【原文】

尊，酒器也。从酋，収以奉之。

【译文】

尊，盛酒的器皿。从酋，两手高高捧举着它。

【按语】

"尊"是会意字。甲骨文似两只手朝上捧着酒器的样子。金文的形体与甲骨文大体相同。小篆继承金文而来。隶变以后楷书写成"尊"。

"尊"的原义是酒器。

在古代，向人敬酒是非常尊重的，故延伸成尊重、推崇。如范仲淹《遗表》："尊崇贤良。"还延伸指尊贵、高贵。例如《战国策·赵策》："位尊而无功。"意思是地位尊贵却没有功勋。

"尊"作量词时，称盛酒的器具或者塑似。如杜甫《春日怀李白》："何时一尊酒，重与细论文。"

爵

甲骨文　　金文　　小篆　　楷书

【原文】

爵，礼器也。象爵之形，中有鬯酒，又持之也。所以饮。器象爵者，取其鸣节节足足也。

【译文】

爵,行礼用的酒器。似爵的形状,中间有鬯酒,"又"表示用手持握着。是用来饮酒的器皿。饮器似雀的缘故,是取其注酒声似雀鸣声节节足足。

【按语】

"爵"是象形字。甲骨文似古代酒器爵的形状。金文愈加形象,右边还增加了一只手。小篆线条化、繁杂化。隶变楷书后写成"爵"。

"爵"的原义是古代酒器,形似雀,青铜制,盛行于殷代和西周初期。例如《左传·庄公二十一年》:"虢公请器,王与之爵。"意思是虢公请给一件礼器,王给了他一件酒器。

"爵"延伸指爵位、官位。例如《礼记·王制》:"王者之制禄爵,公、侯、伯、子、男,凡五等。"

巾 部

甲骨文　金文　小篆　楷书

【原文】

巾,佩巾也。从冂,丨象糸也。凡巾之属皆从巾。

【译文】

巾,佩带的巾帛。从冂,丨似系佩的绳索。凡是巾的部属全部从巾。

【按语】

"巾"是象形字。甲骨文似古人腰间的佩巾下垂的样子。金文和小篆的形体直接从甲骨文演化而来。隶变以后楷书写成"巾"。

"巾"的原义是佩巾、手巾。如王勃《送杜少府之任蜀州》:"无为在歧路,儿女共沾巾。"

尔后"巾"的意义扩大,泛指擦抹用的纺织品,或者包裹、覆盖东西的纺织品。

"巾"是个部首字,凡由"巾"字所组成的字大全部与布有关,例如"布""幅"

"常"。

幔

幔 幔

小篆　　楷书

【原文】

幔，幕也。从巾，曼声。

【译文】

幔，帐幕。从巾，曼声。

【按语】

"幔"是形声兼会意字。小篆从巾，曼声，曼兼表拉引之意。隶变以后楷书写成"幔"。

"幔"的原义是帐幕、帷幕。例如"帷幔""布幔"。又指古时酒店的招子，即酒旗。如王建《宫前早春》："酒幔高楼一百家，宫前杨柳寺前花。"

帛

帛 帛 帛 帛

甲骨文　金文　小篆　楷书

【原文】

帛，缯也。从巾，白声。凡帛之属皆从帛。

【译文】

帛，缯帛。从巾，白声。凡是帛的部属全部从帛。

【按语】

"帛"是会意兼形声字。甲骨文从巾，从白，会未染的白色缯帛之意，白兼表声。隶变以后楷书写成"帛"。

"帛"的原义是未染的白色丝织品。也引伸为各种丝织物的总称。例如"化干戈为玉帛",比喻变战争为和平或者变争斗为友好。

古代有人用帛来书写,故也引伸指帛书。例如《史记·陈涉世家》:"乃丹书帛'陈胜王',置入所鱼腹中。"

市

岩	峃	峃	市
甲骨文	金文	小篆	楷书

【原文】

市,买卖所之也。市有垣,从冂;从乛;乛,古文及,象物相及也。之省声。

【译文】

市,买卖时去的处所。集市有垣墙,所以从冂;又从乛;乛,是古文"及"字,表示物与物相连及的意思;之省声。

【按语】

"市"是会意兼形声字。甲骨文从冂(表示划定的范围),从之(表示前往),会前往市场之意,之兼表声。金文下边加兮声。小篆稍讹并整齐化。隶变以后楷书写成"市"。

"市"的原义是市场。例如"菜市场""服装市场"。延伸指城镇。例如"都市""城市"。

"市"用作动词时,指交易、商品买卖。例如《左传·僖公三十三年》:"及滑,郑商人弦高将市于周,遇之。"

帛

| 甲骨文 | 金文 | 小篆 | 楷书 |

【原文】

帚,粪也。从又持巾埽冂内。古者少康初作箕、帚、秫酒。少康,杜康也,葬长垣。

【译文】

帚,扫除。由"又"(手)持握"巾"扫除"冂"界之内会意。古时候,少康最开始制作筪箕、扫帚和秫酒。少康,就是杜康,葬在长垣。

【按语】

"帚"是象形字。甲骨文形体似一把扫帚。金文与甲骨文大概相同,并形象化。小篆下部手可握持的部分变成了"巾"。隶变以后楷书写成"帚"。

"帚"的原义是扫帚。例如《隋书·五行志上》:"金作扫帚玉作把,净扫殿屋迎西家。"

带

金文	小篆	楷书(繁体)	楷书

【原文】

带,绅也。男子鞶带,妇人带丝。象系佩之形。佩必有巾,从巾。

【译文】

带,大的衣带。男子佩皮革的衣带,妇人以丝为衣带。似系佩的样子。佩一定有巾,所以从巾。

【按语】

"带"是象形字。金文上下有缨头,很似一条两头下垂的长带子,中间弯曲。隶变以后楷书写作"带"。汉字简化之后写成"带"。

"带"的原义是系在腰间的带子。如柳永《雨霖铃》:"衣带渐宽终不悔,为伊消得人憔悴。"泛指各种窄长条的带子。例如"鞋带"。

"带"用作动词,指随身携着、拿着。如屈原《涉江》:"带长铗之陆离兮。"进而延伸指佩戴、披挂。如黄巢《不第后赋菊》:"冲天香阵透长安,满城尽带黄金甲。"

帝

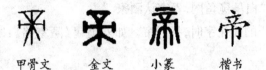

甲骨文　　金文　　小篆　　楷书

【原文】

帝,谛也。王天下之号也。从丄,朿声。

【译文】

帝,审谛;又是统治天下的人的称号。从二,朿声。

【按语】

"帝"是象形字。甲骨文字形似一堆横七竖八架在一起准备点燃的木柴。金文与甲骨文基本相同。小篆下部变成了"巾"。隶变以后楷书写成"帝"。

"帝"的原义就是天神、天帝。例如《列子·汤问》:"操蛇之神闻之,惧其不已也,告之于帝。"由天帝延伸指帝王、君主。例如《战国策·赵策》:"赵诚发使尊秦昭王为帝。"意思是赵国果真派遣使臣尊奉秦昭王为帝。

"帝"作动词用时,表示称帝,例如《后汉书·伏侯宋蔡冯赵牟韦列传》:"受命而帝。"

帘

簾　　簾　　帘

小篆　　楷书（繁体）　　楷书

【原文】

簾,堂帘也。从竹,廉声。

【译文】

簾,堂上挂的竹帘。从竹,廉声。

【按语】

"帘"是形声字。小篆从竹,廉声。隶变以后楷书写成"簾"。汉字简化之后写成"帘"。

"帘"作为本字,原义是旧时店铺挂在门前作为招牌的一种旗帜标志。如郑谷《旅寓洛南村舍》:"白鸟窥鱼网,青帘认酒家。"

"帘"用作"簾"的简化字时,指门帘。如刘禹锡《陋室铭》:"苔痕上阶绿,草色入帘青。"

延伸指古代女后垂帘听政。例如《旧唐书·高宗纪下》:"上每视朝,天后垂帘于御座后,政事大小皆预闻之,内外称为二圣。"

帕

帕　帊　帕

小篆　楷书(繁体)　楷书

【原文】

帊,帛三幅曰帊。从巾,巴声。

【译文】

帊,帛宽两幅帕。从巾,巴声。

【按语】

"帕"是形声字。小篆从巾,巴声。隶变以后楷书写成"帊",异体作"帕"。如今规范化,以"帕"为正体。

"帕"的原义是两幅宽的帛。延伸指擦手、擦脸用的小方巾。例如"手帕""丝帕"。

"帕"还特指束额巾、头巾。如苏轼《客俎经旬无肉又子由劝不读书萧然清坐乃无一事》:"从今免被孙郎笑,绛帕蒙头读道书。"

"帕"用作动词,指缠绕、包裹。如韩愈《元和圣德诗》:"以锦缠股,以红帕首。"
"帕"还用作压强单位,是帕斯卡的简称,即单位面积上所受的压力。

帅

甲骨文　金文　小篆　楷书

【原文】

帥,佩巾也。从巾、𠂤,帥或者,从兑。

【译文】

帥,佩带的巾帛。由巾、𠂤会意。帨,帥的或者体,从兑。

【按语】

"帅"是会意兼形声字。甲骨文左边是两手展开之形,右边是礼巾,会献礼巾之意。金文将右边的礼巾简化为,又另加义符"巾"。小篆把左边两手展巾之形讹为𠂤声,成了形声字。隶变以后楷书写成"帥"。汉字简化之后写成"帅"。

"帅"的原义是献礼巾。后借以表示军中最高的指挥官。例如"元帅"。延伸指表率、楷模。例如《汉书·循吏传序》:"相国萧、曹以宽厚清净为天下帅。"

"帅"用作动词时,指统率、率领。例如《左传·隐公元年》:"命子封帅车二百乘以伐京。"

"帅"用作形容词时,指漂亮、有风度。例如"这个人长得真帅"。

"帅"还特指中国象棋棋子中的主将。例如"弃车保帅"。

师

甲骨文　　金文　　小篆　　楷书(繁体)　楷书

【原文】

師,二千五百人为师。从帀,从𠂤。𠂤,四帀,众意也。

【译文】

師，二千五百人成为一师。由帀、自会意。自，四帀，全部表示众多的意思。

【按语】

"师"是会意字。甲骨文、金文、小篆全部从帀（包围），从垖（小土山），用四下里全部是小土山会众多的人或者物全部聚集在一起之意。隶变以后楷书写成"師"。汉字简化之后写成"师"。

"师"的原义是军队驻扎。延伸指军队编制的一级单位。古代二千五百人为一师，今为军之下、团之上的一级。又泛指军队。例如《左传·庄公十年》："十年春，齐师伐我。"

"师"又指传道或者传授知识、技能的人，即老师。还可以指由师徒或者师生关系而产生的称谓。例如"师傅"。

"师"用作动词，指效法、学习。例如"师古"，就是效法古代的意思。

帆

骉 飍 帆

小篆　　楷书（繁体）　楷书

【原文】

飍，马疾走也。从馬，風声。

【译文】

飍，驰。从馬，風声。

【按语】

"帆"是会意字。小篆写成"骉"，从马，从風，会骏马奔跑起来似风一样之意。隶变以后楷书写成"飍"；后俗改作"帆"，从巾，凡声。如今规范化，以"帆"为正体。

"帆"的原义是马奔驰。尔后专门用来指船帆。如李白《行路难》："长风破浪会有时，直挂云帆济沧海。"

"帆"用作动词时,指张帆行驶。如韩愈《除官赴阙》:"不枉故人书,无因帆江水。"

希

希 緒

国学经典文库

说文解字

《说文解字》原文释义

图文珍藏版

小篆　　楷书

【原文】

无。

【按语】

"希"是会意字。小篆从巾,从爻(似交织的篱笆之形),会似篱笆一样织得稀疏的麻布之意。隶变以后楷书写成"希"。

"希"的原义是麻布织得不紧密。延伸指稀疏、不密。例如《论语·先进》:"鼓瑟希。"又延伸指稀少、不多见。如韩愈《朱文公校昌黎先生集》:"有志乎古者希矣。"

"希"延伸指盼望、企求。例如《后汉书·周举传》:"犹缘木希鱼。"

"希"也引伸指寂静无声。例如《老子》第四十一章:"大音希声,大象无形。""大音希声"即最大最美的声音乃是无声之音。

帖

帖 帖

小篆　　楷书

【原文】

帖,帛书署也。从巾,占声。

【译文】

帖,帛上写的题签。从巾,占声。

【按语】

"帖"是形声字。小篆从巾，占声。隶变以后楷书写成"帖"。

"帖"的原义是写在帛上的书签，读作 tiě。延伸指石刻、木刻的拓本或者书画的临摹范本。例如"碑帖"。

"帖"读作 tiě，指官府文书。例如《乐府诗集·木兰诗》："昨夜见军帖。"延伸泛指各种邀请客人的信函、请柬。例如"请帖"。

"帖"读作 tiē，指标题书签必须粘贴。由此延伸指粘贴。例如《乐府诗集·木兰诗》："当窗理云鬓，对镜贴花黄。"

"帖"延伸指对约束、控制或者权威命令顺从，即帖服。例如"俯首帖耳"。还延伸指妥当、安定。如"妥帖"。

"帖"用作量词，指药剂。例如"一帖药"。

帮

帮（小篆）　帮（楷书（繁体））　帮（楷书）

小篆　　楷书（繁体）　　楷书

【原文】

无。

【按语】

"帮"是形声字。楷书繁体写成"幫"，从帛，封声。异体作"幇"。汉字简化之后"帮"，从巾，邦声。

"帮"的原义是鞋的边缘部分。泛指物体两侧或者周围立起来的部分。例如"船帮"。也引伸指蔬菜外部的厚硬叶。例如"菜帮子"。鞋帮起辅助作用，故延伸指帮助或者给予支援。例如"帮衬"。

"帮"又特指从事雇佣劳动。例如"帮佣"。同伙相帮，故延伸指伙、群。例如"帮派"。

"帮"作量词时，用于成伙的人。例如《老残游记》第十二回："东隔壁店里，午后走了一帮客。"

幅

幅　幅

小篆　　楷书

【原文】

幅,布帛广也。从巾,畐声。

【译文】

幅,布帛的宽度。从巾,畐声。

【按语】

"幅"是形声字。小篆从巾,畐声。隶变以后楷书写成"幅"。

"幅"的原义是布帛的宽度。泛指地面或者书画面的广狭。例如"幅员辽阔"。

"幅"作量词,用于字画、布帛以及布帛制品。例如"两幅锦缎"。

布

金文　　小篆　　楷书

【原文】

布,枲织也。从巾,父声。

【译文】

布,麻织品。从巾,父声。

【按语】

"布"是形声字。金文从巾,父声。小篆整齐化,声符"父"变得不明显了。隶变以后楷书写作"布"。

"布"的原义是麻、葛织物。例如"土布"。

"布"用作动词，指铺开、展开。如柳宗元《至小丘西小石潭记》："日光下澈，影布石上。"引申指安排、设置。例如"布防"。又指散布、流传。如宋玉《九辩》："尚欲布名乎天下。"意思是，想要四海之内声名显扬。还延伸指当众宣告。例如"开诚布公"。进而延伸指施与。例如《乐府诗集·长歌行》："阳春布德泽，万物生光辉。"

门 部

门

甲骨文　　金文　　小篆　　楷书（繁体）　　楷书

【原文】

门，闻也。从二户。象形。凡门之属皆从门。

【译文】

门，内外相互闻听得到。由两个"户"字会意。象形。凡是门的部属全部从门。

【按语】

"门"是象形字。甲骨文上部是一条嵌入门枢的横木，下部似两扇门。金文去掉了门楣。小篆继承金文。隶变以后楷书写成"門"。汉字简化之后写成"门"。

"门"的原义是双扇门。泛指建筑物和交通工具的出入口。例如"房门"。也引申指家、家族。如白居易《长恨歌》："姊妹兄弟皆列土，可怜光彩生门户。"还延伸表示门类。例如《旧唐书·杜佑传》："书凡九门。"意思是这部书分为九个门类。进而延伸表示类别。例如"分门别类"。

"门"是个部首字，凡由"门"组成的字大全部与门户及其动作有关。例如"闭""间""闲"。

闭

阴 閈 閉 闭

金文　　　小篆　　楷书（繁体）　楷书

【原文】

閉，阖门也。从门；才，所以距门也。

【译文】

閉，关门。从门；才，是用来支撑门的木棒之类。

【按语】

"闭"是会意字。金文上部左右是两扇门，下部的"十"字就是门闩。小篆在两扇门当中加上了两条门闩。隶变以后楷书写成"閉"。汉字简化之后写成"闭"。

"闭"的原义是关门。泛指闭上、闭合。例如《史记·张仪列传》："愿陈子闭口，毋复言。"延伸指堵塞、壅塞不通。如苏辙《乞罢修河司札子》："欲闭塞北流。"

问

朋 問 問 问

甲骨文　　　小篆　　楷书（繁体）　楷书

【原文】

問，讯也。从口，门声。

【译文】

問，讯问。从口，门声。

【按语】

"问"是形声字。甲骨文从口，门声，金文大体相同。小篆整齐化。隶变以后楷书写成"問"。汉字简化之后写成"问"。

"问"的原义是讯问、询问。如贺知章《回乡偶书》："儿童相见不相识，笑问客

国学经典文库

说文解字

《说文解字》原文释义

图文珍藏版

783

从何处来。"延伸指问候、慰问。例如《论语·雍也》："伯牛有病,子问之。"也引伸为馈赠。例如《诗经·郑风·女曰鸡鸣》："知子之顺之,杂佩以问之。"

阔

闊 闊 阔

小篆　楷书（繁体）　楷书

【原文】

闊,疏也。从門,湉声。

【译文】

闊,疏远。从門,活声。

【按语】

"阔"是形声字。小篆从門,湉声。隶变以后楷书写成"闊","湉"讹为"活"。汉字简化之后写成"阔"。

"阔"的原义是宽阔、开阔、广阔。如柳永《雨霖铃》："念去去,千里烟波,暮霭沉沉楚天阔。"延伸指远、久远。如王羲之《问慰诸帖》："阔别稍久,眷与时长。"还延伸指宽缓、放宽。例如"阔绰"。进而延伸指迂阔、不切实际。例如《史记·孟轲荀卿列传》："梁惠王不果所言,则见以为迂远而阔于事情。"意思是梁惠王不听信他的主张,认为他的主张不切实情,远离实际。

闸

閘 閘 闸

小篆　楷书（繁体）　楷书

【原文】

閘,开闭门也。从門,甲声。

【译文】

闸,开闭门。从門,甲声。

【按语】

"闸"是形声兼会意字。小篆从門,甲声;甲指植物的外壳,兼表意。隶变以后楷书写成"閘"。汉字简化之后写成"闸"。

"闸"的原义是开闭门。古时也指城门悬门。例如《说唐全传》:"忽听得一声炮响,城上放下千斤闸来。"也引伸为水闸。例如"开闸"。

"闸"用作动词,延伸成用闸把水拦住。如朱熹《朱子语类》:"夜间则闸得许多水住在此处。"由控制水的闸门延伸成各种制动器。例如"电闸"。

闯

闖　闖　闯

小篆　　楷书(繁体)　楷书

【原文】

闖,馬出門皃。从馬在門中。

【译文】

闖,马出门的样子。由"馬"在"門"中会意。

【按语】

"闯"是会意字。小篆从"馬"在"門"中会意,表示马出门的样子。隶变以后楷书写成"闖"。汉字简化之后写成"闯"。

"闯"的原义是马出门的样子。泛指出头的样子。例如《公羊传·哀公六年》:"开之则闯然公子阳生也。"也引伸指突然进入。

例如"闯进门去"。也引伸指猛冲。例如"横冲直闯"。还延伸指(离家到外边)奔走谋生、游荡、历练。例如"走南闯北"。

阀

阀 閥 閥

小篆　　楷书（繁体）楷书

【原文】

閥，閥閱，自序也。从門，伐声。

【译文】

閥，即閥閱，自序功劳。从門，代声。

【按语】

"阀"是会意兼形声字。小篆从門，伐声，伐兼表攻伐之意。隶变以后楷书写成"閥"。汉字简化之后写成"阀"。

"阀"的原义是指功劳。例如《旧唐书·张献诚传》："献诚子煦，积阀亦至夏州节度使。"延伸指名门巨室、仕宦人家。如欧阳修《新唐书·柳玭传》："东全部仁和里裴尚书宽子孙众盛，实为名阀。"

"阀"也引伸为依靠权势在某一方面有特殊支配地位的人物或者集团。例如"财阀"。世家大族的权势极大，这与阀门的作用很似，因此延伸成阀门。例如"安全阀"。

闲

閑 閑 閑 闲

金文　　小篆　　楷书（繁体）楷书

【原文】

閑，闌也。从門中有木。

【译文】

閑，木栏。由"門"中有"木"会意。

【按语】

"闲"是会意字。金文上部左右表示两扇大门,下部表示门中挡上木头。小篆形体基本上同于金文,并整齐化。隶变以后楷书写成"閑"。汉字简化之后写成"闲"。

"闲"的原义是门栅栏。泛指木栏、栅栏。也引伸指养马的圈。还延伸指(道德的)规范、界限。例如《论语·子张》:"大德不逾闲,小德出入可也。"

"闲"也表示空闲、清闲。如李白《庐山谣》:"闲窥石镜清我心,谢公行处苍苔没。"

阁

閣 閣 阁

小篆　　楷书(繁体)　　楷书

【原文】

閣,所以止扉也。从門,各声。

【译文】

閣,用来固定门扇的东西。从門,各声。

【按语】

"阁"是形声兼会意字。小篆从門,从各(至止),会开门后插在两旁用来固定门扇防止门自动开合的木橛之意,各兼表声。隶变以后楷书写成"閣"。汉字简化之后写成"阁"。

"阁"原义指打开门后固定门用的木橛。尔后专指搁置食物等的橱柜。又特指一种架空的小楼房,通常四周设隔扇或者栏杆回廊,供远眺、游憩。如杜牧《阿房宫赋》:"五步一楼,十步一阁。"也特指女子的卧房。例如《木兰诗》:"开我东阁门,坐我西阁床。"

"阁"还延伸指藏书和供佛的地方。例如"文津阁"。由宫阁延伸指中央官署,后又代称中央机构。例如"内阁"。"阁"也在外交场合中用作敬辞。例如"大使阁下"。

閏　閏　闰

小篆　楷书（繁体）　楷书

【原文】

閏,余分之月,五岁再闰。告朔之礼,天子居宗庙,闰月居门中。从王在門中。《周礼》曰:'闰月王居门中,终月也。'

【译文】

閏,闰月,由余剩的未分的时日组成的月份,五年闰两次。每月初一,行告祭之礼,天子居处在庙堂之中,闰月居处在正室门中。由"王"字在"門"字之中会意。《周礼》说:"闰月,周王居处在正室门中,整一个月。"

【按语】

"闰"是会意字。小篆从王,从门。隶变以后楷书写成"閏"。汉字简化之后写成"闰"。

"闰"的原义是历法术语,指历法纪年和地球环绕太阳一周运行时间的差数,多余的叫"闰"。例如"闰年""闰月"。延伸指副、偏,与"正"相对。例如《宋史·宋庠传》:"曾校定《国语》,撰《补音》三卷,又辑《纪年通谱》,区别正闰,为十二卷。"

"闰"也引伸指多余的事。如陈师道《残句:势不可使尽》:"人生如此耳,文字已其闰。"

间

晶　閒　間　閒　间

金文　小篆　楷书（繁体）楷书（繁体）　楷书

【原文】

閒,隙也。从門,从月。

【译文】

閒，空隙。由門、由月会意。

【按语】

"间"是会意字。金文从月，从門。小篆把"月"移进門内，并整齐化。隶变以后楷书写成"閒"和"間"。汉字简化之后写成"间"。

"间"的原义是门隙、门缝。延伸指间隙、空隙。也引伸指中间、内。如王之涣《凉州词》："黄河远上白云间，一片孤城万仞山。"

由空隙、间隙也引伸指隔开、不连接。例如"黑白相间"。延伸成隔阂、不团结。例如"离间"。

闻

甲骨文　　小篆　　楷书（繁体）　楷书

【原文】

聞，知声也。从耳，門声。

【译文】

聞，知晓其声。从耳，門声。

【按语】

"闻"是会意字。甲骨文右边是一只耳朵，左边是一个举手附耳谛听的人之形。隶变以后楷书写成"聞"。汉字简化之后写成"闻"。

"闻"的原义是听见。如孟浩然《春晓》："春眠不觉晓，处处闻啼鸟。"延伸表示听说、知道。如韩愈《师说》："闻道有先后。"还延伸指听见的事情、消息。例如"传闻""见闻"。进而延伸指闻名。如诸葛亮《出师表》："苟全性命于乱世，不求闻达于诸侯。"

闷

悶　悶　闷

小篆　楷书（繁体）　楷书

【原文】

悶，懑也。从心，門声。

【译文】

悶，烦闷。从心，門声。

【按语】

"闷"是会意兼形声字。小篆从心，从門，会心中憋闷之意，門兼表声。隶变以后楷书写成"悶"。汉字简化之后写成"闷"。

"闷"的原义是烦懑、不舒畅，读作 mèn。如李白《江夏赠韦南陵冰》："四望青天解人闷。"延伸指密闭不透气。例如"闷子车"。

"闷"读作 mēn 时，指因空气不流通而引起的感觉，多为不适感。例如"闷气"。进而延伸指密封、密闭、使不透气。例如"闷茶"。

"闷"也形容人不机灵。例如"这个人有点闷"。

氵部

沙

淼　沙　沙

金文　小篆　楷书

【原文】

沙，水散石也。从水，从少。水少沙见。楚东有沙水。

【译文】

沙,水中散碎的石粒。由水、少会意。水少,沙就显现出来了。楚地之东有沙水。

【按语】

"沙"是会意字。金文左边是弯曲的流水之形,右边的四点表示有很多沙粒。隶变以后楷书写作"沙"。

"沙"的原义是微小细碎的石粒。如杜甫《登高》:"风急天高猿啸哀,渚清沙白鸟飞回。"沙子大都是松散的,故延伸引喻松散。例如"一盘散沙"。也引伸指声音破碎嘶哑、不清脆。例如"沙哑"。

汤

汩　湯　湯　汤

金文　　小篆　　楷书(繁体)　　楷书

【原文】

湯,热水也。从水,易声。

【译文】

湯,热水。从水,易声。

【按语】

"汤"是形声兼会意字。金文和小篆皆从水,易声,易兼表热之意。隶变以后楷书写成"湯"。汉字简化之后写成"汤"。

"汤"的原义是热水、开水,读作 tāng。延伸指菜汤。如王建《新嫁娘》:"三日入厨下,洗手做羹汤。""洗手作羹汤"的意思就是洗手亲自作菜汤。

"汤"又特指中药的剂型。例如"换汤不换药"。

"汤"又读作 shāng,用作"汤汤",形容水势浩大、水流很急的样子。如范仲淹《岳阳楼记》:"衔远山,吞长江,浩浩汤汤,横无际涯"。也用来形容广大、浩茫的样子。如沈约《待罪江南思北归赋》:"心汤汤而谁告?"

汁

汁　汁

小篆　　楷书

【原文】

汁，液也。从水，十声。

【译文】

汁，(与别的物体和煮而形成的)液体。从水，十声。

【按语】

"汁"是形声字。小篆从水，十声。隶变以后楷书写成"汁"。

"汁"的原义是含有某些物质的液体。例如《后汉书·边让传》："函牛之鼎以亨(烹)鸡，多汁则淡而不可食，少汁则熬而不可熟。"意思是用烹煮牛肉的鼎来烹鸡，汤汁多了则味淡而不能吃，汤汁少了则熬不熟。这是指不应当大材小用。

法

灋　灋　灋　法

金文　小篆　楷书(繁体)　楷书

【原文】

灋，刑也。平之如水，从水；廌，所以触不直者，去之，从去。

【译文】

灋，刑法。法律似水一样平正，所以从水；廌，是用来抵触不正直的一方的神兽，并使之离去，所以从廌、去。

【按语】

"法"是会意字。金文从廌(zhì，古代神话中的一种怪兽，头上有角，能辨别曲直)，从去，从水。隶变以后楷书写成"灋"和"法"。如今规范化，以"法"为正体。

"法"的原义是刑律、法令。例如《韩非子·有度》:"法不阿贵。"意思是刑法不去阿谀权贵。"法"是人们行动的准则,故延伸指标准、准则。例如"法则"。也引伸指方法、途径、手段。例如"用兵之法"。

湛

<table>
<tr><td>金文</td><td>小篆</td><td>楷书</td></tr>
</table>

【原文】

湛,没也。从水,甚声。一曰:湛水,豫章浸。

【译文】

湛(chén),沉没。从水,甚声。另一义说:湛是湛水,是豫州地方的川泽。

【按语】

"湛"是形声字。金文从水,甚声。小篆整齐化、文字化。隶变以后楷书写成"湛"。

"湛"的原义是沉没。又特指清澈透明。如陶渊明《辛丑岁七月赴假还江陵夜行途中》:"凉风起将夕,夜景湛虚明。"还特指(露)厚重。例如"湛露"。又泛指(学识、技术等)深、精。例如"精湛"。

沟

<table>
<tr><td>小篆</td><td>楷书(繁体)</td><td>楷书</td></tr>
</table>

【原文】

沟,水渎。广四尺、深四尺。从水,冓声。

【译文】

沟,水道。宽四尺、深四尺。从水,冓声。

【按语】

"沟"是会意兼形声字。小篆从水从冓(两鱼相遇,嘴相接呷)会意,冓兼表声。隶变以后楷书写成"溝"。汉字简化之后写成"沟"。

"沟"的原义是田间灌溉、排水的水道。延伸指水道。京杭大运河中有一段叫"邗沟",这里的"沟"指的就是水道。也引伸指人工挖掘的沟状防御工事。例如"封锁沟""壕沟"。

"沟"用作动词,指开挖、疏通。例如"沟通",本指开沟以使两水相通,尔后泛指使两方相通连,也指疏通彼此的意见。

汛

泲　　汛

小篆　　楷书

【原文】

汛,洒也。从水,卂声。

【译文】

汛,(扫地)散水,水迅飞。从水,卂声。

【按语】

"汛"是形声字。小篆从水,卂声。隶变以后楷书写成"汛"。

"汛"的原义是洒水。例如《聊斋志异·珊瑚》:"惟身代母操作,涤器汛扫之事皆与焉。"其中的"汛扫"便是洒扫。

"汛"用作名词,表示江河季节性的涨水或者泛滥。例如"春汛""桃花汛"。

"汛"也指某些鱼类在一定时期成群出现在某一水域的现象。例如"小黄鱼汛"。

渠

渠
小篆　楷书

【原文】

渠,水所居。从水,榘省声。

【译文】

渠,水居留的地方。从水,榘省声。

【按语】

"渠"是形声字。小篆从水,榘省声。隶变以后楷书写成"渠"。

"渠"的原义是为方便灌溉或者航运而人工开凿的水道。如成语"水到渠成"。

"渠"又借作第三人称代词,指他。例如《古诗为焦仲卿妻作》:"虽与府吏要,渠会永无缘。"意思是虽然我与府吏立下誓约,但与他永远没有机会见面了。

沐

沐
甲骨文　小篆　楷书

【原文】

沐,濯发也。从水,木声。

【译文】

沐,洗头发。从水,木声。

【按语】

"沐"是形声字。甲骨文似人用双手洗头的样子。小篆改为从水,木声。隶变以后楷书写成"盨"和"沐"。

"沐"的原义是洗头发。例如《诗经·小雅·采绿》:"予发曲局,薄言归沐。"泛指洗浴。例如"沐浴"。又特指古代官员休假、休息。例如"沐日""休沐"。也引伸指润泽。如秋瑾《宝刀歌》："沐日浴月百宝光,轻生七尺何昂藏。"其中的"沐日浴月"便是指受日月光华的润泽。又引喻受到润泽、承受恩惠。例如"沐恩",就是蒙恩之意。

渴

小篆　　　楷书

【原文】

渴,尽也。从水,曷声。

【译文】

渴,水干涸。从水,曷声。

【按语】

"渴"是形声字。小篆从水,曷声。隶变以后楷书写成"渴"。

"渴"的原义是水干涸、干枯。如白居易《对镜偶吟赠张道士抱元》："眼昏久被书料理,肺渴多因酒损伤"。延伸指口渴。例如"求贤若渴",形容罗织人才的迫切。

沛

沛　沛

小篆　　　楷书

【原文】

沛,水。出辽东番汗塞外,西南入海。从水,市声。

【译文】

沛,水名。从辽东郡番汗县边塞之外流出,向西南注入大海。从水,市(péi)

声。

【按语】

"沛"是形声字。小篆从水,市声。隶变以后楷书写成"沛"。

"沛"的原义是泽名,指沛水。延伸指多水草的沼泽地。例如《公羊传·僖公四年》:"大陷于沛泽之中。"也引伸指水势盛大、充盛的样子。例如"充沛""丰沛"。

沥

沥瀝沥

小篆　　楷书（繁体）　　楷书

【原文】

瀝,浚也。从水,歷声。

【译文】

瀝,漉滤。从水,歷声。

【按语】

"沥"是形声字。小篆,从水,歷声。隶变以后楷书写成"瀝"。汉字简化之后写成"沥"。

"沥"的原义是过滤。例如"把水沥干了"。泛指液体下滴。如欧阳修《卖油翁》:"乃取一葫芦置于地,以钱覆其口,徐以杓酌油沥之。"也引伸指渗出、使渗出。例如《酉阳杂俎·境异》:"阿萨部多猎虫鹿,剖其肉,重叠之,以石压沥汁。"

"沥"也引伸指倾洒。例如"沥酒"就表示洒酒于地,表祝愿或者起誓。还延伸指竭尽、全部献出。如"披肝沥胆",就是引喻真心对待,倾吐心里话;也形容非常忠诚。

汰

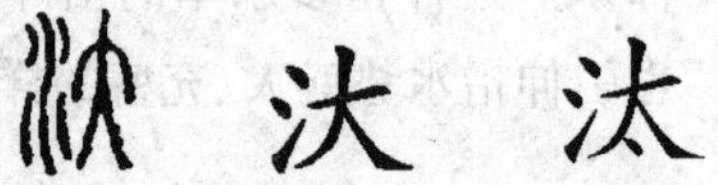

 汏 汰

小篆　　楷书（繁体）　楷书

【原文】

汏，淅澗也。从水，大声。

【译文】

汏，淘洗。从水，大声。此处所释为延伸义。

【按语】

“汰”是会意字。小篆似一人用双手撩水洗浴的样子；或者简化为从水从大会意，大兼表声。隶变以后楷书写成“汏”，俗作“汰”。如今规范化，以“汰”为正体。

“汰”的原义是洗浴。泛指淘洗。例如《齐民要术·种桑柘》：“柘子熟时多收，以水淘汰令净。”延伸指去除差的、不合需要的。例如“优胜劣汰”。

汹

 汹

小篆　　楷书

【原文】

汹，涌也。从水，匈声。

【译文】

汹，向上涌。从水，匈声。

【按语】

“汹”是形声字。小篆从水，匈声。隶变以后楷书写成“汹”。

“汹”的原义是水波猛烈地向上涌腾的样子。例如“汹涌”。延伸形容势头凶猛的样子。例如“气势汹汹”指气势很盛的样子。形容盛怒凶狠的样子。又形容纷

扰。如司马光《与王介甫第二书》："光以荷眷之久诚,不忍视天下之议论汹汹。"

清

清　　　清
小篆　　　楷书

【原文】

清,朖也。澂水之貌。从水,青声。

【译文】

清,水透明。是使水清澈后的样子。从水,青声。

【按语】

"清"是形声兼会意字。小篆从水,青声,青兼表青色之意。隶变以后楷书写成"清"。

"清"的原义是水澄澈、纯净、透明、无杂质。例如《诗经·魏风·伐檀》:"坎坎伐檀兮,河水清且涟猗。"延伸指明晰、明白。例如"当局者迷,旁观者清"。水清则无杂质,所以又延伸指一点儿不留、完尽。例如"肃清""清除"。

水平静则容易显得清澈,故也引伸指安静、寒凉。例如"清闲""凄清"。由人们全部能安静生活延伸特指天下太平无事。例如"盛世清平"。还延伸成闲暇。例如"清闲"。

泣

泣　　　泣
小篆　　　楷书

【原文】

泣,无声出涕曰泣。从水,立声。

【译文】

泣,没有哭声而流眼泪叫泣。从水,立声。

【按语】

"泣"是形声字。小篆从水,立声。隶变以后楷书写成"泣"。

"泣"的原义是无声或者低声地哭。如杜甫《石壕吏》:"夜久语声绝,如闻泣幽咽。"泛指哭。例如"如泣如诉"。

"泣"用作名词,指眼泪。如白居易《琵琶行》:"座中泣下谁最多,江州司马青衫湿。"

沧

滄　滄　沧

小篆　楷书(繁体)　楷书

【原文】

滄,寒也。从水,倉声。

【译文】

滄,寒冷。从水,倉声。

【按语】

"沧"是形声字。小篆从水,倉声。隶变以后楷书写成"滄"。汉字简化之后写成"沧"。

"沧"的原义是寒冷,同"滄"。例如《逸周书·周祝》:"天地之间有沧热,善用道者,终不竭。"

"沧"又通"苍",指水呈深绿色。如李白《行路难》:"乘风破浪会有时,直挂云帆济沧海。"

"沧"又用作河水名。例如《楚辞·渔父》:"沧浪之水清兮,可以濯吾缨;沧浪之水浊兮,可以濯吾足。"

沿

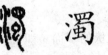

小篆　　楷书

【原文】

沿,缘水而下也。从水,㕣声。《春秋传》曰:'王沿夏。'

【译文】

沿,顺着水流而下。从水,㕣声。《春秋左氏传》说:"王顺着夏水而下。"

【按语】

"沿"是会意兼形声字。小篆从氵,从㕣,会顺着水流之意,㕣兼表声。隶变以后楷书写成"沿"。

"沿"的原义是顺着水流的方向而行。例如《尚书·禹贡》:"沿于江海,达于淮泗。"泛指顺着、因袭。如陆机《文赋》:"或因枝以振叶,或者沿波而讨源。"用作名词,指边缘。如"边沿"。

浊

小篆　　楷书(繁体)　　楷书

【原文】

濁,水。出齐郡历伪山,东北入钜定。从水,蜀声。

【译文】

濁,水名。从齐郡广县为山流出,向东北注入钜定湖。从水,蜀声。

【按语】

"浊"是形声字。小篆从水,蜀声。隶变以后楷书写成"濁"。汉字简化之后写成"浊"。

国学经典文库

说文解字

《说文解字》原文释义

图文珍藏版

"浊"的原义是水不清、不干净。例如"浊浪""浊流"。泛指空气等不清新、不明澈。如"空气污浊"。也引伸指混乱、污浊。例如《史记·平原君列传》:"平原君,翩翩浊世之佳公子也。"

"浊"也引伸指品行坏、卑劣。例如《楚辞·渔父》:"举世皆浊我独清。"也引伸指声音低沉粗重。例如"浊声浊气""浊音"。

波

潡　波
小篆　楷书

【原文】

波,水涌流也。从水,皮声。

【译文】

波,水面汹涌而又不断流动。从水,皮声。

【按语】

"波"是会意兼形声字。小篆从水,从皮,会水涌流形成起伏的表皮之意,皮兼表声。隶变后楷书写成"波"。

"波"的原义是掀起波浪。如苏轼《前赤壁赋》:"清风徐来,水波不兴。"延伸指动摇、不稳定。例如《后汉书·公孙述传》:"方今四海波荡,匹夫横议。"此处的"波荡"就是时局不稳的意思。

"波"用作名词,指江河湖海等起伏的水面。如曹操《观沧海》:"秋风萧瑟,洪波涌起。"还比喻流转的目光。例如"暗送秋波"。

漂

瀌　漂
小篆　楷书

【原文】

漂,浮也。从水,票声。

【译文】

漂,浮游。从水,票声。

【按语】

"漂"是形声字。小篆从水,票声。隶变以后楷书写成"漂"。

"漂"的原义是浮、浮流,读作 piāo。如贾谊《过秦论》:"伏尸百万,流血漂橹。"引申指被水流或者风向移动、冲走。例如《孙子兵法·兵势》:"激水之疾,至于漂石者,势也。"意思是,激流的水冲击十分迅疾,以至于能把石头冲走,这是形势使然。也引申指流浪在外、漂泊。例如"漂零""漂沦"。

"漂"又读作 piǎo,指用水冲洗(织物),淘去杂质。例如"漂洗""漂白"。

物经漂洗则鲜亮,故延伸指漂亮、美丽、好看,读作 piào。例如"漂亮"。

潜

潜　潛　潜

<small>小篆　　楷书(繁体)　　楷书</small>

【原文】

潜,涉水也。一曰:藏也。从水,暜声。

【译文】

潜,就是渡水。另一义说:潜是藏在水中。从水,暜声。

【按语】

"潜"是形声兼会意字。小篆从水,暜声。隶变以后楷书写成"潛"和"潜"。如今规范化,以"潜"为正体。

"潜"的原义是在水面下行走,趟水。例如《庄子·达生》:"至人潜行不窒,蹈火不热。"意思是，得道者在水下行走而不会窒息，踩着烈火而不热。泛指隐藏、隐秘。例如"潜伏""潜藏"等。也引伸指秘密地、无声息地。如杜甫《春夜喜雨》："随风潜入夜。"

还特指沉下心来、专一。例如"潜心研究"就是静下心来研究的意思。

没

没　没　没

小篆　　楷书（繁体）　楷书

【原文】

没，沈也。从水，从殳。

【译文】

没，沉。由水、殳会意。

【按语】

"没"是会意兼形声字。小篆从水，从夏，会手沉入水中之意，夏兼表声。隶变以后楷书写成"濩"，俗误作"没"，后也写成"没"。如今规范化，以"没"为正体。

"没"的原义是沉入水中，读作 mò。由此延伸指潜游水中。如苏轼《日喻》中有"南方多没人"之句，就是说南方有很多能潜水的人。也引伸指吞没、陷进、隐没、遮盖。如卢纶《塞下曲》："平明寻白羽，没在石棱中。"此处的"没"指陷进。如白居易《钱塘湖春行》中"浅草才能没马蹄"的"没"是指隐没。

隐没了就看不见了，所以也引伸指消失不见。如苏武《留别妻》："参辰皆已没，去去从此辞。"由消失也引伸指覆灭、败亡。如张籍《没蕃故人》："前年伐月支，城下没全师。"也引伸指去世、死，此义后用"殁"来表示。

"没"还读作 méi，指没有。还表示未曾、不到。

满

满　满　满

【原文】

满，盈溢也。从水，㒼声。

【译文】

满，水充盈。从水，㒼声。

【按语】

"满"是会意兼形声字。小篆从水，从㒼，会水盈溢出之意，㒼兼表声。隶变以后楷书写成"滿"。汉字简化之后写成"满"。

"满"的原义是充盈、布满。如张俞《蚕妇》："昨日入城市，归来泪满巾。"延伸指足够，达到一定限度。例如"踌躇满志"。也引伸指骄傲、自满。例如"满招损，谦受益"。

还延伸指闷塞、憋闷不畅。也引伸指全部、整个。如叶绍翁《游园不值》："春色满园关不住，一枝红杏出墙来。"

泳

泳

小篆　楷书

【原文】

泳，潜行水中也。从水，永声。

【译文】

泳，潜没在水中而前行。从水，永声。

国学经典文库

说文解字

《说文解字》原文释义

图文珍藏版

【按语】

"泳"是会意兼形声字。小篆从水,从永,会人在水中游泳之意,永兼表声。隶变以后楷书写作"泳"。

"泳"的原义是潜行水中。例如《诗经·周南·汉广》:"汉之广矣,不可泳思。"泛指在水里游。例如"游泳""蛙泳"。

漫

小篆　楷书

【原文】

无。

【按语】

"漫"是后起字,为形声字。楷书写成"漫",从水,曼声。

"漫"的原义是水过满外流而浩渺平远的样子。例如"漫无边际"。泛指溢出、满溢。进而引申指充满、遍布。例如"弥漫""漫山遍野"。也引伸指长远、辽远。例如"漫漫长路"。由满溢漫流也引伸指散漫、不受拘束、随兴去做。如成语"漫不经心""漫无目的"。

滴

小篆　楷书

【原文】

滴,水注也。从水,商声。

【译文】

滴,水往下滴注。从水,商声。

【按语】

"滴"是形声字。小篆从水,商声。隶变以后楷书写成"滴"。

"滴"的原义是液体一点一点落下来。如成语"滴水成冰"。延伸形容晶莹润美的样子。如张志和《渔父》:"秋山入帘翠滴滴,野艇倚槛云依依。"

"滴"作象声词,形容雨水下落和钟摆等的声音。例如"时钟在滴答地走着"。

"滴"作量词,多用于颗粒状滴下的液体。例如"几滴水珠"。

漏

小篆　楷书

【原文】

漏,以铜受水,刻节,昼夜百刻。从水,扇声。

【译文】

漏,用铜器接受水,(并在器中立箭之上)刻成度数,昼夜之间共一百度。从水,扇声。

【按语】

"漏"是形声字。小篆从水,扇声。隶变以后楷书写成"漏"。

"漏"的原义是漏壶,是古代滴水计时的仪器。例如"沙漏""滴漏"。延伸指物体由孔缝透过、滴落。例如"屋漏偏逢连夜雨"。进而延伸指泄露、泄密。例如"说漏了嘴"。也引伸指破绽、疏漏。例如"出了漏子"。也引伸指逃脱、遗忘。例如"漏网之鱼"就是逃脱鱼网的鱼,常引喻侥幸逃脱的罪犯或者敌人。

溜

小篆　楷书

807

【原文】

溜,水。从水,留声。

【译文】

溜,水名。从水,留声。

【按语】

"溜"是形声字。小篆从水,留声。隶变以后楷书写成"溜"。

"溜"的原义是水名,即如今贯穿中北部的融江、柳江及黔江,读作 liù。由水流急也引伸指迅速、顺畅。例如"滑得真溜"。也引伸指漫步、游逛。例如"溜个弯"。也引伸指操练。如"溜嗓子"。

"溜"作量词,表示成排、成条、成串的事物。例如"一溜烟""一溜人马"。

"溜"还读作 liū,延伸指快速滑行、滑动。例如"溜冰"。进而延伸指偷偷地走。例如"溜之大吉"。也引伸指顺着、沿着。例如"溜边儿靠角儿"。也引伸指奉承、逢迎拍马。例如"溜须拍马"。

港

櫭　　港

小篆　　楷书

【原文】

无。

【按语】

"港"是形声兼会意字。小篆从水,巷声,巷兼表小道之意。隶变以后楷书写成"港"。

"港"的原义是与江河湖泊相通的小河道。例如《宋史·河渠七》:"兼沿河下岸泾港极多,其水入长水塘、海盐塘、华亭塘。"延伸指停泊船只的码头、口岸。如方回《涌金门城望》："战罢闲堤眠老马,宴稀荒港泊空船。"尔后词义扩大,指大型机场。例如"航空港""飞机离港"。

"港"又特指香港。例如"港币""港商"等。

浮

小篆　　楷书

【原文】

浮,氾(汎)也。从水,孚声。

【译文】

浮,漂在水面。从水,孚声。

【按语】

"浮"是形声字。小篆从水,孚声。隶变以后楷书写成"浮"。

"浮"的原义是漂流、漂在水面。例如《论语·公冶长》："道不行,乘桴浮于海。"意思是主张的道行不通了,就乘木筏漂流到海外去。延伸指泛舟而行、游水。例如《国语·越语下》："(范蠡)遂乘轻舟,以浮于五湖。"也指飘在空中。例如"浮云"。

由浮在表面延伸指轻薄、不踏实。例如"浮浪子弟"指的就是轻浮放荡的人。也引伸指空虚、不切实际。例如"浮生若梦"是人生空虚不实,如梦一般短暂。

浴

甲骨文　　小篆　　楷书

【原文】

浴,洒身也。从水,谷声。

【译文】

浴,洗澡。从水,谷声。

【按语】

"浴"原本是会意字。甲骨文从人,从皿,人身上的四个点表示水,会人在盆中洗身之意。小篆改为从水、谷声的形声字。隶变以后楷书写成"浴"。

"浴"的原义是洗澡。例如《楚辞·渔父》:"新沐者必弹冠,新浴者必振衣。"

在古代,"沐"和"浴"是不一样的:"沐"是指洗头,"浴"则是指洗澡。"沐浴"连在一起,表示洗澡。引喻受润泽或者得到某种恩惠。例如"沐浴皇恩"。

深

甲骨文　金文　小篆　楷书

【原文】

深,水。出桂阳南平,西入营道。从水,罙声。

【译文】

深,水名。从桂阳郡南平县流出,向西进入营道县境内。从水,罙声。

【按语】

"深"是会意兼形声字。甲骨文似一只大手在一个洞穴中探测深浅。小篆增加了义符"水"。隶变以后楷书写成"深"。

"深"的原义是水面到水底的距离大。如李白《赠汪伦》:"桃花潭水深千尺,不及汪伦送我情。"延伸指从上到下或者从外到内的空间距离大。如欧阳修《蝶恋花》:"庭院深深深几许,杨柳堆烟,帘幕无重数。"

"深"还延伸指时间距离长。例如"夜深人静"指的就是入夜很久。又指颜色浓。例如"深红"。用于抽象意义,指精微、不易理解。例如"深刻"。

渊

甲骨文　　金文　　小篆　　楷书（繁体）　　楷书

【原文】

渊,回水也。从水,象形。左右,岸也。中象水皃。

【译文】

渊,回旋的水。从水,(皿)象形。左右的丨表示水岸。中间的⺮,似水的样子。

【按语】

"渊"是象形兼会意兼形声字。甲骨文似一个大水潭。金文右边似一个水潭,左边另加义符"水",会深潭之意。隶变以后楷书写成"淵"。汉字简化之后写成"渊"。

"渊"的原义是打旋涡的水。例如《管子·度地》:"水出地而不流,命曰渊水。"泛指深水池、深潭。例如"临渊羡鱼"。也引伸指人、物聚集之地。例如"渊薮","渊"为深水,是鱼住的地方;"薮"为水边的草地,是兽住的地方。引喻人或者事物集中的地方。

由水潭深延伸指深远、深邃。例如"渊博"就是精深而广博。

游

甲骨文　　金文　　小篆　　楷书

【原文】

游,旌旗之流也。从㫃,汓声。

【译文】

游,旌旗的飘带。从㫃,汓声。

"游"是会意字。甲骨文从㫃(旗帜),从子,会旗帜末端飘带之类的下垂饰物。金文与甲骨文大概相同。隶变以后楷书写成"游",异体作"遊"。如今规范化,以"游"为正体。

"游"的原义是旗帜的垂饰,但此义后写成"斿"。"游"则表示在水中浮行。例如"游鱼"。延伸指水流、河流的一段。例如"上游"。进而延伸指流动的、不固定的。例如"游击"。

"游"用作"遊",原义是在陆地上行走。又表示游玩。例如"游览""游历"。还延伸指外出求学、求官,出门在外。例如"游子""游学"。还延伸指结交、交游。例如"交游甚广"。

湿

㓁 𣹼 㴲 濕 溼 湿

甲骨文　金文　小篆　楷书(繁体)楷书(繁体)楷书

【原文】

濕,水。出东郡东武阳,入海。从水,㬎声。桑钦云:'出平原高唐。'

【译文】

濕,水名。从东郡东武阳县流出,注入大海。从水,㬎声。桑钦说:"从平原郡高唐县流出。"

【按语】

"湿"是会意字。甲骨文右边是两把晾着的丝,左边是水,会水将丝渗湿之意。金文在丝下另加土,表示土地潮湿。小篆整齐化。隶变以后楷书写成"濕"和"溼"。汉字简化之后写成"湿"。

"湿"用作"溼"的简化字时,原义是潮润。如白居易《琵琶行》:"住近湓江地低

湿,黄芦苦竹绕宅生。"由此延伸指沾水,含水分多。如王维《山中》:"山路元无雨,空翠湿人衣。"

"湿"又用作中医术语,是一个重要的致病因素,属"六淫"之一。所谓"六淫"即风、寒、暑、湿、燥、火六种外感病邪的统称。

泪

泫　涙　泪

小篆　楷书(繁体)　楷书

【原文】

涕,目液也。从水,弟声。

【译文】

涕,眼泪。从水,弟声。

【按语】

"泪"是形声字。小篆从水,戾声。隶变以后楷书写成"涙";又作"泪",从目,从水,会眼泪之意。如今规范化,以"泪"为正体。

眼泪在汉代以前叫"涕","涙"是后造字。

"泪"的原义是眼泪。如杜甫《哀江头》:"人生有情泪沾臆,江水江花岂终极?"延伸指形似眼泪的东西。如李商隐《无题》:"春蚕到死丝方尽,蜡炬成灰泪始干。"

澡

澡　澡　澡

甲骨文　小篆　楷书

【原文】

澡,洒手也。从水,喿声。

国学经典文库

说文解字

《说文解字》原文释义

图文珍藏版

【译文】

澡,洗手。从水,桑声。

【按语】

"澡"原本是会意字。甲骨文中间是一只手,六个小点似水,会用水洗手之意。小篆变成了从水、桑声的形声字。隶变以后楷书写成"澡"。

"澡"的原义是洗手。例如《三国志·魏书·管宁传》:"夏时诣水中,澡洒手足,窥于园圃。"尔后延伸指洗浴、洗身。圆明园四十景之一的"澡身浴德",指的就是清洁身体、沐浴德行,意谓砥砺志行,使身心纯洁清白。

"澡"泛指洗涤。例如《史记·龟策列传》:"常以月旦祓龟,先以清水澡之。"意思是,常常在每月初一祈福,先用清水洗涤它(指龟)。

沉

甲骨文　金文　小篆　楷书　楷书

【原文】

无。

【按语】

"沉"是会意字。甲骨文似把一头牛丢进河中,会沉没之意。金文会人沉到水中之意。隶变后楷书写成"沈"。汉字简化之后写成"沉"。

"沉"的原义是沉祭,是古代祭祀水神的仪式。如杜甫《奉同郭给事汤东灵湫作》:"鲛人献微绡,曾祝沉豪牛。"也指没入水中。形容女子美丽常用"沉鱼落雁"一词,此处的"沉"是使下落、使向下的意思。

"沉"也引伸指程度深。例如"沉醉"。进而也引伸指阴、暗。例如"夜幕沉沉"。

"沉"本写成"沈",尔后因为"沈"字还兼地名和姓,于是古人又造了一个专当沉没讲的"沉"字,而让"沈"字专门做姓或者地名用了。

沬

甲骨文　　金文　　小篆　　楷书

【原文】

沬,洒面也。从水,未声。

【译文】

沬,洗脸。从水,未声。

【按语】

"沬"是会意兼形声字。甲骨文右为人,左下为器皿,左上为手,会人就盆掬水洗脸之意。金文突出了人头。隶变以后楷书分别写成"沬"。

"沬"的原义是洗脸,读作 huì。如司马迁《报任安书》:"然李陵一呼劳军,士无不起,躬流涕,沬血饮泣。"意思是,李陵振臂一呼、鼓舞士气的时候,兵士没有不奋起的,他们流着眼泪,一个个满脸是血,强忍悲泣。

"沬"读作 mèi 时,通"昧",表示微暗不明。例如《易·丰》:"丰其沛,日中见沬。"

汜

甲骨文　　金文　　小篆　　楷书(繁体)　　楷书

【原文】

汓,浮行水上也。从水,从子。汜,汓或者,从囚声。

【译文】

汓,在水面上浮游而行。由水、子会意。汜,汓的或者体,从囚声。

【按语】

"泅"是会意字。甲骨文从水,从子,会人在水中游泳之意。小篆整齐化;或者从水,囚声。隶变以后楷书分别写成"汓"和"泅"。如今规范化,以"泅"为正体。

"泅"的原义是游水。例如《列子·说符》:"人有滨河而居者,习于水,勇于泅。"意思是,有一个居住在河边的人,熟习水性,勇于游水。

洗

小篆　楷书

【原文】

洗,洒足也。从水,先声。

【译文】

洗,洗脚。从水,先声。

【按语】

"洗"是会意兼形声字。小篆从水,从先(人脚前伸),会洗脚之意,先兼表声。隶变以后楷书写成"洗"。

"洗"的原义是洗脚。例如《汉书·黥布传》:"(布)至,汉王方踞床洗。"意思是,黥布到了,汉王刚坐在床边洗脚。延伸指用水除去污垢,洁净。例如"洗衣服"。也引伸为弄光、杀尽。例如"血洗"。还可表示除去。例如"洗心革面"。

"洗"又读作 xiǎn。例如"洗马",原义是在马前作前驱。本来是贱役,秦汉时才用作官名,太子出行时为前导。晋时改掌图籍。隋改司经局洗马。至清末废。

灏

金文　小篆　楷书(繁体)　楷书

【原文】

濒,水厓。人所宾附,频蹙不前而止。从頁,从涉。

【译文】

濒,水边。人们走近这个地方,就会皱着额头,不进而止。由頁、涉会意。

【按语】

"濒"是会意字。金文右为大眼睛的人,左为河,上下有两个"止"(脚),会人走近水边要渡水之意。小篆继承金文。隶变以后楷书写成"瀕"。汉字简化之后写成"濒"。

"濒"的原义是水边。例如《墨子·尚贤》:"是故昔者舜耕于历山,陶于河濒。"意思是,所以以前舜在历山耕作,在黄河边制陶。延伸成临近、靠近。例如"濒危"。

酒

甲骨文　金文　小篆　楷书

【原文】

酒,就也,所以就人性之善恶。从水,从酉,酉亦声。一曰:造也,吉凶所造也。古者仪狄作酒醪,禹尝之而美,疏。杜康作秫酒。

【译文】

酒,迁就,是用来迁就人性善恶的饮料。由水、酉会意,酉也表声。另一义说:酒是成就的意思,是吉利的事、不祥的事成就的原因。古时候仪狄造酒,大禹尝过酒之后认为酒味醇美(后世一定会有因为饮酒无度而误国的君王),于是疏远了仪狄。又,杜康制作了高粱酒。

【按语】

"酒"是会意字。小篆从水(表示与水有关)从酉(酒坛子)会意。隶变以后楷书写成"酒"。

"酒"的原义是一种用粮食或者水果等发酵制成的、含乙醇的饮料,大都分白酒、黄酒、果酒、啤酒等几种类型。如王翰《凉州词》:"葡萄美酒夜光杯,欲饮琵琶马上催。"

涉

甲骨文	金文	小篆	楷书

【原文】

无。

【按语】

"涉"是会意字。甲骨文似一条河流。金文与甲骨文的形体基本相似。小篆左右两边全部是"水",中间是个"步"(上下两只脚)字。隶变以后楷书写成"涉"。

"涉"的原义是徒步过河。例如《古诗十九首·涉江采芙蓉》:"涉江采芙蓉,兰泽多芳草。"尔后又泛指从水上渡过。例如《吕氏春秋》:"楚人有涉江者,其剑自舟中坠于水。"

"涉"也引伸指经历、经过。如刘基《卖柑者言》:"杭有卖果者,善藏柑,涉寒暑不溃。"又引申指阅览。例如《后汉书·仲长统传》:"少好学,博涉书记,赡于文辞。"又特指牵连、关系。例如"涉嫌""涉及"。

派

甲骨文	金文	小篆	楷书

【原文】

派,别水也。从水,从𠂢,𠂢亦声。

【译文】

派,分支的水流。由水、由𠂢会意,𠂢也表声。

"派"是会意字。甲骨文左边为"彳",右边为河的干流,周围的四点表示水。金文似河流的主干分出一条支流。小篆增加了义符"水"。隶变以后楷书写成"派"。

"派"的原义是水的支流。如毛泽东《菩萨蛮·黄鹤楼》:"茫茫九派流中国,沉沉一线穿南北。"泛指系统内的分支、派别、流派。如李商隐《赠送前刘五经映》:"别派驱杨墨,他镳并老庄。"用作动词,指分摊、分配。例如《清史稿·食货志一》:"摊派加捐。"又引申指安排、差遣。例如"派遣"。还可以延伸成指斥(别人的不是)。例如"派不是"。

"派"作量词,用于景色、声音、语言等组合,前面用"一"字。例如"一派胡言"。

润

潤 潤 润

小篆　　楷书(繁体)　　楷书

【原文】

潤,水曰润下。从水,閏声。

【译文】

潤,水的特点是滋润万物和往下处流。从水,閏声。

【按语】

"润"是形声字。小篆从水,閏声。隶变以后楷书写成"潤"。汉字简化之后写成"润"。

"润"的原义是雨水下流,滋润万物。如杜甫《春夜喜雨》:"随风潜入夜,润物细无声。"物滋润则显得有光泽,故延伸指光泽、光滑、细腻。例如《荀子·劝学》:"玉在山则草木润。"也引申指修饰、使有文采。例如"润色"。还延伸指利益、好处。例如

渔

甲骨文　　金文　　小篆　　楷书（繁体）　　楷书

【原文】

渔，捕鱼也。从魚，从水。

【译文】

渔，捕鱼。由魚、由水会意。

【按语】

"渔"是会意字。甲骨文形体似水中有许多鱼的样子。金文上部左边是"水"，右边是"鱼"，下部是两只大手。小篆整齐化、文字化。隶变以后楷书写成"漁"。汉字简化之后写成"渔"。

"渔"的原义是捕鱼。例如《吕氏春秋》："竭泽而渔，岂不获得？而明年无鱼。"

用作名词，指捕鱼的人。如王维《桃源行》："平明闾巷扫花开，薄暮渔樵乘水入。"又引申指侵取、掠夺，谋取不应得的东西。如陆游《跋南城吴氏社仓书楼诗文后》："吝则啬出，贪则渔利。"

温

甲骨文　　小篆　　楷书

【原文】

温，水。出犍为涪，南入黔水。从水，昷声。

【译文】

温，水名。从犍为郡符县流出，向南注入黔水。从水，昷声。

国学经典文库

说文解字

《说文解字》原文释义

图文珍藏版

【按语】

"温"是会意字。甲骨文形体似人在容器中洗浴的样子。小篆左边是"水",右边的形状仍与洗浴有关。隶变以后楷书写成"温"。

"温"的原义是温暖、暖和。如白居易《长恨歌》:"春寒赐浴华清池,温泉水滑洗凝脂。"延伸表示性情柔和、温和。例如《论语·述而》:"子温而厉。"意思是孔子温和而严厉。用作动词,指稍微加热、使暖和。例如《后汉书·宋弘传》:"冬则以身温被。"进而延伸指复习、温习。例如《论语·为政》:"温故而知新。"

漆

金文　　小篆　　楷书

【原文】

漆,水。出右扶风杜陵岐山,东入渭。一曰:入洛。从水,桼声。

【译文】

漆,漆水。从右扶风郡杜阳县岐山流出,向东注入渭水。另一义说:注入洛水。从水,桼声。

【按语】

"漆"是会意兼形声字。金文似一棵漆树的形状,其中的四个点表示有漆滴下。小篆增加了义符"水"。隶变以后楷书写成"漆"。

"漆"的原义是漆树。延伸指漆树汁,或者其他树脂制成的黏稠的涂料。例如"如胶似漆"是指似胶和漆那样黏结。形容感情炽烈,难舍难分。多指夫妻恩爱。

"漆"用作动词,指用漆涂饰。例如《韩非子·十过》:"墨漆其外。"也引伸指黑,染黑。如孟郊《吊卢殷》:"初识漆鬓发,争为新文章。"

汉

漢 漢 汉

小篆　楷书（繁体）　楷书

【原文】

漢,漾也。东为沧浪水。从水,難省声。

【译文】

漢,漾水。向东流到湖北省均县以下叫沧浪水。从水,難省声。

【按语】

"汉"是形声字。小篆从水,難省声。隶变以后楷书写成"漢"。汉字简化之后写成"汉"。

"汉"的原义是水名,即汉水,又叫汉江,是长江的最大支流。

"汉"用作朝代名。如历史上的"西汉"和"东汉",也称"前汉"和"后汉"。

"汉"还是男子的俗称。例如"莽汉"指粗鲁冒失的男子。

漾

羕 瀁 漾

金文　小篆　楷书

【原文】

漾,水。出陇西相道,东至武全部为汉。从水,羕声。

【译文】

漾,水名。从陇西郡氐道县流出,向东到武全部郡就是汉水。从水,羕声。

【按语】

"漾"是会意兼形声字。金文同"羕";或者另加义符"水"。小篆从水从羕会意,羕兼表声。隶变以后楷书写成"漾"。

"漾"的原义是水流悠长。延伸指水面轻微动荡的样子。例如"荡漾"。又泛指液体溢出。如"碗里的汤快漾出来了"。进而延伸指散发、流露。如刘禹锡《海阳十咏·吏隐亭》:"日轩漾波影,月砌镂松阴。"

溢

小篆　　楷书

【原文】

溢,器满也。从水,益声。

【译文】

溢,器皿中水满而流出来。从水,益声。

【按语】

"溢"是形声字。小篆从水,益声,似水从器皿中漫出。隶变以后楷书写成"溢"。

"溢"的原义是水或者其他液体满而流出。如魏徵《谏太宗十思疏》:"惧满溢,则思江海下百川。"延伸指满,充满。例如"溢满"。进而延伸指过度、过分。例如"溢美之言"。还延伸指超出。例如"溢于言表"。

溯

小篆　　楷书

【原文】

无。

【按语】

"溯"是形声兼会意字。小篆从水,屰声,屰兼表逆向之意。隶变以后楷书写成

"溯",改为朔声。

　　"溯"的原义是逆水而上。例如《诗经·秦风·蒹葭》："溯洄从之,道阻且长。"由溯源引申指往上推求、回想。例如"推本溯源"。也引伸指探求。例如"溯流穷源"意思是推寻原委。进而延伸指追念思慕。例如《红楼梦》第一百零三回:"学生虽溯洄思切,自念风尘俗吏,未由再觐仙颜,今何幸于此处相遇。"

<h2 style="text-align:center">溶</h2>

小篆　　楷书

【原文】

溶,水盛也。从水,容声。

【译文】

溶,水盛大。从水,容声。

【按语】

　　"溶"是形声兼会意字。小篆从水,容声,容兼表广纳之意。隶变以后楷书写成"溶"。

　　"溶"的原义是水面广大的样子。例如《楚辞·逢纷》："扬流波之潢潢兮,体溶溶而东回。"延伸指冰雪等化为水。例如"冰溶化了"。后泛指在水中或者其他液体中化开。进一步延伸指融合。例如"溶洽"。

<h2 style="text-align:center">滓</h2>

　　　　　　　　滓

小篆　　楷书

【原文】

滓,淀也。从水,宰声。

【译文】

滓,沉淀。从水,宰声。

【按语】

"滓"是形声字。小篆从水,宰声。隶变以后楷书写成"滓"。

"滓"的原义是沉淀的杂质、渣子。如刘峻《送橘启》:"皮薄而味珍,脉不粘肤,食不留滓。"延伸指污垢、污秽。例如《史记·屈原贾生列传》:"不获世之滋垢,皭然泥而不滓者也。"

"滓"用作动词,指(受)污染、玷污。例如《世说新语·言语》:"卿居心不净,乃复强欲滓秽太清耶?"意思是你自己心地不干净,才硬要让老天也不干净吗?

油

袖　油

小篆　楷书

【原文】

油,水。出武陵屏陵西,东南入江。从水,由声。

【译文】

油,水名。从武陵郡屏陵县西界流出,向东北注入长江。从水,由声。

【按语】

"油"是形声字。小篆从水,由声。隶变以后楷书写成"油"。

"油"的原义是植物的油脂。也指动物的油脂。例如"猪油"。延伸成用油涂饰。例如"油壁香车",古时候,妇女出门乘的车轿多涂绘油彩,故称为"油壁香车"。涂过油的东西多滑腻,不容易捉住,所以"油"又引喻浮滑、不诚实。例如"油嘴滑舌"。延伸成色泽光润的样子。例如"油光晶亮"。

沸

小篆　　楷书

【原文】

沸，毕沸，滥泉。从水，弗声。

【译文】

沸，向上喷出、从上沾湿到下的泉水，翻涌而出。从水，弗声。

【按语】

"沸"是形声兼会意字。小篆从水，弗声，弗兼表跳起之意。隶变以后楷书写成"沸"。

"沸"的原义是泉水大量涌出的样子。延伸指水波翻涌的样子。如李朝威《柳毅传》："云烟沸涌。"也引伸为水烧开后翻涌的样子。例如"扬汤止沸"，是指把锅里开着的水舀起来再倒回去，使它凉下来不沸腾。引喻办法不彻底，不能从根本上解决问题。

水烧开后会有很大的水声，故延伸成声音喧闹或者嘈杂。例如"人声鼎沸"。还延伸成杂乱、纷乱。例如"沸乱"，意思是纷乱、烦乱。

津

甲骨文　　　金文　　　小篆　　　楷书

【原文】

津，水渡也。从水，聿声。

【译文】

津,河流的渡口。从水,聿声。

【按语】

"津"是会意兼形声字。甲骨文似一人在舟中持篙撑船的样子。金文的形体发生讹变。小篆继承金文,另加义符"水"。隶变以后楷书写成"津"。

"津"的原义是撑船过水、渡河。例如《国语·楚语》:"若津水,用汝作舟。"用作名词,指渡口。例如《论语·微子》:"使子路问津焉。"

"津"又特指津液、唾液、汗液。例如"望梅生津",指梅子酸,人想吃梅子就会流涎,因而止渴。后引喻愿望无法实现,用空想安慰自己。

渡

榺　渡

小篆　　楷书

【原文】

渡,济也。从水,度声。

【译文】

渡,过河。从水,度声。

【按语】

"渡"是会意兼形声字。小篆从水,从度,会渡河之意,度兼表声。隶变以后楷书写成"渡"。

"渡"的原义是通过水面由此岸到彼岸。用作名词,表示摆渡处、渡口。如韦应物《滁州西涧》:"春潮带雨晚来急,野渡无人舟自横。"其中的"野渡"就是偏僻的渡口。

由渡水延伸指通过,由此地此时移到彼地彼时。如杜甫《茅屋为秋风所破歌》:"茅飞渡江洒江郊,高者挂罥长林梢,下者飘转沉塘坳。"

河

甲骨文　金文　小篆　楷书

【原文】

河,水。出焞煌塞外昆仑山,发原注海。从水,可声。

【译文】

河,水名。出自敦煌边塞之外的昆仑山,从水源出发,注入渤海。从水,可声。

【按语】

"河"是形声字。甲骨文和金文皆从水,何声。小篆从可声。隶变以后楷书写成"河"。

"河"的原义是黄河。泛指河流,即地球表面较大的天然水流的通称,多用于北方河流。如《诗经·周南·关雎》:"关关雎鸠,在河之洲。"又特指银河。如李白《望庐山瀑布》:"飞流直下三千尺,疑是银河落九天。"

江

江文　小篆　楷书
金文　小篆　楷书

【原文】

江,水。出蜀湔氐徼外崏山,入海。从水,工声。

【译文】

江,水名。从蜀郡湔氐道边塞外的岷山流出,注入大海。从水,工声。

【按语】

"江"是形声字。金文从水,工声。小篆整齐化。隶变以后楷书写成"江"。

"江"的原义是长江。如李白《送孟浩然之广陵》:"孤帆远影碧空尽,唯见长江天际流。"尔后词义范围扩大,成为大河流的通称。例如"翻江倒海""江河日下"。

海

金文　　小篆　　楷书

【原文】

海,天池也。以纳百川者。从水,每声。

【译文】

海,天然的大池泽。用以接纳百川的水流。从水,每声。

【按语】

"海"是形声字。金文从水,每声。小篆整齐化。隶变以后楷书写成"海"。

"海"的原义是大海。如李斯《谏逐客书》:"河海不择细流。"也指大的湖泊、水池。如《汉书·苏武传》:"乃徙武北海上无人处。"又指大的器皿。例如《红楼梦》第四十一回:"你吃这一海便成什么?"由海的面积大、水多延伸引喻某些聚得数量多而范围广的人或者事物。例如"宦海"。

"海"用作形容词,指容量大的。例如"海量"。

"海"用作副词,指无节制地、漫无边际地。例如"胡吃海喝"。

滞

滞 滞 滞

小篆　楷书（繁体）　楷书

【原文】

滞,凝也。从水,带声。

【译文】

滞,凝聚。从水,带声。

【按语】

"滞"是形声字。小篆从水,带声。隶变以后楷书写成"滞"。汉字简化之后写成"滞"。

"滞"的原义指水流不畅。例如"凝滞"。泛指静止、停止。例如"停滞"。也引伸指久。例如"滞病"。

"滞"还延伸指局限,固执,不知变通。如吕坤《别尔赡书》:"故良知不滞于见闻,而亦不离于见闻。"意思是,高深的知识既不会被见闻所束缚,也不会完全脱离见闻。

浪

浪 浪

小篆　　楷书

【原文】

浪,沧浪水也。南入江。从水,良声。

【译文】

浪,沧浪水。向南注入长江。从水,良声。

【按语】

"浪"是会意兼形声字。小篆从水,从良(表示高朗),用水高起会波浪之意,良兼表声。隶变以后楷书写成"浪"。

"浪"的原义是江河湖海上涌起的大波。例如"波浪"。由波浪的不停涌动延伸指放纵、无节制、流动、散漫。例如"放浪形骸"。

济

金文	小篆	楷书(繁体)	楷书

【原文】

无。

【按语】

"济"是形声字。金文从水,齐声。小篆整齐化。隶变以后楷书写成"濟"。汉字简化之后写成"济"。

"济"的原义是渡河。例如"同舟共济",是指坐一条船共同渡河。引喻同心协力战胜困难。也引喻利害相同。延伸指帮助、周救。例如"接济"。也引伸指增益、补益。例如"无济于事",意思是对事情没有什么帮助或者益处。引喻解决不了问题。

淹

小篆	楷书

【原文】

淹,水。出越巂徼外,东入若水。从水,奄声。

【译文】

淹,水名。从越嶲郡边塞之外流出,向东注入若水。从水,奄声。

【按语】

"淹"是会意兼形声字。小篆从水从奄(覆盖)会意,奄兼表声。隶变以后楷书写成"淹"。

"淹"的原义是浸没、漫过。例如"淹死"。延伸指汗液等浸渍皮肤使感到痛或者痒。例如"腋下被汗淹得难受"。也引伸指深广、渊博。例如"淹博"。进而延伸指久、迟延。例如"淹留"。

渺

森　渺

小篆　楷书

【原文】

淼,大水也。从三水。或者作渺。

【译文】

淼,大水,由三个"水"字会意。或者写成"渺"。

【按语】

"渺"是会意兼形声字。小篆从三水,会水大之意。隶变以后楷书写成"淼"。异体作"渺",从水,眇声。如今规范化,以"渺"为正体。

"渺"的原义是大水辽远无际的样子。如陆游《过小孤山大孤山》:"大孤则四际渺弥皆大江,望之如浮水面,亦一奇也。"

"渺"延伸指深远、遥远。如苏轼《前赤壁赋》:"渺渺兮余怀,望美人兮天一方。"

"渺"也引伸指微小、少。如苏轼《前赤壁赋》:"寄蜉蝣于天地,渺沧海之一

粟。"

洞

洞　洞

【原文】

洞,疾流也。从水,同声。

【译文】

洞,迅疾的水流。从水,同声。

【按语】

"洞"是形声字。小篆从水,同声。隶变以后楷书写成"洞"。

"洞"的原义是水流急。

"洞"借作"迵",表示通、穿透。例如"弹洞其腹"。通则透彻,故"洞"也引伸指透彻。例如"洞晓"。

"洞"也引伸指幽深。例如"洞房",本指幽深的内室,后多用来指新婚夫妇的新房。由幽深也引伸指窟窿、孔穴。例如"山洞"。

溃

潰　潰　溃

【原文】

溃,漏也。从水,贵声。

【译文】

溃,漏水。从水,贵声。

【按语】

"溃"是会意兼形声字。小篆从水从贵(贝遗漏)会意,贵兼表声。隶变以后楷书写成"潰"。汉字简化之后写成"溃"。

"溃"的原义是水冲破堤岸。例如"溃堤"。延伸指冲破、突破(包围)。例如"溃围"。又引申指溃败。例如"溃退"。还延伸指腐烂。例如"溃烂"。

激

激 激

小篆　　楷书

【原文】

激,水碍衺疾波也。从水,敫声。一曰半遮也。

【译文】

激,水受阻碍而斜行,扬起迅疾的波涛。从水,敫声。另一义说:激是半遮拦的意思。

【按语】

"激"是形声字。小篆从水,敫声。隶变以后楷书写成"激"。

"激"的原义是水势受阻后腾涌或者飞溅。如苏轼《中隐堂诗》:"凿石清泉激,开门野鹤飞。"延伸指冲刷、冲击。例如《尸子·君治》:"扬清激浊,荡去滓秽,义也。"也引申指鼓动人心,使有所感发。如张溥《五人墓碑记》:"五人者,盖当蓼洲周公之被逮,激于义而死焉者也。"

"激"也引伸指迅疾、猛烈。例如《史记·游侠列传》:"顺风而呼,声非加疾,其势激也。"进而延伸指高亢、激昂。例如《后汉书·张衡传》:"振声激扬,伺者因此觉知。"

灌

灌 灌

小篆　楷书

【原文】

灌,水。出庐江雩娄,北入淮。从水,雚声。

【译文】

灌,水名。从庐江郡雩娄县流出,向北注入淮河。从水,雚声。

【按语】

"灌"是形声字。小篆从水,雚声。隶变以后楷书写成"灌"。

"灌"的原义是水名。借用以表示用水浇田。例如"灌溉"。泛指注入、流进。例如"把水灌满"。也引伸指录音。例如"灌唱片"。

浇

澆 澆 浇

小篆　楷书(繁体)　楷书

【原文】

澆,渍也。从水,堯声。

【译文】

浇,用汤汁泡饭。从水,尧声。

【按语】

"浇"是形声字。小篆从水,尧声。隶变以后楷书写成"澆"。汉字简化之后写成"浇"。

"浇"的原义是灌溉。例如"浇灌"。延伸指淋、洒。例如"浇花"。也引伸指把液体倒入模型。例如"浇铸"。浓汁经水一浇则变得稀薄,故也引伸指社会风气浮

国学经典文库

说文解字

《说文解字》原文释义

图文珍藏版

湖

湖　湖

小篆　　楷书

【原文】

湖,大陂也。从水,胡声。扬州浸,有五湖。浸,川泽所仰以灌溉也。

【译文】

湖,大池泽。从水,胡声。扬州地方的"浸",有个名叫太湖的五湖。浸,河川湖泽赖以灌溉的水域。

【按语】

"湖"是形声字。小篆从水,胡声。隶变以后楷书写成"湖"。

"湖"的原义是湖泊——四周是陆地的大片水域。例如"洞庭湖"。特指湖南、湖北(分别位于洞庭湖的南北)。又特指浙江湖州(北临太湖),以产笔著称于世。例如"湖笔"。

洪

洪　洪

小篆　　楷书

【原文】

洪,洚水也。从水共声。

【译文】

洪,大水。从水,共声。

【按语】

"洪"是会意兼形声字。小篆从水,从共,会共聚的大水之意,共兼表声。隶变以后楷书写成"洪"。

　　"洪"的原义是大水。泛指大。例如"洪福齐天"是称颂福气跟天一样大。也引伸指湍急的水。例如"洪水"。

涌

涌　涌

小篆　　楷书

【原文】

涌，滕也。从水，甬声。一曰：涌水，在楚国。

【译文】

涌，水向上腾跃。从水，甬声。另一义说：涌是涌水，在楚国。

【按语】

　　"涌"是会意兼形声字。小篆从水，从甬（表甬洞），会水向上冒出之意，甬兼表声。隶变后楷书写成"涌"。

　　"涌"的原义是水向上冒。例如"泪如泉涌"。延伸指云、雾、烟、气等上腾冒出。例如"云烟沸涌"。水上涌则易溢出，故"涌"也引伸指满、溢。例如"脸上涌出了笑容"。

涛

涛　涛　涛　涛

甲骨文　　小篆　　楷书（繁体）　　楷书

【原文】

濤,大波也。从水,壽声。

【译文】

濤,大的波浪。从水,壽声。

【按语】

"涛"是会意兼形声字。甲骨文从水,从弓(似耙出的田地的纹路),会似田畴一样的波浪之意,弓兼表声。小篆繁杂化,改为壽声。隶变以后楷书写成"濤"。汉字简化之后写成"涛"。

"涛"的原义是大波。例如"波涛"。延伸指似波涛一样的声音。例如"涛声滚滚"。

沦

| 金文 | 小篆 | 楷书(繁体) | 楷书 |

【原文】

淪,小波为沦。从水,侖声。《诗》曰:'河水清且沦漪。'一曰:没也。

【译文】

淪,小波纹叫沦。从水,侖声。《诗经》说:"河水又清澈又泛起小波纹啊。"另一义说:沦是沉没的意思。

【按语】

"沦"是形声兼会意字。金文从水,侖声,侖兼表层次之意。小篆整齐化。隶变以后楷书写成"淪"。汉字简化之后写成"沦"。

"沦"的原义是水起微波。例如《诗经·魏风·伐檀》:"河水清且沦猗。"延伸指渗入、陷入。例如"沦落"。也引伸指沉沦、没落。例如"沉沦"。

洋

甲骨文　　小篆　　楷书

【原文】

洋,水。从水,羊声。

【译文】

洋,水名。从水,羊声。

【按语】

"洋"是会意兼形声字。甲骨文从水,从二羊,会水多之意。小篆从水,羊声。隶变以后楷书写成"洋"。

"洋"的原义是古水名,又名西乡河,在陕西省南部。旧指海的中心,亦泛指海域。海全部很宽阔广大,故"洋"也引伸指盛多、广大。例如"洋溢"。"洋"又指外国的、外国来的。如"洋化"。

"洋洋",指盛大、众多的样子。例如"河水洋洋"。又指喜悦的样子。例如"喜气洋洋"。

活

小篆　　楷书(繁体)　　楷书

【原文】

浯,流声。从水,昏声。

【译文】

浯,流水声。从水,昏声。

【按语】

"活"是形声字。小篆从水,昏声。隶变以后楷书写成"湉"。俗简作"活"。如今规范化,以"活"为正体。

"活"的原义是流水声,读作 guō。《诗经·卫风·硕人》:"河水洋洋,北流活活。"

"活"读作 huó,表示生存,与"死"相对。例如《韩非子·解老》:"不食则不能活。"延伸指生计。如杜甫《闻斛斯六官未归》:"本卖文为活,翻令室倒悬。"也引伸指有生气、生动。例如"活泼""活蹦乱跳"。也引伸指活动的、不固定的。例如《梦溪笔谈·技艺》:"庆历中,有布衣毕升,又为活版。"

潢

潢 横 潢

金文　小篆　楷书

【原文】

潢,积水池。从水,黄声。

【译文】

潢,积水池。从水,黄声。

【按语】

"潢"是形声字。甲骨文从水,黄声。小篆整齐化。隶变以后楷书写成"潢"。

"潢"的原义是积水池。例如《左传·隐公三年》:"潢污行潦之

水,可荐于鬼神。"服虔注:"畜小水谓之潢。水不流谓之污。"延伸成装饰。例如"潢裱""装潢"。

添

添
小篆　楷书

【原文】

无。

【按语】

"添"是形声字。小篆从水,占声。隶变以后楷书写成"沾"。由于"沾"尔后专用以表示浸湿等义,遂另造了"添"字,从水,忝声。

"添"的原义是增加、增补。如黄庭坚《了了庵颂》:"又要涪翁作颂,且图锦上添花。"一般来说,增加、增补全部是好的、令人喜悦的。例如"添丁""添砖加瓦""如虎添翼"。但是,如果东西添的不是地方、不是时候,反而会令人反感甚至导致事倍功半。例如"画蛇添足"。

洁

潔　潔　洁
小篆　楷书(繁体)　楷书

【原文】

潔,瀞也。从水,絜声。

【译文】

潔,干净。从水,絜声。

【按语】

"洁"是会意兼形声字。小篆从水,从絜,絜兼表声。楷书繁体写成"潔"。汉字简化之后写作"洁"。

"洁"的原义是干净。例如《陌上桑》:"为人洁白皙,鬑鬑颇有须。"延伸成品行清白高尚。例如"高洁""圣洁"。也引伸为使清白。例如"洁身自好"。也引伸为简明、精炼。例如"简洁"。

渣

渣 渣

小篆　　楷书

【原文】

无。

【按语】

"渣"是后起字,为形声字。楷书写成"渣",从水,查声。

"渣"的原义是水名。借用为"查",表示渣滓,物质经提炼或者使用后的残余部分。例如"药渣""豆腐渣"。延伸指碎屑。例如"面包渣儿""玉米渣"。也引伸指对社会起破坏作用的人或者事物。例如"人渣"。

溺

㳁 㳁 㳁 溺

甲骨文　　小篆　　　楷书　　　楷书

【原文】

溺,水。自张掖删丹西,至酒泉合黎,馀波入于流沙。从水,弱声。桑钦所说。

【译文】

溺,水名。从张掖郡删丹县西,至酒泉的合黎山,下游流到居延泽一带的沙漠。从水,弱声。这是桑钦的说法。

【按语】

"溺"是会意兼形声字。甲骨文从人,从水,会人沉入水中淹没之意。小篆整齐化。隶变以后楷书写成"溺"。

"溺"的原义是水名,读作 ruò。延伸指缓、缓缓地。例如《楚辞·大招》:"东有大海,溺水(水无力不能浮物)㵒㵒只。"

"溺"读作 nì 时,"溺"的原义是淹没、沉没。例如"溺水"。延伸指陷入危难或者某种不好的境地。例如《孟子·离娄上》:"天下溺。"意思是天下陷入危难。由沉没延伸成沉湎、沉迷其中而不悟、无节制。如欧阳修《五代史伶官传序》:"而智勇多困于所溺。"

洒

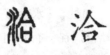

甲骨文　　小篆　　楷书(繁体)　　楷书

【原文】

灑,汛也。从水,麗声。

【译文】

灑,把水泼散开。从水,麗声。

【按语】

"洒"是形声字。小篆从水,西声。隶变以后楷书写成"洒"。汉字简化之后又用作"灑"的简化字。

"洒"原义指把水散布在地上。例如"洒扫庭除"。延伸成东西散落。如杜甫《茅屋为秋风所破歌》:"茅飞渡江洒江郊,高者挂胃长林梢。"也引伸为自然、不受拘束。例如"潇洒""挥洒"。

洽

洽

小篆　　楷书

【原文】

洽,霑也。从水,合声。

【译文】

洽,沾湿。从水,合声。

【按语】

"洽"是形声兼会意字。小篆从水,合声,合兼表相合之意。隶变以后楷书写成"洽"。

"洽"的原义是沾湿、浸润。《尚书·大禹谟》:"好生之德,洽于民心。"延伸指合、符合。例如《诗经·小雅·载芟》:"以洽百礼,百礼既至。"也引伸指商量、协商意见。例如"洽商""洽谈"。凡事商量则和谐,故也引伸指和谐。例如《诗经·小雅·正月》:"洽比其邻,昏姻孔云。"

滑

小篆　　　楷书

【原文】

滑,利也。从水,骨声。

【译文】

滑,(往来)流利。从水,骨声。

【按语】

"滑"是形声字。小篆从水,骨声。隶变以后楷书写成"滑"。

"滑"的原义是光溜、不粗涩。如杜甫《水会渡》:"霜浓木石滑,风急手足寒。"引喻声音流利、婉转、圆润。如白居易《琵琶行》:"间关莺语花底滑。"

"滑"用作动词,表示在光滑的物体上溜过或者靠惯性移动。如岑参《天山雪歌送萧治归京》:"交河城边飞鸟绝,轮台路上马蹄滑。"也引伸指狡诈、浮华、不诚恳。例如"油腔滑调",指人说话轻浮油滑,不诚恳,不严肃。

治

治 治
小篆　楷书

【原文】

治,水。出东莱曲城阳丘山,南入海。从水,台声。

【译文】

治,水名。从东莱曲域阳丘山流出,向南注入大海。从水,台声。

【按语】

"治"是形声字。小篆从水,台声。隶变以后楷书写成"治"。

"治"的原义是水名。延伸指治水。例如《孟子·告子下》:"禹之治水,水之道也,是故禹以四海为壑。"泛指治理、整治、修治。例如《孟子·滕文公上》:"劳心者治人,劳力者治于人。"

"治"又特指治疗、治病。例如《史记·扁鹊仓公列传》:"君有疾在腠理,不治将恐深。"也引伸指惩处、惩办。如诸葛亮《出师表》:"不效则治臣之罪,以告先帝之灵。"

"治"特指社会安定或者太平,与"乱"相对。例如《论语·泰伯》:"舜有臣五人而天下治。"

沾

沾 沾
小篆　楷书

【原文】

沾,水。出壶关,东入淇。一曰:沾,益也。从水,占声。"

【按语】

"沾"是形声字。小篆从水,占声。隶变以后楷书写成"沾"。

"沾"的原义是古水名,指沾水,是淇水支流。假借为"霑",表示浸润、浸湿。如王勃《送杜少府之任蜀州》:"无为在歧路,儿女共沾巾。"延伸成施与或者分享恩泽。如韩愈《苦寒》:"而我当此时,恩光何由沾。"

浸润则物容易相连,故也引伸指牵扯、牵连。例如"沾连""沾边"。也引伸指接触。例如"滴酒不沾""沾花惹草"。

泼

潑 潑 泼

小篆　　楷书(繁体)　楷书

【原文】

无。

【按语】

"泼"是形声字。楷书繁体写成"潑",从水,發声。汉字简化之后写成"泼"。

"泼"的原义是水漏出、洒出。如林嗣环《口技》:"又夹百千求救声,曳屋许许声,抢夺声,泼水声。"

"泼"用作形容词,指凶悍、蛮横、耍赖。例如"撒泼""泼辣"。

"泼"用作谦辞、贬词,表示贱、穷苦。例如"穷身泼命""穷亲泼故"。

洛

洛 洛 洛 洛

甲骨文　　金文　　小篆　　楷书

【原文】

洛,水。出左冯翊归德北夷界中,东南入渭。从水,各声。

【译文】

洛,水名。从左冯翊郡怀德县北面少数民族边界之中流出,向东南注入渭河。从水,各声。

【按语】

"洛"是形声字。甲骨文从水,各声。金文大概相同,小篆整齐化。隶变以后楷书写成"洛"。

"洛"的原义是水名,指洛水。

"洛"还是洛阳的简称。如欧阳修《洛阳牡丹图》:"洛阳地脉花最宜,牡丹尤为天下奇。"

涩

涩 𣹳 澁 涩

小篆　　楷书(繁体)　楷书(繁体)　楷书

【原文】

无。

【按语】

"涩"是会意兼形声字。小篆从四个反过来的"止",会不滑动之意。隶变以后楷书写成"𣹳"。为了突出不流畅之意,俗又另加义符"水"写成"澁",从水从𣹳会意,𣹳兼表声。汉字简化之后写成"涩"。

"涩"的原义是不滑溜、不光滑。如杜甫《病桔》:"惜哉结实小,酸涩如棠梨。"延伸指不流利、不流畅。如白居易《琵琶行》:"冰泉冷涩弦凝绝,凝绝不通声暂歇。"

"涩"又特指说话、写文章迟钝艰难、生硬、不流畅。例如《宋书·南郡王义宣传》:"南郡王义宣,生而舌短,涩于言论。"

淑

金文　小篆　楷书

【原文】

淑，清湛也。从水，叔声。

【译文】

淑，又清又深。从水，叔声。

【按语】

"淑"是形声字。金文借"弔"（吊，表示弋射）来表示。小篆从水，叔声。隶变以后楷书写作"淑"。

"淑"的原义是水清澈。延伸成清澈、明朗。例如《淮南子·本经训》："日月淑清而扬光。"也引伸指美、善、好。例如《诗经·周南·关雎》："窈窕淑女，君子好逑。"

汝

甲骨文　小篆　楷书

【原文】

汝，水。出弘农卢氏还归山，东入淮。从水，女声。

【译文】

汝，水名。从弘农郡卢氏县还归山流出，向东流入淮河。从水，女声。

【按语】

"汝"是形声字。甲骨文和小篆皆从水，女声。隶变以后楷书写成"汝"。

"汝"的原义是水名,指汝水。源出今河南大盂山,至安徽入淮,为淮河支流。例如《左传·哀公元年》:"蔡人男女以辨,使疆于江、汝之间而还。"

"汝"用作代词,你,多用于称同辈或者后辈。如欧阳修《归田录》:"汝亦知射乎?"

"汝"又指汝窑或者汝窑所产瓷器。因窑址在汝州(今河南省临汝县境内),故名。

渗

小篆　　楷书(繁体)　　楷书

【原文】

渗,下漉也。从水,参声。

【译文】

渗,向下泄漏出去。从水,参声。

【按语】

"渗"是形声兼会意字。小篆言语从水,参声,参兼表加入之意。隶变以后楷书写成"渗"。汉字简化之后写成"渗"。

"渗"的原义是水往下渗透。如归有光《项脊轩志》:"百年老屋,尘泥渗漉,雨泽下注。"延伸指其他事物渐渐侵入。如司空图《独望》:"远陂春日渗,犹有水禽飞。"

淮

甲骨文　　金文　　小篆　　楷书

国学经典文库

说文解字

《说文解字》原文释义

图文珍藏版

【原文】

淮,水。出南阳平氏桐柏大复山,东南入海。从水,隹声。

【译文】

淮,水名。从南阳郡平氏县桐柏大复山流出,向东南注入大海。从水,隹声。

【按语】

"淮"是形声字。甲骨文从水,隹声。金文繁杂化。小篆整齐化。隶变以后楷书写成"淮"。

"淮"的原义是水名,指淮水,也称淮河。如姜夔《扬州慢》:"淮左名全部,竹西佳处,解鞍少驻初程。"

泾

金文　　小篆　　楷书（繁体）　　楷书

【原文】

涇,水。出安定泾阳开头山,东南入渭。雍州之川也。从水,巠声。

【译文】

涇,水名。从安定郡泾阳县开头山流出,向东南注入渭河。是雍州的河流。从水,巠声。

【按语】

"泾"是形声字。金文从水,巠声。小篆整齐化。隶变以后楷书写成"涇"。汉字简化之后写成"泾"。

"泾"的原义是泾水,是渭水的支流,有南、北二源。例如《诗经·邶风·谷风》:"泾以渭浊,湜湜其沚。"

"泾"延伸指水的中流。例如《庄子·秋水》:"泾流之大,两涘渚崖之间不辩牛马。"又指沟渠、渠。如王安石《寄吴氏女子》:"芰荷美花实,弥漫争沟泾。"

湘

湘 湘

小篆　　楷书

【原文】

湘,水。出零陵阳海山,北入江。从水,相声。

【译文】

湘,水名。从零陵县阳海山流出,向北(经洞庭湖)注入长江。从水,相声。

【按语】

"湘"是形声字。小篆从水,相声。隶变以后楷书写成"湘"。

"湘"的原义是湘江。例如《楚辞·渔父》:"宁赴湘流,葬于江鱼之腹中。"

"湘"还是湖南省的简称,因湘江贯穿全境而简称"湘"。

沮

沮 沮 沮

甲骨文　　小篆　　　楷书

【原文】

沮,水。出汉中房陵,东入江。从水,且声。

【译文】

沮,水名。从汉中房陵县流出,向东注入长江。从水,且声。

【按语】

"沮"是会意兼形声字。甲骨文从水,从且(表置放),会水停注的低湿烂泥地之意,且兼表声。小篆左右调换并整齐化。隶变以后楷书写成"沮"。

"沮"读作jù,原义是潮湿、低湿。如左思《蜀全部赋》:"潜龙蟠于沮泽,应鸣鼓而兴雨。""沮泽"指的就是水草丛生的沼泽地带。

"沮"读作 jǔ，指阻止、阻遏、终止。例如《荀子·强国》："是以为善者劝，为不善者沮，上下一心。"也引伸指破坏、败坏。例如《淮南子·说山训》："故沮舍之下，不可以坐。"高诱注："沮舍，坏也。"

"沮"进而延伸指诋毁、诽谤。如司马迁《报任安书》："明主不晓，以为仆沮贰师。"

"沮"也引伸指丧气、颓丧或者灰心失望。例如《庄子·逍遥游》："举世而非之而不加沮。"

泻

泻　瀉　泻

小篆　楷书（繁体）　楷书

【原文】

无。

【按语】

"泻"是会意兼形声字。楷书繁体写成"瀉"，从水从寫会意，寫兼表声。汉字简化之后写成"泻"。

"泻"的原义是倾泻。如陆游《雨夜》："急雨如河泻瓦沟，空堂卧对一灯幽。"延伸指倾注、倾倒。例如《搜神记》："掘堂上作大坎，泻水其中。"

"泻"也引伸指排泄。例如《史记·扁鹊仓公列传》："所谓气者，当调饮食，择晏日，车步广志，以适筋骨肉血脉，以泻气。"

泛

泛　泛

小篆　楷书

【原文】

泛，浮也。从水，乏声。

【译文】

泛，浮。从水，乏声。

【按语】

"泛"是形声字。小篆从水，乏声。隶变以后楷书写成"泛"。

"泛"的原义是漂浮。如苏轼《赤壁赋》："壬戌之秋，七月既望，苏子与客泛舟游于赤壁之下。"延伸指

水漫溢、大水漫流。例如《汉书·武帝纪》："夏五月……河水决濮阳，泛郡十六。"

水漫则流广，因此"泛"延伸指广泛、普遍。例如《论语·学而》："泛爱众，而亲仁。"又延伸指一般。例如"泛泛之辈"。也引伸指浮现、露出。如陈羽《送友人及第归江东》："五陵春色泛花枝。"

滂

小篆　　楷书

【原文】

滂，沛也。从水，旁声。

【译文】

滂，水广大奔流的样子。从水，旁声。

【按语】

"滂"是形声兼会意字。金文从水，旁声，旁兼表四下里之意。小篆整齐化。隶变以后楷书写作"滂"。

"滂"的原义是大水涌流的样子。例如《诗经·陈风·泽陂》："涕泗滂沱。"又指盛、充溢。如韩愈《元和盛德诗》："孩养无告，仁滂施厚。"

泽

泽 泽 泽

小篆　　楷书（繁体）　　楷书

【原文】

澤，光润也。从水，睪声。

【译文】

澤，光亮润泽。从水，睪声。

【按语】

"泽"是形声字。小篆从水，睪声。隶变以后楷书写成"澤"。汉字简化之后写成"泽"。

"泽"的原义是水汇聚之处，即沼泽。例如《韩非子·五蠹》："泽居苦水者，买庸而决窦。"延伸指雨露。例如《管子·治国》："耕耨者有时，而泽不必足，则民倍贷而取庸矣。"

雨润则有光泽，故"泽"也引伸指光泽、润泽。如王安石《太古》："仁义不足泽其性。"也引伸指恩泽、恩惠。例如《史记·滑稽列传》："故西门豹为邺令，名闻天下，泽流后世。"

滔

滔 滔

小篆　　楷书

【原文】

滔，水漫漫大皃。从水，舀声。

【译文】

滔,水弥漫盛大的样子。从水,舀声。

【按语】

"滔"是形声兼会意字。小篆从水,舀声,舀兼表上出之意,用水漫出会水大之意。隶变以后楷书写成"滔"。

"滔"的原义是水势盛大的样子。例如《论语·微子》:"滔滔者天下皆是也,而谁以易之?"

"滔"形容连续不断(多指话多)。如王仁裕《开元天宝遗事·走丸之辩》:"张九龄善谈论,每与宾客议论经旨,滔滔不竭,如下阪走丸也。"

淳

𤅶   淳

小篆   楷书

【原文】

𤅶,渌也。从水,𦎫声。

【译文】

𤅶,渗漉。从水,𦎫声。

【按语】

"淳"是形声兼会意字。小篆从水,𦎫声,𦎫(炖羊肉)兼表慢慢来之意。隶变以后楷书写成"淳"。

"淳"读作 zhūn,原义是浸于土中慢慢渗下。延伸指浇灌。例如《周礼·考工记·钟氏》:"钟氏染羽,以朱湛丹秫,三月而炽之,淳而渍之。"

"淳"借用作"醇",读作 chún,指味道浓厚。例如《论衡·自然》:"淳酒味甘,饮之者醉不相知。"延伸指敦厚、质朴、朴实。例如《淮南子·齐俗训》:"浇天下之淳,析天下之朴。"也引伸指精纯、纯净。例如《隋书·经籍志》:"至于道者,精微淳粹,而莫知其体。"

混

小篆　　楷书

【原文】

混,丰流也。从水昆声。

【译文】

混,盛大的水流。从水,昆声。

【按语】

"混"是会意兼形声字。小篆从水,从昆(同),昆兼表声。隶变以后楷书写成"混"。

"混"的原义是水势盛大,读作

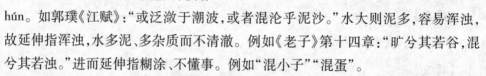

hún。如郭璞《江赋》:"或泛滥于潮波,或者混沦乎泥沙。"水大则泥多,容易浑浊,故延伸指浑浊,水多泥、多杂质而不清澈。例如《老子》第十四章:"旷兮其若谷,混兮其若浊。"进而延伸指糊涂、不懂事。例如"混小子""混蛋"。

"混"又读作 hùn,延伸指混同、混合掺杂。例如"混而为一""混合"。也引伸指苟且度日、苟且谋取。例如"混日子"。进而延伸指欺骗,企图蒙混过关。例如"鱼目混珠"。